DEJA DE INTENTAR MANIFESTAR Y PERMITE QUE EL UNIVERSO TE GUÍE

La información contenida en este libro se basa en las investigaciones y experiencias personales y profesionales del autor y no debe utilizarse como sustituto de una consulta médica. Cualquier intento de diagnóstico o tratamiento deberá realizarse bajo la dirección de un profesional de la salud.

La editorial no aboga por el uso de ningún protocolo de salud en particular, pero cree que la información contenida en este libro debe estar a disposición del público. La editorial y el autor no se hacen responsables de cualquier reacción adversa o consecuencia producidas como resultado de la puesta en práctica de las sugerencias, fórmulas o procedimientos expuestos en este libro. En caso de que el lector tenga alguna pregunta relacionada con la idoneidad de alguno de los procedimientos o tratamientos mencionados, tanto el autor como la editorial recomiendan encarecidamente consultar con un profesional de la salud.

Sin capacitación en IA: Sin limitar de ninguna manera los derechos exclusivos del autor y del editor en virtud de los derechos de autor, se prohíbe expresamente cualquier uso de esta publicación para "entrenar" tecnologías de inteligencia artificial (IA) generativa para generar texto. El autor se reserva todos los derechos para otorgar licencias de uso de esta obra para el entrenamiento de IA generativa y el desarrollo de modelos de lenguaje de aprendizaje automático.

Título original: THE HIGHER HELP METHOD
Traducido del inglés por Antonio Luis Gómez Molero
Diseño de portada: Editorial Sirio, S.A.
Maquetación: Toñi F. Castellón
Ilustraciones de Jennifer Miles

©   de la edición original
2024 de Tammy Mastroberte

Esta edición se publica bajo licencia exclusiva de Sounds True Inc.

©   foto de la autora
Sandra Nissen Photography 2023

©   de la presente edición
EDITORIAL SIRIO, S.A.
C/ Rosa de los Vientos, 64
Pol. Ind. El Viso
29006-Málaga
España

www.editorialsirio.com
sirio@editorialsirio.com

I.S.B.N.: 978-84-10335-00-4
Depósito Legal: MA-2645-2024

Impreso en Imagraf Impresores, S. A.
c/ Nabucco, 14 D - Pol. Alameda
29006 - Málaga

Impreso en España
Puedes seguirnos en Facebook, X, YouTube e Instagram.

TAMMY **MASTROBERTE**

DEJA DE INTENTAR MANIFESTAR Y PERMITE QUE EL UNIVERSO TE GUÍE

EL MÉTODO DE LA AYUDA SUPREMA

Editorial SIRIO

A mi sobrino, Steven; mi sobrina, Alyssa, y mi hijastro, Mason.

Espero que el método y las herramientas de este libro os
sirvan para superar cualquier reto al que os enfrentéis,
y que os ayuden a crear una vida que sobrepase todo
lo que seáis capaces de imaginar, llena de alegría,
felicidad, amor y paz. Con todo mi cariño.

ÍNDICE

LISTA DE EJERCICIOS

LISTA DE RITUALES

EN LUGAR DE INTENTAR MANIFESTAR, HAZ ESTO

TRANSCURRÍA EL VERANO DE 2012, había pasado justo un año desde que dejé mi trabajo como editora ejecutiva de una revista de Nueva York para poder dedicarme a tiempo completo a mi propio negocio, que por aquel entonces consistía en una revista *online* especializada en espiritualidad. Recuerdo cuando salí de la oficina por última vez con una sonrisa de oreja a oreja, casi flotando, ilusionada con mi futuro. Doce meses después, estaba en apuros. Ni el negocio ni mis finanzas crecían como yo esperaba. No solo me sentía hundida, frustrada y sola, sino que la idea de volver a un empleo a tiempo completo, trabajando para alguien, me asustaba incluso más que arruinarme.

Cuando terminé mi meditación matutina delante del pequeño altar que había levantado en mi dormitorio, estaba desolada. A mi alrededor había figuras de la Virgen María y de Buda, cristales diversos, una vela encendida y el rosario de cuentas que mi madre recibió hacía años como regalo de una amiga que visitó Jerusalén. Mi mirada se posó en las cuentas del rosario y pensé en lo importantes que eran para mi madre porque la Virgen era muy especial para ella y para su madre, mi abuela Rose. Me vino a la memoria cómo las utilicé para rezar por mi madre cuando estaba con respiración asistida tras sufrir un aneurisma cerebral tres días después de la Navidad de 1999. Y recordé también cuando murió un día después. En aquel entonces pedí que la guiaran en su viaje al Otro Lado y me dieran fuerzas para sobrevivir a su muerte.

Me eduqué en la fe católica y la oración siempre ha formado parte de mi vida. Recuerdo a mi madre durante mi infancia, sentada al borde de mi cama en más de una ocasión, ofreciéndome una estampa del Padre Pío, el santo patrón que alivia el estrés, o de san Judas, patrón de los casos desesperados, y diciéndome que los invocara para que me ayudaran con los problemas que me aquejaran en aquel momento. Cuando era niña me enseñaron que, si no encontrabas algo, tenías que rezar a san Antonio, el patrón de los objetos perdidos, para que te ayudara a encontrarlo. Si queríamos vender una casa, enterrábamos una figura de san José en el jardín y le pedíamos ayuda, porque es el patrón de los vendedores y compradores de casas. Cuando queríamos buen tiempo para un acontecimiento al aire libre, colocábamos la figura de la Virgen María en la ventana y le pedíamos que lo trajera. En mi familia, cuando había crisis, rezábamos para pedir ayuda y orientación.

Aquella mañana de verano de 2012, me quedé mirando las cuentas del rosario y, en lugar de apagar la vela y empezar mi jornada laboral como hacía siempre, decidí hacer algo diferente. Decidí rezar una oración y pedir ayuda para mi negocio.

Cerré los ojos e invoqué en silencio a mis ángeles, guías, seres queridos que han fallecido y todos los miembros de mi sociedad de almas, que es como yo llamo a todos los ayudantes supremos del Otro Lado, que me asisten en mi camino, los conozca o no. Pedí que me dirigieran, a través de señales y sincronicidades, a las ideas, oportunidades, personas y fuentes que pudieran impulsarme a avanzar y que me ayudaran a reconocer estas señales cuando llegaran. Y a continuación empecé mi jornada. Menos de dos semanas después, tras repetir mi oración cada mañana, empecé a notar que llegaba la ayuda.

Todo comenzó con un correo electrónico que me invitaba a inscribirme en una cumbre *online* gratuita para emprendedores, en la que más de veinte expertos compartían ideas sobre cómo aumentar la prosperidad. Asistí y disfruté escuchando los consejos, pero pronto me di cuenta de que me habían guiado a esa cumbre para mucho más. El formato captó mi interés, y mientras escuchaba las intervenciones, cada semana, empecé a pensar en cómo podría reproducirlo para crear mi propia cumbre. Investigué y encontré a alguien que ayuda a la gente a organizar estos eventos. Al ver su nombre, recordé que antes trabajaba con una mujer llamada Dana Wilde. Había recibido correos electrónicos suyos en el pasado sobre una cumbre sobre estrategias para desarrollar la mentalidad de crecimiento. Decidí ponerme en contacto con ella y preguntarle si estaría dispuesta a charlar.

Hoy en día sigo llamando a Dana uno de mis ángeles en la Tierra porque no solo me ayudó al desaconsejarme contratar a la persona con la que antes trabajaba debido a una experiencia desastrosa que tuvo con ella, sino que también fue decisiva para ayudarme a lanzar mi primera cumbre «mente, cuerpo y alma para vivir una existencia elevada» en cuestión de meses. Esta cumbre me ayudó a añadir miles de personas a mi lista de correo electrónico y a través de ella gané más dinero en tres meses que el que había generado mi negocio desde su lanzamiento cuatro años antes. También me sirvió para presentarme en público como maestra espiritual y no solo como directora de una revista. Impartí mi primera clase sobre cómo percibir las señales y la sincronicidad del universo y de los seres queridos del Otro Lado, que años más tarde dio lugar a mi éxito de ventas *The Universe Is Talking to You* [El universo te habla].

Eso es lo que ocurre cuando pides ayuda al universo y le permites que te guíe para avanzar. En cuanto se lo pedí, el universo se puso a trabajar dirigiendo mi atención, dejando caer ideas en mi mente, alineando sincronicidades y haciéndome avanzar más de lo que era capaz de imaginar en ese momento. Y la oración es solo un aspecto de mi *método de la ayuda suprema*, que aprenderás en este libro.

POR QUÉ NO CONSIGUES MANIFESTAR LO QUE DESEAS

Sé que hay áreas de tu vida que deseas mejorar. Quieres ganar más dinero, encontrar una nueva pareja, tener una mejor relación, montar un negocio, cambiar de profesión o sanar tu cuerpo, y supongo que llevas tiempo esforzándote por manifestar estos cambios en tu vida. Seguramente hayas leído libros, asistido a clases, trabajado en tu mentalidad y tus creencias, recitado afirmaciones, meditado, creado tableros de visión y llevado un diario de gratitud. Si has hecho alguna de estas cosas, tómate un descanso para darte una palmadita en la espalda porque son herramientas increíbles para ayudarte a crear cambios en tu vida.

De todas formas, déjame hacerte una pregunta. ¿Estas herramientas te han funcionado constantemente o te sigue costando ver los cambios que deseas?

Si todavía te cuesta, y supongo que es así porque has elegido este libro, tengo buenas noticias para ti. Hay otra manera de hacer las cosas. Una forma menos estresante y más divertida de crear cambios positivos en tu vida, y que empieza con una pieza fundamental que probablemente te ha faltado. La mayoría de la gente se esfuerza mucho, pero lo hace por su cuenta, sin la ayuda de la fuerza creativa que todo lo sabe y todo lo ve, que rebosa magia y milagros y está al alcance de todos los seres humanos de este mundo físico. Me refiero al universo y a esa energía amorosa e ilimitada que irradia a tu alrededor. Está ahí ahora mismo, esperando a que la utilices. En lugar de intentar conseguir el cambio tú solo,* ¿no sería más fácil asociarte con esa energía y permitir que te guíe hacia lo que deseas o incluso hacia algo infinitamente mejor?

Sea lo que sea lo que intentas manifestar, los cambios que deseas hacer en tu vida y los problemas que tratas de resolver, te pido que dejes de esforzarte tanto y, sobre todo, que dejes de intentar hacerlo sin ayuda. No te corresponde a ti manifestar, solucionar problemas, tomar decisiones ni resolver nada en la vida por tu cuenta. Tienes una conexión directa con la Divinidad y, por si fuera poco, un equipo solidario y especializado de ayudantes supremos, cuya misión es asistirte. El universo, tus ángeles, maestros, seres queridos ya fallecidos e infinidad de guías superiores están listos para ayudarte. Y son el mejor equipo de videntes que puedas imaginar, porque saben y ven todo lo que tú no ves. Conocen el plan superior de tu vida, ven el mejor camino que puedes seguir, organizan reuniones con las personas ideales para ayudarte a llegar allí y a evitar los obstáculos que aparecen en tu senda. Sé por mi propia experiencia, y por lo que he presenciado con mis alumnos y clientes, que sin la ayuda y la orientación divinas, es mucho más difícil progresar y en numerosas ocasiones terminamos bloqueados o dando vueltas en círculos.

Lo sé porque he pasado por ahí. He sentido la frustración, la desesperanza y la tensión de no progresar mientras anhelaba esos cambios que quería ver en mi vida. De hecho, hubo una época en la que estaba estancada en casi todas las áreas. Trabajaba en un empleo que me daba para pagar las facturas, pero me hacía sentir

---

* N. del T.: Por razones prácticas, se ha utilizado el masculino genérico en la traducción del libro. La prioridad al traducir ha sido que la lectora y el lector reciban la información de la manera más clara y directa posible.

desdichada. Lancé mi propio negocio, pero no daba beneficios. Llevaba años sin pareja, y mi salud y mis síntomas crónicos no hacían más que empeorar. Me machacaba pensando que obviamente lo estaba haciendo mal, ya que otros manifestaban lo que deseaban mientras yo miraba desde la barrera pensando que ojalá estuviera en su piel. Fue desde este estado de infelicidad desde donde empecé a crear y combinar herramientas espirituales en un esfuerzo por manifestar los cambios que deseaba, y aunque en aquel momento no tenía la menor idea, estaba formulando lo que ahora llamo el *método de la ayuda suprema*. Con este método, empecé a pedir ayuda al universo de manera constante e intencionada y a utilizar herramientas espirituales específicas para aprovechar su energía y gestionar la mía.

Fue entonces cuando por fin la vida comenzó a fluir con facilidad. Conocí a mi maravilloso marido y me casé con él, mi negocio despegó y sigue creciendo de forma extraordinaria, escribí y publiqué un *bestseller* y mi salud empezó a mejorar cada vez más, a pesar de que los médicos me decían que eso no era posible. Por eso sé que el método hará lo mismo por ti.

Es hora de respirar hondo y soltar la carga que llevas sobre los hombros. No lo estás haciendo mal. Y además, no estás solo. Crear los cambios que quieres ver en la vida no es un trabajo en solitario. Estás destinado a formar parte de un equipo, del que solo eres una pieza. Ha llegado el momento de atraer socios de alta vibración para que te apoyen y te guíen en este proceso, de modo que empieces a avanzar por fin hacia la vida y las circunstancias que deseas y, en muchos casos, llegues aún más lejos de lo que jamás habrías soñado. Cuando pedí ayuda al universo para hacer crecer mi negocio en 2012, no tenía la menor idea de que eso me llevaría por el camino de enseñar a otros a hacer lo mismo: pedir ayuda al universo y recibir la orientación que nos envía. Yo solo quería ganar más dinero. Sin embargo, el universo siempre sabe más que nosotros. En el momento en que empieces a confiar en él y le permitas tomar las riendas, te llevará más allá de lo que ahora eres capaz de imaginar hasta guiarte a una realidad en la que es maravilloso despertar cada mañana. ¿Estás preparado para ello? ¡Adelante!

UNA NUEVA MANERA DE CREAR CAMBIOS

El método de la ayuda suprema constituye una manera totalmente nueva de resolver problemas, realizar cambios positivos y conseguir, con mayor facilidad, más salud, felicidad y amor en todos los ámbitos de tu vida. Este método consiste en asociarte con el universo y pedirle ayuda conscientemente, utilizando herramientas para encauzar su prodigiosa energía positiva, y dejar que te guíe hacia los cambios que deseas o hacia algo incluso mejor. Cuando te enfrentes a un desafío inesperado y te sientas abrumado, en lugar de entrar en pánico o estresarte, pide ayuda al universo. No te obsesiones con cambiar o mantener una determinada situación, confía en el universo para que te guíe a encontrar la solución. Podrías incluso pedir ayuda para cambiar tu forma de pensar, de modo que sea más positiva y te mantenga en una vibración más elevada para permanecer abierto a la orientación que recibes.

Siempre estamos hablando con el universo y pidiéndole ayuda a través de nuestros pensamientos, emociones, creencias y acciones. Sin embargo, estas peticiones suelen proceder de la mente subconsciente, con sus inagotables programas de miedo y preocupación por el futuro, su incesante fluir de pensamientos negativos y su tendencia a centrarse en el problema o en lo que falta en la vida, en lugar de en la solución o en lo que va bien. El método de la ayuda suprema te permite comunicarte de forma intencionada y consciente con el universo para acceder a su guía y contrarrestar la mente subconsciente. También pone al universo y a tu equipo de ayuda suprema al mando para que te guíen hacia la mejor solución posible en lugar de que seas tú quien tiene que esforzarse por resolverlo.

Al pedir ayuda al universo, a través de la oración o de alguna otra herramienta que encuentres en este libro, es importante tener en cuenta que hay una forma específica de hacerlo que seguramente es diferente de todo lo que hayas probado hasta ahora y, en mi opinión, funciona mejor. Mucha gente recurre a la oración para pedir al universo que les conceda un deseo específico: conseguir exactamente lo que quieren o hacer que desaparezca un problema o una situación. Algunos desean tener una relación con alguien en particular, así que rezan para que esa persona corresponda a sus sentimientos. Otros anhelan cierto puesto en determinada empresa y piden al universo que los ayude a conseguirlo. O, si padecen una enfermedad, rezan con la esperanza de despertar al día siguiente totalmente sanos. Y a veces esto funciona, los problemas desaparecen de repente y las cosas salen exactamente como esperaban. El universo es verdaderamente milagroso, y todo es posible. Sin embargo, en muchas ocasiones no funciona así. No consiguen la pareja, el trabajo o la curación espontánea, y acaban pensando que al universo les traen sin cuidado, que no los escucha o, peor aún, que deben de estar haciendo algo mal.

Por lo general, el universo no funciona como Papá Noel; es decir, no le pides un regalo y al despertar te lo encuentras esperándote. Para crear un cambio positivo en tu vida tienes que asociarte con el universo, y eso significa que has de poner de tu parte. Cuando pido ayuda, en lugar de decir: «Por favor, tráeme lo que quiero», y quedarme esperando a que llegue, siempre digo: «Por favor, muéstrame qué pasos debo dar». Al decirlo, el universo me ofrece orientación y respuestas, me trae nuevas ideas, señales y sincronicidades. A partir de ahí, mi trabajo consiste en actuar en consecuencia para avanzar.

Si quieres que esta asociación funcione, tienes que confiar en que el universo siempre te está guiando hacia tu bien más elevado, aunque en un principio no lo parezca o no lo sientas así. El universo y tu equipo de ayuda suprema tienen acceso a conocimientos y recursos que desconoces. Si pides ayuda para crear un cambio específico en tu vida, y no sucede, no es porque al universo no le importes o no te escuche. Ni porque estés haciendo algo mal o no te lo merezcas. A menudo es porque hay algo que es todavía mejor y que te está esperando entre bastidores. Acuérdate de las parejas que tuviste y que, en su momento, creíste que eran «la elegida». Piensa en las personas que te partieron el corazón y en cómo creías que jamás volverías a encontrar un amor así. Cuando recuerdo mis relaciones pasadas, estoy muy agradecida de que el universo no me diera lo que yo creía que quería. Es verdad que tuve que esperar hasta los treinta y siete años para encontrar a mi marido, pero la espera mereció la pena. Si hubiera acabado con otra persona, no estaría con él ni sería la madrastra de un maravilloso niño de once años. Lo mismo puede decirse de los puestos de trabajo que no conseguí y de otras oportunidades que parecían pasar de largo. Si hubiera logrado todo lo que creía que quería en aquel momento, no estaría donde estoy ahora en mi vida. Ni tú. El universo no comete errores, y tú tampoco puedes cometerlos porque, si se lo permites, siempre te guía para que vuelvas al camino que te lleva a tu bien más elevado. Lo que quieres ahora mismo quizá no sea la mejor opción para tu futuro, y aunque tú no sepas exactamente cuál es esa mejor opción, el universo siempre lo sabe.

Cuando mi marido y yo decidimos comprar una casa, solíamos irnos los fines de semana a recorrer distintos pueblos de Nueva Jersey para ver adónde queríamos mudarnos. Nos pusimos de acuerdo sobre las zonas que nos gustaban mucho y las que no, y yo estaba totalmente en contra de los núcleos más rurales, sobre todo los que no tenían aceras delante de las casas. Incluso imprimí la foto de una bonita casa de dos plantas y me visualicé llegando en mi coche y entrando en ella. Le pedí ayuda al universo, pensando que compraríamos una casa en un año o así, pero unos meses después se presentó una oportunidad única. Sin embargo, la casa en venta no se parecía en nada a la de mi foto. Era una casa de campo, situada a ciento cincuenta metros de la carretera y completamente rodeada de bosque. Y estaba en uno de esos pueblos sin aceras. Mi primera reacción fue: «De ninguna manera me voy a venir aquí, esto no es lo que quiero. Me da igual lo buena que sea la oportunidad, la respuesta es no».

Mi marido me dijo que esa vivienda era una buena opción desde el punto de vista económico y que, como se dedica a hacer reformas, podía transformarla en un hogar encantador. Incluso se ofreció a construirme un despacho dentro de la casa y una sala de meditación en el gran espacio abierto del sótano. Seguía sin gustarme la idea, pero al final accedí, pensando que siempre podríamos vender la casa dentro de unos años.

Han pasado cinco años, y nunca me he arrepentido de haberla comprado. Hemos hecho muchos cambios, y tenemos planes de otros que haremos en el futuro, pero ahora me encanta todo aquello que pensaba que no quería. Salir a la calle y estar rodeada de naturaleza es un sueño. Tenemos un granero en nuestra propiedad con cuatro cabras adorables, y mi despacho y mi sala de meditación son mejores de lo que podía imaginar.

Y como nuestra casa está apartada de la carretera, ni siquiera noto la falta de aceras. No era lo que yo quería. En realidad, era mucho mejor.

Cuando pides ayuda conscientemente al universo, este siempre responde alineando a las personas, las oportunidades y los recursos perfectos para guiarte hacia donde debes ir, y a veces eso va más allá de lo que imaginas en ese momento. Incluso puede parecer algo que en un principio no deseas. Sin embargo, cuando te asocias con el universo, confías en él y sigues su guía, todo se vuelve más fácil, brillante y mágico.

Si ahora mismo te sientes estancado en una o más áreas, no eres el único. Todo el mundo intenta mejorar algún aspecto de su vida, también yo. Estancarse o sentirse infeliz no solo es normal, sino que además es necesario. Es eso lo que te empuja a hacer cambios, buscar nuevas soluciones, probar cosas diferentes y crear circunstancias en tu vida que no habrían ocurrido si estuvieras contento y feliz. La vida es realmente un ciclo de estancamiento y avance, así que, si ahora mismo te sientes estancado, quiero que lo celebres, porque significa que te esperan grandes avances, y después de leer este libro, dispondrás de un método de eficacia probada que te ayudará a crearlos.

PRESENTACIÓN DEL MÉTODO

Sea lo que sea lo que estés intentando mejorar o cambiar positivamente en tu vida, utilizar el método de la ayuda suprema que presento en este libro te ayudará a conseguirlo y te abrirá a posibilidades que nunca habías soñado. El método combina herramientas espirituales específicas para invocar la ayuda del universo, crear una asociación consciente con él y canalizar su energía. Además, te libera del estrés y la presión, que de hecho te impiden crear lo que quieres, porque permite que el universo tome la iniciativa y te guíe para avanzar. Aunque esta asociación requiere cierto esfuerzo por tu parte, ninguna de las herramientas o ejercicios de este libro te requerirá horas. De hecho, cada herramienta, ejercicio, meditación y ritual se hace con bastante rapidez, y la rutina diaria que se describe en la introducción de la segunda parte requiere menos de diez minutos al día.

Este método lo creé en principio para mí, basándome en mi formación y experiencia, lo que incluye haber crecido en la fe católica. Por eso, notarás elementos de esta fe en él, combinados con los de otros sistemas de creencias y religiones que me han influido y que he estudiado a lo largo de los años. Mientras lo desarrollaba, no tenía la menor idea de que se convertiría en algo que terminaría enseñando a otras personas. Este método me ha permitido fomentar una relación íntima con la Divinidad que me guía por la vida, y al crearlo, descubrí la combinación de herramientas que encontrarás en este libro y que empezaron a marcar una gran diferencia en mi vida. Crear cambios positivos se volvió más fácil porque ya no dependía solo de mí misma para hacer, decir o actuar de la manera «correcta» a fin de manifestar lo que quería. Ahora tenía a mi disposición a todo un equipo que me apoyaba y me guiaba.

Piensa que tú eres el director general de tu vida, y si hablas con el director general de cualquier empresa, grande o pequeña, te dirá que confía en un equipo de asesores o en un consejo de administración, para que lo ayude a tomar decisiones y a hacer crecer su organización. Y probablemente te dirá también que eso le ha permitido crecer más de lo que nunca habría conseguido por sí mismo. Algunas de las empresas más revolucionarias de nuestro tiempo tuvieron fundadores y directores generales que confiaron en esa ayuda, como Steve Jobs en Apple, Howard Schultz en Starbucks y Mary Barra en General Motors. Aunque las decisiones finales se dejan en manos del director general de una empresa, igual que tú tienes libre albedrío para decidir qué acciones tomar en tu vida, siempre hay un equipo detrás investigando, llamando por teléfono, concertando reuniones y ofreciendo orientación.

Como alma que habita este cuerpo físico, también tienes acceso a un equipo similar de asesores —lo que yo llamo ayudantes supremos— que están preparados y dispuestos a ofrecerte su apoyo siempre que se lo pidas, pero tu equipo es aún mejor porque está compuesto por seres que todo lo saben y todo lo ven. Son ellos los que te envían las ideas, preparan las oportunidades perfectas, organizan encuentros con las personas adecuadas y te guían hacia los mejores recursos para que avances hacia el éxito en todos los ámbitos de tu vida. El método de la ayuda suprema recurre a ese equipo de asesores para que te guíen en tu avance y te ofrece herramientas para utilizar la energía creativa y poderosa del universo que te rodea para allanarte el camino.

Además, a lo largo del libro utilizo el término *universo*, que es otra forma de decir Fuente, Dios, Espíritu o cualquier otro nombre que elijas para llamar a tu poder superior. Al hablar de «universo», me refiero a todos los ayudantes supremos disponibles para asistirte, entre ellos ángeles, guías, maestros ascendidos, dioses, diosas, santos, seres queridos que han fallecido y otros expertos del Otro Lado. La razón por la que los incluyo a todos juntos es que, independientemente del sistema de creencias con el que creciste o del que tengas ahora, cuentas con la capacidad de invocar a cualquier ayudante superior de cualquier religión o tradición para que te asista. Cuando tu alma regresa al más allá, o al mundo no físico que es tu verdadero hogar, vuelves a entrar en un espacio en el que no existe la separación. Todos somos uno y estamos conectados. La religión es un concepto que tiene sentido en el mundo físico, pero no en el espiritual. No es necesario ser budista para invocar a Buda. No tienes que practicar el hinduismo para invocar a Ganesha, conocido como el eliminador de obstáculos, y no te hace falta ser católico para poder pedir ayuda a Jesús o a la Virgen María. A lo largo de la segunda parte del libro, encontrarás listas de ayudantes supremos que representan diversos credos y sistemas de creencias; tú eliges con quién decides trabajar en tu vida. He creado listas para que puedas empezar, basándome en mi propia investigación y en personas a las que he pedido ayuda en mi vida; pero ten en cuenta que puedes recurrir a cualquiera de ellas, solas o en conjunto, o dejar fuera a aquellas con las que no te identifiques. Y, por supuesto, puedes añadir a cualquiera que no esté en la lista.

El método de la ayuda suprema consta de cuatro pasos diseñados para colaborar, de modo que te comuniques conscientemente con el universo, aproveches su energía, recibas la guía que te envía y actúes en consecuencia para crear la vida que deseas. Es el método al que acudo cuando necesito ayuda para tomar decisiones, encontrar soluciones a un problema o reto, o cuando me siento estancada en algún área de mi vida y quiero avanzar más deprisa. Espero que después de leer este libro y utilizar sus herramientas, también se convierta en tu método de referencia. Es una forma totalmente nueva de vivir tu vida cotidiana y sé que, con él, tu existencia se volverá más fácil y te aportará más paz, claridad, felicidad y éxito.

Aquí tienes un resumen de los cuatro pasos de este método. Profundizaremos en cada uno de ellos en los capítulos siguientes de la primera parte.

El primer paso es «claridad e intención», y consiste en tener claro qué cambios quieres introducir en tu vida y, a continuación, proponerte firmemente lograr eso que deseas o algo incluso mejor, con el universo.

El segundo paso es «pide ayuda al universo», y en él utilizas conjuntamente diversas herramientas espirituales, como invocar a los ayudantes supremos mediante la oración y emplear ejercicios de gratitud, rituales y cristales para pedir al universo que se asocie contigo y aprovechar su energía en tu vida para crear cambios positivos.

El tercer paso es «transforma tu energía», y aquí es donde utilizas herramientas y técnicas sencillas en tu día a día para mantener una vibración más elevada, lo que te permite percibir las señales y respuestas que te llegan del universo para dejar que te guíe en tu avance y te mantengas en sintonía con los cambios positivos que deseas.

El cuarto paso es «recibe orientación y actúa en consecuencia», en el que tu trabajo consiste en abrirte y recibir las respuestas que el universo envía para guiarte y, a continuación, actuar en función de las ideas, señales y experiencias sincronizadas que recibas.

CÓMO UTILIZAR ESTE LIBRO

En la primera parte de este libro, te guío a través del método de la ayuda suprema en cuatro pasos. Cada capítulo supone un paso adelante en el proceso de aplicarlo a tu vida. Te recomiendo que los leas detenidamente y hagas los ejercicios antes de pasar a la segunda parte.

En la segunda parte encontrarás una caja de herramientas espirituales que puedes adaptar, repleta de listados de ayudantes supremos de todas las procedencias y sistemas de creencias, cristales, oraciones personalizadas, ejercicios de gratitud focalizada y rituales basados en siete grandes áreas de la vida: dinero y abundancia; curación física; curación emocional; relaciones; carrera profesional y propósito; fertilidad, embarazo y crianza, y conexión espiritual. Como ya he dicho, he ido recopilando esta información de diversas fuentes a lo largo de los años, incluso cotejándola con recursos *online* y luego elaborando mis propias listas. He reunido todo este material para que tengas lo suficiente para empezar, pero, si quieres personalizar aún más lo que encuentres en el libro, puedes añadir tus propios recursos. Una vez que leas la primera parte, elige el área de tu vida por la que quieres empezar –dos como máximo–, para concentrar ahí tu energía y conseguir el mayor impacto. Es importante que, antes de empezar a trabajar en cualquier área nueva, te asegures de volver atrás y hacer los ejercicios de claridad que aparecen en el capítulo uno.

Este libro está concebido como un recurso al que podrás acudir siempre que quieras para crear cambios positivos y encontrar soluciones en la vida. Creé este método para ayudarme a mí misma, y es un honor para mí compartirlo contigo para que crees en tu vida la misma magia, milagros, paz, alegría y amor que me ha permitido crear en la mía, así como en las vidas de mis alumnos, clientes, amigos y familiares que lo han utilizado. De hecho, espero que te ayude a crear aún más.

Recursos

Si necesitas más ayuda para lograr la vida de tus sueños, en higherhelpmethod.com encontrarás las meditaciones en audio del libro, así como oraciones y rituales adicionales.[*] Al final del libro, también encontrarás una lista de los ayudantes supremos y los cristales mencionados en el texto, así que podrás localizar fácilmente las páginas que necesitas si estás buscando alguno en particular.

¿Listo para embarcarte en una nueva forma de vivir, con un equipo de ayudantes supremos a tu disposición? Todo comienza en el próximo capítulo, donde definirás claramente lo que quieres y se lo confiarás al universo para que te ayude a manifestarlo o a crear incluso algo mejor.

---

[*] N. del T.: El material está en inglés.

LOS CUATRO PASOS DEL MÉTODO DE LA AYUDA SUPREMA

EN LA PRIMERA PARTE DE ESTE LIBRO encontrarás cuatro capítulos que te llevan de la mano a través de cada paso del método de la ayuda suprema. Descubrirás en detalle cómo aprovechar al máximo cada uno, además de ejercicios sencillos, herramientas espirituales y técnicas que te serán de gran ayuda. Pero antes de adentrarnos en ello, te ofreceré un resumen rápido de los pasos, por qué son importantes para el proceso general de generar un cambio positivo en tu vida, y cómo trabajan al unísono para ayudarte a avanzar.

PRIMER PASO: CLARIDAD E INTENCIÓN

Hace falta darle instrucciones al universo. El universo necesita saber adónde quieres ir para poder orientarte, conectarte con las personas y oportunidades que te ayudarán, y proporcionarte las ideas y recursos necesarios para generar cambios positivos. Así podrá dirigirte adonde deseas o a un lugar aún mejor. Necesita una intención clara por tu parte para poner la bola en movimiento. Si te subes a un taxi y no le dices al conductor adónde quieres ir, las probabilidades de que llegues adonde quieres son escasas o nulas. Lo mismo ocurre con el universo. No podrá guiarte si no le dices adónde quieres ir. Cuando no tienes una intención clara, tu mente subconsciente toma el control y comienza a enviar señales confusas, y al final obtienes resultados que no están en armonía entre sí, lo que significa que avanzas muy poco o nada.

Aquí es donde principalmente nos estancamos, porque la mayoría de nuestros pensamientos se centran en lo que no queremos, que suele ser lo que estamos viviendo en el momento. Y como una de las formas que tenemos de hablar con el universo es a través de nuestros pensamientos, al hacer esto básicamente lo que hacemos es pedirle ayuda para crear más de lo que ya no queremos. Por eso, el primer paso para lograr un cambio positivo es tener claro lo que quieres tener en lugar de eso que tienes. A continuación, establece una intención y pídele al universo que te ayude a crearlo o a crear algo aún más extraordinario. En el capítulo uno aprenderás exactamente cómo hacerlo.

SEGUNDO PASO: PIDE AYUDA AL UNIVERSO

Una vez que tienes claro lo que te gustaría crear, y estableces una intención de manifestarlo o de crear algo mejor, es el momento de pedir conscientemente al universo que se asocie contigo. En el capítulo dos encontrarás una serie de herramientas espirituales que te ayudarán a pedir ayuda al universo y a utilizar su energía para crear cambios positivos; entre ellas, los ayudantes supremos especializados, la oración, la gratitud focalizada, los cristales y los rituales. Aunque muchas se emplean solas para ayudarnos a avanzar, creo que al combinarlas los resultados son mejores y más rápidos.

TERCER PASO: TRANSFORMA TU ENERGÍA

Cuando le pides ayuda al universo y activas su energía para que empiece a trabajar contigo y para ti en cualquier área de tu vida, empieza a responder inmediatamente. Tus ayudantes supremos se ponen enseguida a trabajar introduciendo nuevas ideas en tu mente, disponiendo a las personas adecuadas para que se crucen en tu camino y presentándote las oportunidades perfectas para ayudarte. El tercer paso del método de la ayuda suprema consiste en prestar atención a tu energía a lo largo del día y transformarla intencionalmente cuando empiece a caer en la negatividad. Hacer esto te ayuda a mantener una vibración más elevada para recibir la guía que se te envía y además libera cualquier resistencia que pueda impedir que llegue. Cuando empieces a sentirte frustrado, preocupado, abrumado, estresado, ansioso o con cualquier otra emoción negativa, o cuando tus pensamientos se desvíen hacia lo que va mal o podría ir mal en el futuro, considéralo como una señal para cambiar y elevar tu energía. En el capítulo tres descubrirás sencillas herramientas y técnicas espirituales para hacerlo.

CUARTO PASO: RECIBE ORIENTACIÓN Y ACTÚA EN CONSECUENCIA

El último paso del método de la ayuda suprema consiste en reconocer la orientación que te envían el universo y tu equipo de ayuda suprema y actuar en consecuencia. Hay formas específicas en las que el universo te habla, te envía respuestas y llama tu atención, y el capítulo cuatro te ayudará a familiarizarte con ellas para que las reconozcas cuando surjan. Luego te corresponde a ti actuar teniendo en cuenta esa orientación. Pasar a la acción equivale a mandar al universo una señal de que estás preparado para dejarte guiar hacia tu siguiente paso. Esto es fundamental para avanzar en cualquier área de tu vida. Lo bueno es que no hay acciones «erróneas», porque el universo siempre te guía y te redirige si te equivocas de camino.

Capítulo 1

CLARIDAD E INTENCIÓN

¿TE ACUERDAS DEL JUEGO «Ponle la cola al burro»? Era una diversión que casi nunca faltaba en las fiestas infantiles de cumpleaños a las que asistí durante mi infancia. Cada niño recibía una cola, y delante de ellos había un póster de un burro al que le faltaba la suya. El objetivo era clavar la cola en el burro en el lugar correcto, pero con los ojos vendados y no sin antes girar unas cuantas veces. Así que, después de dar varias vueltas, los niños no tenían ni idea de hacia dónde se dirigían, ¡ni mucho menos de dónde estaba el burro y dónde clavarle la cola! Casi ninguno daba en el blanco, y recuerdo que me reía al ver cómo clavaban la cola en la cabeza, en la espalda e incluso pinchaban al burro en el ojo. En algunos casos, ni siquiera atinaban con el cartel del burro. Esto es exactamente lo que ocurre cuando intentas crear sin saber lo que quieres ni establecer una intención. Te vuelves como el niño al que le vendan los ojos y lo hacen girar. Estás confundido, a ciegas, y nueve de cada diez veces, no atinas.

El universo sigue instrucciones, así que para dirigirlo necesitas tener claro qué es lo que quieres crear. Supongo que ya tienes claro *lo que no quieres* en tu vida, y es probable que sea lo que estás experimentando ahora mismo en las áreas en las que te sientes bloqueado. Puede que seas infeliz en tu relación o que te sientas solo por estar sin pareja. Tal vez te sientas desgraciado en tu trabajo, molesto con tu jefe o insatisfecho en tu carrera. Quizá tengas dificultades para pagar las facturas o ahorrar dinero, y esto sea una fuente constante de estrés y preocupación en tu vida. O puede que, a nivel espiritual, te sientas desconectado del amor y el apoyo de una fuerza superior. Pero ¿qué es lo que quieres? ¿Te has tomado el tiempo necesario para pensar en la nueva dirección en la que te gustaría avanzar, en las nuevas circunstancias que te gustaría crear y en lo que eso te haría sentir? Sin claridad ni intención, seguirás creando más de lo que no quieres, y es probable que continúes sintiéndote atrapado.

Lo que pone en marcha las ruedas del universo y su energía para que empiece a guiarte hacia lo que quieres o hacia algo aún más increíble es tener claro lo que te gustaría tener en tu vida, por qué te gustaría tenerlo y cómo te sentirás cuando lo consigas. No es necesario que te lo imagines todo ni que planifiques cada detalle. Es más, ni siquiera tienes que saber cómo, cuándo ni dónde ocurrirá. De hecho, no recomiendo hacer nada de eso. Deja que el universo se encargue del cómo, el cuándo, el quién y el dónde. Si tratas de controlar todos estos aspectos de la creación, te perderás las señales que te dirigen hacia una opción aún mejor. Tener claridad y determinación sobre lo que quieres, por qué lo quieres y cómo te sentirás cuando lo logres es lo único que necesitas para activar el poder del universo y avanzar. Luego, simplemente suelta y deja que el universo te guíe, manteniéndote abierto a ser dirigido hacia algo aún más asombroso de lo que tu mente es capaz de concebir por sí sola.

LA FÓRMULA DE LA CLARIDAD

En lo que respecta a la claridad, esos tres elementos que mencioné —saber qué quieres, por qué lo quieres y cómo te hará sentir— son la combinación perfecta para una intención clara que despierta el impulso capaz de generar cambios positivos en cualquier área de la vida. Empecemos por el primero: saber lo que quieres. Para descubrir qué quieres crear que sea diferente de lo que tienes ahora, lo más fácil es comenzar por lo que no te gusta de tus circunstancias actuales. Pregúntate qué es lo que no te gusta de tu situación actual y luego qué te gustaría ver, ser o tener en lugar de eso. Por ejemplo, si no estás contento en tu trabajo actual, pregúntate: «¿Qué es lo que no me gusta de mi trabajo y qué me gustaría ver o experimentar en su lugar?».

Así es como podría aplicarse esto a un trabajo o a una carrera:

¿Qué es lo que no me gusta? «No me gusta tener horas fijas en las que debo estar en la oficina».

¿Qué quiero en su lugar? «Quiero un trabajo con un horario flexible que me permita trabajar desde casa algunos días a la semana».

¿Qué es lo que no me gusta? «No me gusta mi jefe porque no para de apropiarse del mérito de mis ideas, y esto me impide demostrar mis capacidades y crecer en la empresa».

¿Qué quiero en su lugar? «Quiero un trabajo en el que mi jefe me respete y en el que se reconozcan y compensen mis ideas y capacidades».

¿Qué es lo que no me gusta? «No me gusta trabajar en un hospital como enfermera porque hay un caos tremendo y es un trabajo emocionalmente agotador».

¿Qué quiero en su lugar? «Quiero un empleo de enfermera en el que pueda salir del trabajo sintiéndome realizada, feliz y a gusto».

Para los que no están seguros de la dirección de su carrera o no saben exactamente qué campo quieren seguir, este ejercicio podría ser algo así:

¿Qué es lo que no me gusta? «No me gusta mi empleo actual ni el trabajo que hago en él».
¿Qué quiero en su lugar? «Quiero dedicar mi tiempo a hacer algo que me guste, que ayude a otras personas y me proporcione X cantidad al año».

Hazlo para cualquier área de tu vida que te genere insatisfacción, como el dinero, las relaciones, la salud o la espiritualidad. Aquí tienes algunos ejemplos más:

¿Qué es lo que no me gusta? «No me gusta tener que sufrir para pagar las facturas todos los meses y no tener nunca suficiente dinero».
¿Qué quiero en su lugar? «Quiero tener dinero más que suficiente para pagar mis facturas y añadir un extra a mi cuenta de ahorros cada mes».

¿Qué es lo que no me gusta? «No me gusta discutir con mi pareja y notar que no puedo decirle lo que siento sin que se enfade».
¿Qué quiero en su lugar? «Quiero una relación con mi pareja en la que estemos abiertos a los puntos de vista del otro y nos comuniquemos y resolvamos los problemas abiertamente, con libertad y con amor».

¿Qué es lo que no me gusta? «No me gusta vivir con ansiedad y no sentirme nunca seguro y relajado».

¿Qué quiero en su lugar? «Quiero sentirme seguro, tranquilo y despreocupado, independientemente de lo que ocurra en mi vida o a mi alrededor».

En las diferentes situaciones o áreas concretas de nuestra vida, siempre hay algún aspecto que no nos gusta, así que te sugiero que empieces con una lista de todas las cosas que no te gustan y que, después, te preguntes por cada una de ellas («¿Qué quiero en su lugar?»), hasta que consigas una lista que pueda combinarse en una intención. Por ejemplo, puede que no te gusten ni tu horario laboral, ni tu sueldo, ni la situación en la que trabajas, y que quieras cambiar todos esos factores. En ese caso, combínalos en una afirmación como: «Quiero un trabajo con horario flexible en el que pueda ganar X o más cada mes, en un entorno que me respalde y apoye mis ideas y mi crecimiento laboral».

La fórmula de la claridad funciona igual para cualquier problema o reto nuevo que surja en la vida, ya sea decidir qué tipo de coche comprar («Quiero un coche que me cueste trescientos cincuenta euros al mes o menos y que sea seguro, fiable y que me guste conducir») o contratar ayuda para tu negocio en crecimiento («Quiero contratar a un asistente virtual que haga XYZ por mí y sea fiable, autosuficiente y supere mis expectativas en todo lo que haga por mi negocio»).

El segundo elemento de la fórmula de la claridad es conocer tu porqué. ¿Por qué quieres los cambios que deseas? Cuando respondes a esa pregunta, llegas al corazón de lo que deseas, incluido el significado y el propósito más profundos que hay detrás, y esto alimenta tu motivación para continuar tu camino incluso cuando surgen pequeños contratiempos o retrasos durante el proceso de creación. Una vez que sepas lo que quieres, pregúntate: «¿Por qué lo quiero? ¿Qué me aportará en mi vida? ¿Qué será diferente una vez que lo tenga?».

Si quieres un empleo que te permita trabajar desde casa, quizá tu porqué sea que te permitirá recoger a tus hijos del colegio, ayudarlos con los deberes y llevarlos a los entrenamientos deportivos, y así poder dedicarles más tiempo. Si quieres ganar suficiente dinero para pagar tus facturas puntualmente cada mes y además ahorrar, el porqué podría ser aliviar tu estrés, crear más seguridad y permitirte dar más a tus hijos, a tu familia o a las organizaciones benéficas que quieras apoyar. Y si padeces una enfermedad crónica que te dificulta realizar ciertas actividades, tu porqué podría ser tener la posibilidad de salir con los amigos, hacer ejercicio, viajar y disfrutar de lo que ahora no puedes.

Encontrar tu porqué te lleva directamente al tercer y último elemento de la fórmula de la claridad, que es saber cómo te hará sentir el cambio que deseas una vez que lo consigas. Cuando puedas trabajar desde casa tres días a la semana y esto te permita hacer más cosas con tus hijos, te sentirás más feliz, agradecido y tranquilo. Cuando tengas dinero suficiente para pagar las facturas, ahorrar y regalar a tus hijos unas vacaciones en Disneylandia, te sentirás seguro, protegido, orgulloso, alegre y a gusto con las finanzas. Y con un cuerpo sano y fuerte, te sentirás libre, vivo y entusiasmado con todo lo que hagas y experimentes. Cuando juntas todos estos ingredientes, acabas con una intención clara para ti y para el universo, de modo que este empieza a asociarse contigo para crear cambios positivos en tu vida.

A continuación, te muestro un ejemplo de creación de una intención utilizando la fórmula de la claridad. Hace unos doce años, trabajaba como editora ejecutiva en una revista de Nueva York. Las cosas estaban cambiando rápidamente en mi trabajo, básicamente para peor. Nuestra revista había sido adquirida por una nueva empresa cuya única prioridad parecía ser la cuenta de resultados. El año anterior me habían subido el sueldo por el trabajo extra que realizaba en mi puesto, pero la nueva empresa me retiró esa remuneración mientras seguía exigiéndome que hiciera el mismo trabajo y despedían a mis amigos. Recuerdo estar sentada en un tren de cercanías con lágrimas en los ojos porque ya no quería ir a ese trabajo. Sin embargo, como hace la mayoría de la gente, me quedé por el sueldo. En ese momento, ya había empezado mi propia revista *online*, trabajando noches y fines de semana para producirla cada trimestre, pero aquello no me daba suficiente dinero para pagar mis facturas. Tenía claro lo que quería, por qué lo quería y cómo me haría sentir, y esta era mi intención: «Quiero ganar suficiente dinero con mi propio negocio para dejar mi trabajo porque deseo escribir sobre los temas espirituales que me gustan y que ayudarán a los demás; así me sentiré feliz y realizada».

Aunque esto ocurrió años antes de que creara el método de la ayuda suprema, sabía la importancia de tener claro lo que quería, y recé mucho a lo largo del camino pidiendo ayuda al universo. Tardé meses, pero finalmente el universo me guio hacia una oportunidad mucho mejor que cualquier cosa que hubiera podido soñar.

Una redactora independiente que trabajaba para la revista dio de repente su preaviso de dos semanas, y la empresa anunció que estaban buscando trabajadores autónomos en lugar de empleados a tiempo completo. Fue entonces cuando me planteé la posibilidad de trabajar como autónoma con tareas limitadas que pudiera hacer desde casa. Ganaría menos, pero me bastaría para pagar las facturas y me permitiría dedicar la mayor parte de mi tiempo a hacer crecer mi propio negocio. Le expliqué a mi jefe lo que quería hacer y, aunque tardé seis meses, al final salí de la oficina por última vez y nunca miré atrás.

Mi intención y mis oraciones pusieron las cosas en marcha para que el universo me proporcionara la solución perfecta. No era la solución que yo pretendía, que era que mi negocio creciera primero para poder dejar el trabajo. Pero esa solución funcionó aún mejor porque esencialmente podía dejar el trabajo con suficiente dinero garantizado para dedicar más tiempo a mi propio negocio. El universo siempre sabe lo que es mejor. Solo tienes que decidir lo que quieres, pedirle ayuda y dejar que te guíe hacia ello o hacia un resultado mucho mejor.

NO TRATES DE CONTROLARLO TODO

Como he mencionado antes, no es asunto tuyo, ni te recomiendo que pienses, planifiques o te preocupes por cómo llegarás adonde quieres ir, quién te ayudará, cuándo sucederá o dónde tendrá lugar nada. No te corresponde controlar el universo y cada detalle de cómo se harán realidad tus sueños. Tu trabajo consiste en darle un punto de partida y luego seguir la guía que te envía para conducirte hacia tu bien más elevado, que siempre es lo que deseas o algo todavía mejor.

Piénsalo: te sientes bien al plantearte lo que deseas, al imaginar cómo cambiará tu vida y al sentir lo maravilloso que será una vez que lo consigas. Pero en cuanto tu mente se pregunta cómo sucederá o cuándo, abres la puerta para que se cuelen la duda y el miedo, y desaparecen todas esas buenas vibraciones. Cuando piensas en cómo sucederá algo, y empiezas a imaginar situaciones, la parte lógica de tu ser entra en acción y comienza a decir: «Eso no es posible», «¿Sabes lo difícil que te resultará crearlo?», «Necesitas más dinero para hacerlo», «Eres demasiado viejo», «No tienes tanta suerte», y la lista sigue y sigue. Recuerdo que, hace años, me sentaba y visualizaba el resultado de lo que deseaba en mi vida, y sin falta, aproximadamente al minuto de empezar la práctica, mi mente empezaba inevitablemente a imaginarse cómo podría llegar a conseguirlo, y enseguida mi visualización de bienestar caía en picado directamente hacia el estrés. Acababa sintiéndome frustrada y presa del pánico, pensando: «¡Dios mío, esto nunca va a funcionar!». Fue entonces cuando supe que tenía que evitar a toda costa lo que yo llamo «La Tierra del Cómo». Y la buena noticia es que el cómo no es asunto tuyo. Debes dejar que el universo lo descubra, haga los preparativos necesarios y resuelva todos los detalles por ti. ¿Por qué? Porque el universo y tus ayudantes supremos cuentan con algo de lo que tú careces —la capacidad de ver todas las piezas del puzle de tu vida esparcidas por el tablero—, y esto les permite moverlas y juntarlas en el orden ideal que te ayudará a avanzar.

Lo mismo ocurre con la preocupación por *cuándo* cambiarán las cosas. Algunos maestros de manifestación te dicen que fijes una fecha límite, que te des una fecha concreta para alcanzar tus objetivos. Existe la creencia de que esto nos motiva y hace que no perdamos de vista nuestros objetivos. Yo probé este enfoque. De hecho, lo intenté varias veces. Pero cada vez que fijaba una fecha, me estresaba. Mi mente decía: «¿Cómo demonios voy a crear esto para tal día?». Luego, conforme me acercaba a la fecha, me invadían aún más dudas y miedos, y al final se convertía en algo totalmente contrario al proceso de crear un cambio positivo y sentirme bien mientras lo hacía.

Si fijar una fecha te funciona, hazlo, pero recuerda que no todo lo que deseas te llegará en el momento que *tú* has decidido. Hay que dejar espacio para que las cosas sucedan cuando la Divinidad considere oportuno. Tienes que conceder al universo la libertad que necesita para reunir a las personas, las oportunidades y las circunstancias adecuadas en el momento perfecto para que todo encaje. Esto es cierto tanto en lo referente a los grandes sueños que tienes para el futuro como cuando se trata de resolver los problemas cotidianos. La claridad no consiste en saber cuándo y cómo. Quédate con el qué, el porqué y el cómo te sentirás, y luego deja espacio para que el universo te sorprenda y te deleite.

Ejercicio: La meditación de la varita mágica

He creado esta meditación para ayudarte a centrarte en lo que de verdad quieres crear en cualquier área de tu vida, sobre todo cuando te sientes estancado. Está diseñada para llevarte más allá del pensamiento limitado y la duda y guiarte hacia un espacio de posibilidades ilimitadas. Si quieres cambiar más de un área de tu vida, repite esta meditación para cada una de ellas.

Sentado en una silla o tumbado, ponte cómodo y relaja el cuerpo. Esta meditación comienza con un patrón de respiración llamado respiración de caja, que ayuda a relajar el sistema nervioso y a aumentar la concentración. Vas a hacer tres ciclos de esta respiración, contando hasta cuatro en cada fase de esta e inspirando y espirando por la nariz.

Espira, dejando salir todo el aire de los pulmones, y contrae el vientre hasta el fondo. Luego inspira, dos, tres, cuatro; mantén, dos, tres, cuatro; espira, dos, tres, cuatro, y mantén, dos, tres, cuatro. Repítelo dos veces más.

Ahora, inspira profundamente por la nariz y espira lentamente. Imagina que caminas por un sendero liso, bordeado de piedras y rodeado de naturaleza. Mientras caminas, miras a tu derecha y a tu izquierda y observas árboles altos que flanquean la senda a cada lado con hojas brillantes agitadas suavemente por la brisa. También te fijas en las coloridas flores que te rodean. Ves tulipanes, margaritas, rosas y girasoles, y al mirar hacia arriba, contemplas un cielo azul brillante que asoma entre las hojas de los árboles. Oyes a los pájaros piar y cantar a lo lejos, y sientes el calor del sol cuando toca tu piel. Aquí te sientes contento y en paz.

Mientras sigues caminando por el sendero, descubres una cautivadora cascada y un banco blanco situado frente a ella. Decides sentarte y cerrar los ojos, y oyes los relajantes sonidos del agua precipitándose por las rocas y cayendo en el estanque que hay debajo. Este es tu jardín creativo. Inspira hondo por la nariz y espira lentamente. En este lugar te sientes libre y confiado. Te encuentras en un espacio donde todo es posible. En un espacio en el que estás conectado con el universo y su energía creativa, y rodeado de ángeles, guías y otros ayudantes supremos que te apoyan y te aman incondicionalmente.

Piensa en esa área de tu vida en la que te gustaría crear cambios positivos ahora. Si pudieras agitar una varita mágica que eliminara instantáneamente todas las limitaciones, barreras y bloqueos que se interponen en tu camino, facilitándote tener todo lo que deseas, ¿qué crearías? ¿Qué aspecto tendría esa realidad? ¿Qué harías cuando lo tuvieras? ¿Cómo te sentirías? Dedica aquí todo el tiempo que necesites a aclarar las respuestas.

Ahora quiero que pongas las dos manos sobre el corazón, inspires profundamente por la nariz y, al espirar, te digas: «Si no tuviera ningún miedo, preocupación o limitación en torno a _____[rellena el espacio en blanco con el área de la vida que estás cambiando], yo _____». A continuación, deja que fluya lo que se te ocurra. No lo juzgues. Simplemente observa lo que tu corazón tiene que decir sobre la creación de un cambio en esta área de tu vida.

Inspira hondo por la nariz y espira lentamente. Ahora imagínate que te levantas del banco blanco y empiezas a caminar de vuelta por el sendero de piedras que te llevó a la cascada. Mientras caminas, todo lo que había a tu alrededor —los árboles, las flores y el sonido de los pájaros y de la cascada— empieza a desvanecerse. Sigues caminando hasta que te rodea una luz pura y centelleante. Dentro de esa luz está tu equipo de ayuda suprema y la energía positiva ilimitada del universo. Siente ahora su energía amorosa y su apoyo. Eres uno con la fuerza creativa del universo, y esta está dispuesta a trabajar contigo para crear lo que deseas o algo incluso mejor.

Empieza a volver lentamente a tu cuerpo, de nuevo al aquí y ahora, y cuando estés preparado, abre los ojos.

ESTABLECE TU INTENCIÓN

Una vez que tengas claro lo que quieres, por qué lo quieres y cómo te hará sentir —dejando espacio para que el universo te guíe hacia algo aún más extraordinario—, establece contigo mismo y con el universo la intención de activar el flujo de energía creativa en torno a ese deseo. Te recomiendo que escribas una declaración sencilla y lo invites a asociarse contigo. En el próximo capítulo profundizaremos en cómo pedir ayuda al universo y en las herramientas específicas para utilizar su energía. Por ahora, simplemente escribe tu declaración de intenciones y utiliza la oración de la intención que aparece más adelante para enviarla al universo.

Tu declaración de intenciones debe incluir el qué, el porqué y la sensación que tendrás una vez que se haya realizado. Para alguien que quiera atraer a una nueva alma gemela en el plano sentimental, podría ser más o menos así:

Estoy creando una nueva relación de amor incondicional con una pareja que comparte mis intereses por el cine y los viajes. Nos comunicamos amorosamente y nos escuchamos y respetamos mutuamente. Estoy creando esto para tener la alegría de compartir mi vida con alguien que me apoyará y me amará en todos los altibajos. Y tener a esta persona en mi vida me hace sentir amada, feliz, agradecida y contenta.

Para quien quiera cambiar de carrera, esta podría ser la intención:

Ahora estoy creando una carrera en la que gano X cantidad de dinero o más cada mes como sanadora energética, porque me permite ayudar a los demás y ganar dinero haciendo algo que me encanta. Me siento realizada, alegre y agradecida cada día.

Ejercicio: La oración de la intención

Una vez que tengas una intención escrita, envíala al universo con la siguiente oración de la intención:

Querido universo, invoco a mis ángeles, guías, seres queridos que han fallecido y todos los miembros de mi sociedad de almas, solo a los de la vibración más elevada, para que estén conmigo ahora.

[Haz aquí la declaración de intención].

Te pido a ti y a todos los ayudantes supremos que puedan apoyarme con esta intención que se asocien conmigo y me guíen ahora. Por favor, envíame las señales, sincronicidades, ideas, oportunidades y recursos que me acerquen a crear esto o algo aún mejor. Confío en ti para que me guíes a mi mayor bien y al de todos los involucrados, y te pido que me asistas para reconocer tu orientación cuando llegue y actuar en consecuencia.

Ahora estoy abierto y preparado para tu ayuda, y agradezco tu colaboración en este proceso de creación. Amén.

ENTREGA Y CONFIANZA

Tras establecer tu intención y recitar tu oración de la intención, es hora de dejarte llevar, de rendirte y confiar en que el universo está en ello. Concretamente, tienes que olvidarte del resultado. Aquí es donde mucha gente se bloquea. A menudo mis alumnos me preguntan: «¿Cómo puedo desear algo y centrarme en ello, pero dejarlo ir al mismo tiempo?». La respuesta está en la afirmación: «Ayúdame a crear esto *o algo mejor*». El «algo mejor» es cómo te rindes y te desprendes del resultado. Para que el universo te guíe hacia cambios positivos en tu vida, tienes que dejar espacio a lo inesperado, a nuevas ideas y giros que te lleven a lugares inimaginables e increíbles. Hay mucha incertidumbre en la vida, y eso a menudo nos asusta. Pero hay una cosa de la que puedes estar seguro: cuando pides ayuda al universo, y luego te rindes y confías en que está trabajando por tu bien más elevado, siempre te guía hacia un lugar mejor.

Eso no significa que no hagas nada mientras tanto. Los otros tres pasos del método de la ayuda suprema, junto con todas las herramientas y recursos de la segunda parte de este libro, te ayudan a desempeñar tu papel en esta asociación divina. Lo que sí significa es que entregas el resultado a un poder superior. Cuando te centras como un láser en lo que quieres, es más probable que bloquees o pases por alto las señales que te guían hacia lo que realmente necesitas o hacia algo que te haga aún más feliz a largo plazo. Supongamos que decides que quieres casarte con un hombre que mida 1,80 m, con el pelo castaño oscuro, que vaya trajeado a su trabajo todos los días y que tenga unos treinta años. Si solo te fijas en este tipo, puede que no prestes atención al rubio con un corte de pelo militar, de 1,70 de estatura, que tiene su propio negocio de construcción, acaba de cumplir veintinueve años y traerá amor y felicidad a tu vida. Si solo quieres trabajar en las oficinas de la empresa Starbucks, puede que ignores la propuesta de un cazatalentos de entrevistarte para Tim Hortons,* y puede que sea allí donde conozcas a un amigo que te presentará al amor de tu vida. Ignorar estas señales no significa necesariamente que el universo no te dirija hacia las personas si de verdad están destinadas a estar en tu vida, pero perderás oportunidades y pistas clave por el camino y podrías prolongar el proceso.

Piensa en el ejemplo que te he contado antes sobre querer desarrollar primero mi negocio y luego dejar mi trabajo cuando tuviera suficiente dinero. Si solo me hubiera centrado en eso y no hubiera estado abierta a otras posibilidades, habría pasado por alto la oportunidad de convertirme en una colaboradora autónoma. Esa oportunidad me permitió dejar mi trabajo antes de que mi negocio creciera y seguir ganando suficiente dinero para mantenerme. Mirando atrás, sé que el universo organizó eso para mí, y funcionó incluso mejor porque pude dejar mi trabajo mucho antes.

---

* N. del T.: Tim Hortons es una cadena canadiense de cafeterías muy famosa en Estados Unidos.

La lección de esta historia, y de este capítulo, es que has de tener claro lo que quieres para que el universo empiece a asociarse contigo con el fin de crearlo, pero también debes dejar que el universo tome la iniciativa, porque cuando lo haces, todo fluye con más facilidad y suavidad. En el próximo capítulo, descubrirás cómo empezar a pedir ayuda conscientemente al universo y a utilizar su energía para avanzar hacia un cambio positivo, tomar decisiones y descubrir las soluciones ideales para manejar cualquier problema o reto que te plantee la vida.

Capítulo 2

PIDE AYUDA AL UNIVERSO

TODAS LAS ALMAS QUE VIVEN en este mundo físico tienen acceso ilimitado y directo a la energía creativa del universo. Y todas ellas pueden acceder conscientemente a esa energía y solicitar su ayuda para solucionar cualquier problema o crear lo que quieran crear. Esta energía está en tu interior y a tu alrededor e incluye un vasto equipo de ayudantes supremos especializados dispuestos a asistirte y guiarte en todo momento. No te corresponde a ti resolver nada por tu cuenta ni desenvolverte en esta vida sin ayuda. Da igual que necesites encontrar un objeto que has perdido, arreglar algo roto, tomar una decisión crítica, encontrar una solución a un problema repentino, manifestar un deseo o incluso cambiar tu mentalidad, lo único que tienes que hacer es pedir ayuda.

Todos estamos en comunicación constante con el universo, pero la mayoría de la gente no se comunica de forma consciente con él. Como he mencionado anteriormente, la mayor parte de los mensajes que envías al universo proceden de la mente subconsciente, y te está causando problemas. Cuando dejas que la mente subconsciente lleve las riendas, esta transmite al mundo tus creencias negativas limitadoras, así como tus pensamientos y emociones llenos de preocupación, duda y miedo. Todo esto se convierte en un obstáculo para manifestar cambios positivos. Sin embargo, cuando eres consciente de las historias que te cuentas y le pides ayuda al universo, recuperas el control de la narrativa.

Esta es la pieza que les falta a tantas personas que han estado intentando manifestar una mayor felicidad, una mejor salud, unas buenas relaciones amorosas y una abundancia ilimitada, y, sin embargo, siguen topándose con bloqueos y muros una y otra vez. En lugar de tratar de manifestar algo por tu cuenta y confiar únicamente en ti, dispones de herramientas espirituales que es muy fácil aprender a usar que te permitirán asociarte con el universo y dejar que su sabiduría infinita te dirija. En este capítulo veremos estas herramientas con las que es posible crear con más facilidad la vida de tus sueños.

TUS CONVERSACIONES ACTUALES

¿Qué le has estado diciendo al universo y qué le dices ahora? Si quieres encontrar la respuesta a estas preguntas, solo tienes que fijarte en lo que ya has creado en tu vida. ¿Tu trabajo te gusta o solo te sirve para pagar las facturas? ¿Tienes una relación amorosa y satisfactoria o estás soltero y anhelas una pareja romántica? ¿Pagas tus facturas con facilidad cada mes o estás endeudado y viviendo al día? ¿Tu cuerpo está mejorando y curándose o, por el contrario, tus síntomas empeoran?

Tu vida actual te dice todo lo que necesitas saber sobre las conversaciones que has estado manteniendo con el universo y también te ayuda a descubrir en qué aspectos necesitas cambiar la narrativa. ¿En qué áreas de tu vida te sientes estancado? ¿En cuáles eres infeliz? ¿En qué ámbito desearías que las cosas fueran diferentes? Ahí es donde tu mente subconsciente se ha desbocado, y ha llegado el momento de que intervenga la mente consciente. Mucha gente se siente estancada o desgraciada en más de un área, y en realidad eso es habitual. Tu mentalidad, incluidos tus pensamientos, emociones y creencias, afecta a todos los aspectos de tu vida, de modo que tu infelicidad en un área suele desbordarse y afectar a otras. Pero lo mismo ocurre con los avances positivos. Cuando empiezas a hacer cambios positivos en un área, no es raro que las demás cambien también para mejor. Las herramientas de este capítulo, y de la segunda mitad del libro, te ayudan a cambiar de un modo que antes no podrías ni imaginar. Te aconsejo que empieces a trabajar conscientemente con el universo para mejorar de área en área —dos a la vez como mucho—, de modo que concentres tu energía en conseguir el máximo impacto.

Antes de buscar la ayuda y la guía del universo, reflexiona sobre lo que querías que el universo te ayudara a lograr en el pasado. Este ejercicio pone de relieve las áreas de tu vida que más necesitan un cambio, para que puedas identificar dónde empezar a aplicar primero el método de la ayuda suprema.

Ejercicio: Haz un inventario de tu vida

Lee la lista de afirmaciones correspondientes a cada área de la vida que aparece a continuación y responde «verdadero» o «falso».

Dinero y abundancia

1. Ganas más dinero del que gastas cada mes.
   VERDADERO   FALSO
2. Tienes dinero en una cuenta de ahorros que no necesitas en este momento.   VERDADERO   FALSO
3. No tienes deudas ni te preocupa el dinero que debes.
   VERDADERO   FALSO

4. Te sientes financieramente seguro ahora y para tu futuro.
   VERDADERO   FALSO

5. El dinero te llega fácilmente y sin esfuerzo.
   VERDADERO   FALSO

Salud y curación

1. Tu cuerpo está sano y funciona perfectamente en todos los sentidos.   VERDADERO   FALSO

2. Comes lo que deseas y lo digieres con facilidad.
   VERDADERO   FALSO

3. No sientes dolor en el cuerpo.   VERDADERO   FALSO

4. Tienes un peso saludable y te sientes bien con él.
   VERDADERO   FALSO

5. Tu cuerpo está libre de síntomas y no te limita de ninguna manera.   VERDADERO   FALSO

Sanación emocional

1. Te sientes feliz y contento la mayoría de las veces.
   VERDADERO   FALSO

2. Estás libre de ansiedad la mayoría de las veces.
   VERDADERO   FALSO

3. Manejas con facilidad las circunstancias negativas que se te presentan. VERDADERO   FALSO

4. Recuperas el equilibrio rápidamente cuando algo te descentra.   VERDADERO   FALSO

5. Eres capaz de dar amor y recibirlo de los demás con facilidad.   VERDADERO   FALSO

Relaciones

1. Tienes amigos solidarios en los que confías y que te aportan alegría.   VERDADERO   FALSO

2. La mayoría de tus relaciones actuales son armoniosas, solidarias y afectuosas.   VERDADERO   FALSO

3. Mantienes una relación amorosa e íntima con otra persona o eres feliz sin pareja.   VERDADERO   FALSO

4. Tus relaciones actuales no te irritan, enfadan o molestan a menudo.   VERDADERO   FALSO

5. No has sufrido recientemente la pérdida de un ser querido o el final de una relación que te cause dolor.
VERDADERO   FALSO

Carrera y propósito

1. El trabajo que haces cada día te produce alegría.
VERDADERO   FALSO

2. Estás contento con tu situación laboral actual (campo profesional, jefe, carga de trabajo, etc.).
VERDADERO   FALSO

3. Te sientes realizado y te apasiona el trabajo que haces.
VERDADERO   FALSO

4. Sientes que el trabajo que haces forma parte de tu propósito y no tienes ningún deseo de cambiarlo.
VERDADERO   FALSO

5. Seguirías trabajando en el campo/trabajo actual aunque no te pagaran por ello.   VERDADERO   FALSO

Paternidad o maternidad

1. Estás satisfecho con el número de hijos que tienes o no tienes en este momento.   VERDADERO   FALSO

2. Si tienes uno o varios hijos, mantienes relaciones felices y afectuosas con ellos.   VERDADERO   FALSO

3. Sabes exactamente cómo ayudar a tu(s) hijo(s) con cualquier problema que tenga(n) en ese momento.

   VERDADERO   FALSO

4. Confías en tus capacidades como padre o madre para cuidar, guiar y mantener a tu(s) hijo(s).

   VERDADERO   FALSO

5. Te sientes satisfecho con más frecuencia que preocupado cuando se trata de tu(s) hijo(s).

   VERDADERO   FALSO

Conexión espiritual

1. Sabes que el universo siempre te está guiando hacia tu bien superior, aunque no lo parezca, y confías en ello.

   VERDADERO   FALSO

2. Te sientes conectado con el universo.

   VERDADERO   FALSO

3. Tienes una intuición fuerte y confías en utilizarla.

   VERDADERO   FALSO

4. Reconoces y recibes señales y sincronicidades del universo y de tus seres queridos del Otro Lado.

   VERDADERO   FALSO

5. Utilizas sistemáticamente herramientas y prácticas espirituales para gestionar tu energía y tu mentalidad.

   VERDADERO   FALSO

En cada área, si la mayoría de las veces respondes «Verdadero», significa que actualmente te comunicas positivamente con el universo en esa área. En cambio, si casi siempre respondes «Falso», eso indica que estás pidiendo más de lo que no quieres y que necesitas hacer un cambio.

CÓMO PEDIR AYUDA AL UNIVERSO

Una vez que tengas una idea más clara de lo que le has estado diciendo al universo en el pasado, acota las áreas que más necesitan un cambio positivo y aplica el método de la ayuda suprema. Este capítulo está dedicado al segundo paso del proceso de cuatro pasos: pedir ayuda conscientemente al universo para crear los cambios que quieres ver. Existen herramientas espirituales sencillas que puedes utilizar, algunas a diario y otras según las necesites o desees, para pedir ayuda suprema y utilizar la energía que te rodea con el fin de manifestar cambios y encontrar soluciones a problemas inesperados. Estas herramientas son los ayudantes supremos especializados, la oración, la gratitud focalizada, los cristales y los rituales. Cuando se emplean de forma aislada, cada una de ellas hace que la energía del universo empiece a apoyarte, pero creo que al utilizarlas en conjunto, se potencian tus resultados. Echemos ahora un vistazo más profundo a cada una de estas herramientas.

AYUDA SUPREMA

¿Te das cuenta realmente de cuánta ayuda recibes de fuentes superiores? Imagina que entras en una sala llena de seres de luz sentados alrededor de una gran mesa de conferencias que trabajan juntos en un único objetivo: ayudarte a resolver problemas y avanzar hacia tu bien más elevado en todos los ámbitos de tu vida. Estos seres de luz —arcángeles, guías, dioses, diosas, maestros ascendidos, santos y otros— ven tu vida desde una perspectiva y un punto de vista más elevados, y pueden desarrollar oportunidades para ayudarte a crear más alegría, felicidad y amor en esta vida. Saben qué caminos debes tomar y cuáles debes evitar, y te guiarán hacia las personas, las situaciones y los recursos perfectos para ayudarte a conseguir lo que deseas o algo aún más extraordinario. Si pudieras entrar en una sala como esta, creada solo para ti y tu vida, ¿lo harías? ¿O seguirías intentando manifestar y resolver los problemas por tu cuenta?

Parecería una estupidez *no* aceptar esta ayuda, ¿verdad? Tienes ayudantes supremos como estos, que están preparados y listos para apoyarte ahora mismo. Y al igual que los expertos especializados que tienes para asistirte en este mundo físico —los mecánicos de coches, los agentes inmobiliarios, los médicos, los dentistas, los abogados, los electricistas y los paisajistas, todos ellos dedicados a ayudarte a solucionar problemas concretos, a crear resultados y a encontrar soluciones en la vida—, también cuentas con ayudantes supremos especializados en determinadas áreas. Hay ayudantes supremos que te echan una mano con la abundancia, las relaciones, los problemas de salud, la carrera, el propósito, la intuición, la mentalidad, el bienestar emocional, la creatividad, la confianza, la paternidad, etc. En lugar de agobiarte, preocuparte y estresarte por qué hacer a continuación o qué camino elegir, es hora de empezar a llamar a estos seres para que te guíen. Pide ayuda siempre que lo necesites y en la medida que te haga falta; y no creas que vas a excederte ni a abusar de ese privilegio por más que recurras a ellos. Están ahí para ayudar a todas las almas que se lo pidan, y eso te incluye a ti. Ninguna tarea es demasiado grande ni demasiado pequeña. Llamo a los ayudantes supremos todas las mañanas, y la lista varía dependiendo de para qué busque ayuda en ese momento. No empiezo el día —ni salgo de casa— sin ellos. También se puede recurrir a los ayudantes supremos cuando surge algo: antes de un acontecimiento como una entrevista de trabajo, una reunión en el colegio de tu hijo o unas vacaciones con familiares que tienen la virtud de desquiciarte; o incluso en nombre de otra persona cercana a ti que necesita ayuda.

Todos tenemos guías individuales que trabajan con nosotros en esta vida y que forman parte de nuestro equipo de ayuda suprema, pero también podemos comunicarnos con arcángeles, maestros ascendidos, dioses, diosas, santos y demás; y como he mencionado, puedes recurrir a ellos independientemente de la religión o el sistema de creencias con el que hayas crecido o el que tengas en la actualidad. Todos estamos conectados y todos somos uno. Yo crecí siendo católica y les rezo a la Virgen María y a los santos de los que me hablaron cuando era más joven, pero también invoco a dioses hindúes, diosas griegas y maestros ascendidos cuando necesito ayuda en un área en la que se especializan.

También puedes invocar a cualquier experto que conozcas y que se encuentre en el Otro Lado, tanto si lo conociste en esta vida como si no. ¿Por qué? Porque todos procedemos del mismo Espíritu o Fuente y estamos conectados los unos con los otros tanto en este mundo físico como en el más allá. Esto significa que si tienes problemas con un iPhone, un iPad o un ordenador Mac, puedes pedir ayuda a Steve Jobs. Si estás intentando curar tu cuerpo, pide consejo a Louise Hay, una maestra espiritual que se curó a sí misma de un cáncer y enseñó a otros a curarse a sí mismos. Cuando tengas que tomar una decisión sobre inversiones financieras, recurre a J. P. Morgan, que fundó el banco del mismo nombre. Si eres actor y quieres lucirte en una audición, pide ayuda a Lucille Ball.* Una alumna mía, fotógrafa, llamó a George Eastman, fundador de Eastman Kodak, para que la ayudara con un problema de la cámara con el que llevaba bregando dos semanas, y a las dos horas de pedirle ayuda, ¡se le ocurrió algo que solucionó el problema!

En ocasiones decido trabajar con uno o dos ayudantes supremos en un asunto y otras veces llamo a un grupo de ellos para que trabajen juntos en mi favor. Una parte fundamental del método de

---

* N. del T.: Comediante estadounidense, muy querida por el público durante las décadas de los cincuenta, sesenta y setenta, y famosa por los programas de televisión *I love Lucy* y *The Lucy Show*, entre otros.

la ayuda suprema consiste en agrupar a los ayudantes en una oración diaria, es decir, invocar a todos los que se especializan en el área con la que tienes problemas o que te ayudan con el cambio que intentas crear. Muchos de los ayudantes que aparecen en este libro pueden asistirnos en múltiples áreas de la vida, por lo que algunos de ellos se repiten tanto en las listas como en las oraciones de la segunda parte, junto con detalles sobre cómo ayudan en cada área.

Por ejemplo, el arcángel Jofiel es el ángel al que acudo cuando necesito cambiar mi mentalidad y mis pensamientos de negativos a positivos, y esto se aplica a todos los ámbitos de la vida. El arcángel Rafael es el ángel que ayuda en la sanación, por lo que lo encontrarás en los capítulos de sanación física y sanación emocional, y también en el capítulo de dinero y abundancia para quienes buscan sanar el miedo en torno a las finanzas. Y el arcángel Chamuel es el ángel al que tienes que invocar cuando quieres encontrar algo, ya sean tus llaves perdidas, una pareja, un trabajo o el propósito de tu vida, aunque también ayuda a quienes sufren ansiedad.

Además, cuando invocas a estos ayudantes supremos para que te asistan, no solo les estás pidiendo que te guíen, también estás aprovechando su energía para que trabajen en tu favor a lo largo del día, razón por la que recomiendo invocarlos durante horas de la mañana mediante la oración (ver siguiente apartado). Asimismo, al hacerlo, estableces tu intención cada día, contigo y con el universo, y de esta manera te recuerdas a ti mismo que tu equipo de ayuda suprema está en ello y trabaja contigo en cada paso del camino.

ORACIÓN

La primera forma de pedir ayuda conscientemente al universo y de llamar a los ayudantes supremos para que se asocien contigo es a través de la oración. La oración también es una forma de establecer una intención tanto con el universo como contigo mismo. Cuando utilices el método de la ayuda suprema, te recomiendo que empieces cada día rezando por aquello para lo que necesites ayuda en ese momento. Al hacerlo, te preparas para el día, traes contigo a esos ayudantes supremos y refuerzas tu intención de crear el cambio positivo que buscas. También te recuerda que debes estar atento a las respuestas que te envíen, sobre las que aprenderás más en el capítulo cuatro.

La oración es un concepto espiritual poderoso que forma parte de muchos sistemas de creencias actuales, y puedes rezar por ti mismo o por otros. Sí, puedes invocar a los ayudantes supremos en nombre de alguien. Incluso cuando creas que no te es posible ayudarlos personalmente, siempre puedes decir una oración para llamar a sus ángeles, guías y equipo de ayudantes supremos para que los ayuden en lo que tú no puedes; y para que funcione ni siquiera hace falta que sepan que lo estás haciendo.

Existen pruebas científicas que respaldan la eficacia de este tipo de oración. Un estudio realizado por investigadores de la Universidad de Columbia y publicado en el número de septiembre de 2001 de la revista *Journal of Reproductive Medicine* demuestra el poder de la oración en nombre de otra persona, incluso cuando esta ignora que se está pronunciando.[1] El estudio tomó a ciento noventa y nueve mujeres sometidas a fecundación in vitro (FIV) en el hospital Cha, de Corea, y las dividió en dos grupos: uno al que grupos de oración de Estados Unidos, Canadá y Australia rezaban pidiendo un embarazo satisfactorio basándose únicamente en las fotos de las mujeres, y otro al que no se rezaba. Las mujeres no estaban al tanto de esto. Los resultados mostraron que el grupo que recibió las oraciones tuvo una tasa de éxito del embarazo del cincuenta por ciento, frente a solo el veintiséis por ciento del grupo sin oraciones.

Como mencioné en el capítulo uno, la forma en que utilizo la oración consiste en pedir al universo y a mis ayudantes supremos que me muestren el mejor camino y me guíen hacia las mejores soluciones. Se trata siempre de una asociación, y siempre dejo que el universo tome la iniciativa. Esta es mi fórmula de la oración en cinco pasos para llamar a la ayuda suprema y pedir al universo que se asocie contigo. Aplícala a cualquier situación, tanto si necesitas resolver un problema repentino como si estás trabajando activamente para manifestar algo en tu vida.

La fórmula de la oración en cinco pasos

Paso 1. Invoca al equipo colectivo

Empiezo cada oración invocando a mi equipo colectivo de ayuda suprema, compuesto por mis ángeles, guías, seres queridos del Otro Lado y cualquier miembro de mi sociedad de almas; es decir, aquellos que me han sido asignados para ayudarme desde el Otro Lado, tanto si sé quiénes son o si los conocí en esta vida como si no. También pido que solo me ayuden los de la vibración más elevada. Te recomiendo que empieces tus oraciones de esta manera:

> Querido universo, invoco a mis ángeles, guías, seres queridos del Otro Lado y todos los miembros de mi sociedad de almas, solo a los de la vibración más elevada, para que estén conmigo ahora [«hoy» si rezas la oración por la mañana].

Paso 2. Explica la situación

Tras invocar al equipo, dedica un momento a explicar con qué tienes dificultades o sobre qué buscas orientación en ese momento. Por ejemplo: «Busco vuestra ayuda para encontrar los médicos, sanadores o modalidades adecuados que me ayuden con mi dolor de espalda crónico» o «Tengo problemas económicos y necesito ayuda para ganar más y gastar menos». Lo mismo ocurre si pides ayuda para otra persona. Podrías decir: «Te pido que ayudes a X a superar su divorcio con facilidad y dignidad, dándole la fuerza y el conocimiento necesarios para avanzar hacia el lugar mejor que sé que le espera después de superar este reto».

Paso 3. Llama a ayudantes supremos especializados

El tercer paso consiste en llamar a los ayudantes supremos especializados en el área de la vida o el tipo de dificultad a los que te enfrentes. Si no sabes a qué ayudante supremo llamar en ese momento, quédate con el equipo que invocaste en el primer paso y añade a cualquiera del Otro Lado que esté especializado en _____[rellena el espacio en blanco]. En la segunda parte de este libro, encontrarás extensas listas de ayudantes en siete de las principales áreas de la vida que pueden añadirse a una oración, como el arcángel Rafael para la curación, la diosa hindú Lakshmi para la riqueza y la prosperidad, o el líder espiritual y autor superventas Thich Nhat Hanh, fallecido en 2022, para que te ayuden con la meditación y la atención plena. Cuando me centro en mejorar un aspecto de mi vida, a menudo rezo una oración en la que invoco a un gran grupo de ayudantes supremos y les pido que colaboren conmigo para encontrar soluciones y avanzar, así que no dudes en añadir todos los que quieras y ten por seguro que estarán encantados de colaborar contigo.

Paso 4. Pide que te guíen y te ayuden a darte cuenta

Uno de los pasos más importantes de mi fórmula de oración es pedir al universo y a tus ayudantes supremos no solo que te envíen la orientación, sino también que te ayuden a reconocerla y a actuar en consecuencia cuando llegue. El universo te responde arrojando nuevas ideas a tu mente consciente y enviando señales y experiencias sincronizadas. Este paso de la fórmula de la oración le pide al universo que empiece a reunir a las personas, oportunidades e ideas adecuadas para guiarte y le solicita ayuda para que seas capaz de reconocer la orientación cuando llegue, porque no querrás perdértela y demorar tu avance. Es igualmente importante actuar siguiendo la orientación cuando la recibas, para que empieces a avanzar y el universo continúe guiándote. Esto es especialmente necesario cuando las respuestas o soluciones te empujan a ir más allá de tu zona de confort, que es donde reside la mayor parte de ese sorprendente crecimiento. No debes dejar que el miedo y la duda te frenen.

Paso 5. Termina con gratitud

El último paso consiste simplemente en decir: «Gracias». Agradece al universo y a tus ayudantes supremos por adelantado la guía y el apoyo que sabes que te enviarán. Esto te sitúa inmediatamente en una vibración más elevada, con lo cual serás capaz de reconocer las señales que llegan. Es tan fácil como decir: «Gracias, gracias, gracias» o «Gracias de antemano por toda la guía y el apoyo que sé que me están llegando ahora».

Utilizar la fórmula

Hace varios años, tuve una gata llamada Phoebe que apareció en mi vida apenas dos meses después de que falleciera mi madre, y la forma en que llegó fue definitivamente dirigida por el universo y probablemente también por mi madre. Phoebe pasó diecisiete años conmigo y me aportó mucha alegría y amor. Con los años empezaron a surgir problemas médicos, y yo hice todo lo posible por ayudarla, como muchos hacemos por nuestros animales. Visité a un médico homeópata para que solucionara algunos problemas leves, y este me proporcionó un medicamento líquido que tenía que diluir en agua y administrarle oralmente con una jeringuilla. Parecía agua, no tenía sabor ni olor, pero hiciera lo que hiciera, no conseguía que se lo tomara. La gata me hizo perseguirla por toda la planta baja de la casa, del sofá a la cocina, debajo de la mesa del comedor y de nuevo al sofá. Tras diez minutos así, me rendí. Solo quería darle algo que la ayudara y no sabía cómo hacerlo. Fue entonces cuando recordé a mis ayudantes supremos.

Me detuve y llamé al equipo, además de al arcángel Ariel, que ayuda con los animales, y a san Francisco de Asís, que es el patrón de los animales en la fe católica. Les pedí que explicaran a Phoebe que solo quería ayudarla y que no le haría daño. También les pedí que facilitaran el administrarle la medicina y que me enviaran ideas y señales para hacerlo. A los pocos minutos de rezar la oración —y de seguir persiguiéndola por la casa—, se acercó y se tumbó de lado delante de mí de repente. Me quedé estupefacta, me arrodillé junto a ella y le inyecté la mezcla por un lado de la boca. A partir de ahí, darle la medicina fue cada vez más fácil. Ese es el poder de la oración y de la ayuda suprema.

Novenas

Un aspecto de la oración de mi educación católica que todavía utilizo y me encanta es el concepto de las novenas. La palabra *novena* deriva de *novem*, 'nueve' en latín y, en pocas palabras, una novena es una oración o conjunto de oraciones en las que se pide al universo y a los ayudantes supremos especializados orientación y apoyo en un asunto o intención concretos durante un periodo de nueve días.

Las novenas se realizan de forma similar a los rituales, y las oraciones deben rezarse durante nueve días consecutivos, sin saltarse ninguno. El número nueve tiene significado en la Biblia: un ejemplo son los nueve días en que los apóstoles y la Virgen María rezaron tras la ascensión de Cristo hasta la venida del Espíritu Santo a los apóstoles (Pentecostés), pero también es un número importante en numerología, que a menudo se atribuye al filósofo y matemático griego Pitágoras, aunque algunos dicen que se remonta a miles de años atrás, a las antiguas civilizaciones que habitaron en los territorios de Egipto, la India, Grecia y China. El nueve representa a nivel energético la finalización o los finales, así como los nuevos comienzos, ya que es el último de los dígitos simples antes del siguiente ciclo de números. También simboliza la sabiduría y la experiencia. A menudo utilizo el concepto de novenas en rituales en los que invoco ayuda suprema, y lo encontrarás en algunos de estos rituales que aparecen en la segunda parte de este libro.

GRATITUD FOCALIZADA

El amor y la gratitud son las dos vibraciones energéticas más elevadas a las que puedes acceder en este mundo físico. Cuando te conectas con ellas, fluyes y sintonizas con toda la energía positiva que te ofrece el universo. Al elegir conscientemente enfocar tus pensamientos en agradecer lo que está yendo bien en tu vida ahora mismo, o lo que fue bien en el pasado, cambias al instante tu energía, elevas tu vibración y te alineas con una Fuente superior. Así es más probable que percibas la orientación que te llega y puedas pedirle conscientemente al universo que te ayude a crear más cosas buenas en tu vida.

Muchas personas que siguen un camino espiritual practican la gratitud todos los días escribiendo diarios de gratitud para conectar con esta energía. El efecto de esa gratitud generalizada centrada en todos los ámbitos de la vida es asombroso y tiene un poder innegable. Se siguen realizando estudios científicos sobre la práctica del agradecimiento, que demuestran que las personas que valoran lo que tienen mejoran su salud mental y se sienten más felices en general, lo que pone de manifiesto sus efectos positivos en el cerebro. Me encanta utilizar la gratitud de esta manera, pero cuando me siento estancada en un área determinada de mi vida y quiero crear un cambio positivo, siento que focalizar mi gratitud en esa área es una herramienta poderosa.

Cuando estás bloqueado en algún área de tu vida, ya sea tu salud, una relación o el dinero, sueles centrarte en los problemas, en todo lo que va mal, es decir, en las circunstancias que ya no quieres en tu vida. Con este enfoque lo que en realidad estás haciendo es pedirle al universo que te dé más problemas y más de lo que no quieres. Una herramienta asombrosa para contrarrestar esto es enfocar tu gratitud en lo que va bien en esa área de tu vida, de modo que pidas conscientemente ayuda al universo para crear lo que quieres en lugar de lo que no quieres.

En eso consiste exactamente la práctica de lo que denomino «gratitud focalizada». En lugar de pensar una y otra vez que no puedes pagar las facturas o de darle mucha importancia a todos los gastos inesperados que siguen apareciendo, te centras en todo aquello que tienes y por lo que puedes estar agradecido en ese mismo ámbito. Tal vez sea un sueldo fijo, la ropa de tu armario que te costó dinero comprar o el techo que hoy te protege. Son símbolos de abundancia que ahora mismo están presentes en tu vida. Otro ejemplo: en vez de centrarte en esos detalles de tu pareja que te sacan de quicio, busca conscientemente todo lo que hace para que te sientas bien, como doblar la ropa, sacar la basura o ir a trabajar todos los días para contribuir a los gastos de la casa. Desde hace un par de años, mi marido y yo nos mostramos aprecio mutuo en voz alta cada noche antes de acostarnos. Lo que hacemos es nombrar al menos tres cosas que agradecemos el uno del otro, en general o de ese día. Sin duda, esto nos ha ayudado a apreciarnos de verdad, mucho más que antes de empezar a practicar este ejercicio de gratitud focalizada. También ha entrenado nuestros cerebros para buscar lo bueno en el otro y en la relación.

¿En qué aspectos de tu vida anhelas un cambio positivo? Empieza a centrar tu gratitud en una o dos de ellas y observa el cambio que se produce en ti y en las circunstancias que te rodean. También encontrarás ejercicios de gratitud focalizados en cada área de la vida en la segunda parte de este libro.

Es importante señalar que cuando hablo de practicar la gratitud y buscar lo bueno o lo que va bien en tu vida, eso no significa que haya que reprimir las emociones negativas, forzarse a ser feliz o ignorar los problemas que hay que abordar y sanar en tu vida. De hecho, esa actitud, que se ha dado en llamar «positividad tóxica», es perjudicial para tu bienestar emocional y físico, y causa más caos y problemas en el futuro. Si observas que estás haciendo alguna de estas cosas, te recomiendo que trabajes con un terapeuta energético u otro profesional capacitado para ayudarte a procesar tus emociones y pensamientos de forma saludable.

CRISTALES

Siempre me han atraído y encantado los cristales y las piedras preciosas y semipreciosas, incluso antes de conocer la energía que contenían y que podían aportar a mi vida. Cuando trabajaba en Nueva York, empecé a comprarme joyas con diversas piedras preciosas para combinarlas con mis conjuntos. A mi madre le debo y le agradezco esta obsesión que tengo por los complementos. Cuando ella era joven, siempre tenía un bolso y unos zapatos a juego con cada conjunto, y sin duda eso me ha influido. Desde que era pequeña me atraían las joyas y me sigue gustando todo lo que brille un poco. Pero cuando empecé a explorar el mundo espiritual y metafísico, descubrí que, además, la energía que contenían estas bellas piedras podía tener un efecto positivo en mi estado de ánimo, mi cuerpo físico y todo lo que atraía a mi vida. Enseguida pasé de llevar cristales como accesorios a colocar todas las variedades, formas y tamaños de cristal por mi casa, mi espacio de meditación, mi oficina y mi escritorio.

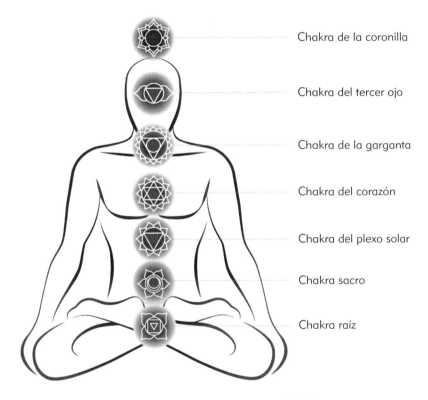

Chakra de la coronilla

Chakra del tercer ojo

Chakra de la garganta

Chakra del corazón

Chakra del plexo solar

Chakra sacro

Chakra raíz

Ilustración 1. Los siete chakras principales del cuerpo.

Cada cristal, piedra preciosa o mineral, la mayoría creados por la naturaleza, posee una vibración única y puede utilizarse como herramienta para aprovechar la energía del universo y ayudar en distintos aspectos de la vida. Hay cristales para calmar el estrés y la ansiedad, mejorar la comunicación, avivar la fluencia del dinero, atraer una nueva relación y abrir y equilibrar cada chakra. Los chakras constituyen los siete centros energéticos principales del cuerpo, empezando en la parte superior de la cabeza con el chakra de la coronilla y bajando, a partir de ahí, para pasar por el chakra del tercer ojo, el chakra de la garganta, el chakra del corazón, el chakra del plexo solar, el chakra sacro y el chakra raíz en la base de la columna vertebral (ver la ilustración 1). También hay cristales para facilitar la conexión con tus ángeles y tus guías, proteger tu energía e incluso limpiar tu energía y tu aura. Se trata de herramientas espirituales poderosas que te ayudan a crear cambios, tanto si los luces como accesorios como si los llevas en el bolsillo o los colocas por toda la casa. En la segunda parte de este libro encontrarás listas de cristales que te ayudarán en siete áreas principales de la vida.

Además, al igual que los ayudantes supremos nos asisten en diversas áreas de la vida, muchos cristales se utilizan en más de un área. Por ejemplo, el cuarzo transparente, que se menciona en casi todos los capítulos de la segunda parte, no solo tiene un gran poder sanador, sino que se usa para amplificar la energía de los demás cristales. Como tal, lo empleo a menudo en rituales en los que intervienen otros cristales para potenciar su energía. Otro ejemplo es la aventurina verde, que es una piedra maravillosa para curar el corazón, pero que se utiliza también para atraer el dinero y la abundancia.

Cómo utilizar los cristales

Hay diversas maneras de incorporar los cristales en tu día a día para aprovechar su energía y la del universo, a fin de transformarte e impulsar cambios positivos en tu vida. Aquí te comparto algunas de mis preferidas.

Joyas con piedras preciosas

Llevar cristales como joyas, ya sea en su estado bruto y natural o pulidos y tallados, es una forma estupenda de portar su energía contigo a lo largo del día. Las pulseras, colgantes, collares, cuentas *mala*, anillos y pendientes hechos con piedras preciosas no solo son hermosos, sino también poderosas herramientas espirituales. Si deseas crear más abundancia en tu vida, podrías llevar un colgante o collar con una sola piedra, como el citrino, o una pulsera con un grupo de piedras que trabajen en conjunto, como el citrino, el jade verde y la pirita. Si lo que quieres es abrir tu intuición y tu capacidad para recibir orientación de una dimensión superior, tal vez prefieras una pulsera con piedras de angelita o cianita azul verdosa, o un collar de amatista. A mí me gusta especialmente llevar piedras preciosas especiales si busco un efecto físico en mi mente y mi cuerpo, como curar el corazón, aliviar la ansiedad o equilibrar las emociones.

Lleva cristales encima

Si no te agrada lucir joyas, podrás sentir la misma energía llevando cristales en el bolsillo o en el bolso. A mí me gusta especialmente colocar piedras de la abundancia en una cartera para atraer más dinero y prosperidad.

Casa, coche, oficina o escritorio

El *feng shui* es una práctica de la cultura china que consiste en aprovechar las fuerzas energéticas mediante la colocación y disposición de muebles, objetos y espacios para crear armonía y equilibrio. Esta práctica puede aplicarse a cualquier espacio, ya sea una casa, una oficina o incluso un escritorio en el trabajo, y una de las principales herramientas que se suelen utilizar en esta práctica es el *bagua* del *feng shui*. El *bagua* es básicamente un mapa energético originario de China cuyas raíces se hunden en el taoísmo primitivo. Este mapa o cuadrícula de nueve cuadrados (ver la ilustración 2) se coloca sobre el plano de una casa, sobre habitaciones individuales, sobre un espacio de oficina o incluso sobre el escritorio para ver dónde caen determinadas energías. Por ejemplo, al entrar por la puerta principal o por la de cualquier habitación de tu casa, la esquina del extremo izquierdo siempre representa la riqueza y la prosperidad, y la del extremo derecho resuena con el amor, el matrimonio y las relaciones. Y cuando se coloca sobre un escritorio, la puerta principal está representada por el lugar donde te sientas. Aunque la práctica del *feng shui* ofrece muchos principios para equilibrar la energía de un espacio, como el uso del color y los elementos de la tierra, el metal, el fuego, la madera y el agua, a efectos del método de la ayuda suprema, el *bagua* se utiliza para identificar dónde hay que colocar los cristales o realizar rituales dentro de un espacio, combinando la energía de los cristales con la energía de ese espacio para apuntar a determinadas áreas de tu vida, como la carrera, el dinero, la familia y el amor.

Por ejemplo, para mantener la energía amorosa en la relación con mi marido, tengo cristales de cuarzo rosa —algunos en forma de corazón— en la zona de las relaciones de mi casa, en el dormitorio y en el escritorio de mi despacho. Para el dinero y la abundancia, he dispuesto estratégicamente diversos cristales relacionados con la prosperidad en el rincón de la riqueza de mi casa y también en mi despacho, mi escritorio y mi espacio de meditación.

En la segunda parte de este libro, encontrarás listas de cristales con los que trabajar para cada área de la vida, y cualquiera de ellos puede programarse y colocarse en tu casa, oficina o escritorio basándose en el *bagua* del *feng shui* para ayudarte a crear cambios utilizando la energía del universo. Más adelante te explicaré cómo limpiarlos y programarlos.

Riqueza y prosperidad	Fama y reputación	Amor, matrimonio y relaciones
Familia	Salud	Niños y creatividad
Conocimiento, espiritualidad y desarrollo personal	Carrera y propósito vital	Viaje y gente servicial

PUERTA FRONTAL

Ilustración 2. Mapa *bagua* del *feng shui*.

Utiliza cristales en rituales

Una de mis herramientas espirituales favoritas para pedir ayuda al universo y aplicar la energía que me rodea para crear cambios en mi vida es utilizar un ritual. Los rituales que he creado, y que encontrarás en este libro, combinan una serie de herramientas espirituales para potenciar las intenciones y atraer la guía cuando sea necesario, y los cristales son sin duda una de esas herramientas.

Proteger la energía

Para generar un cambio positivo en tu vida, es fundamental mantenerte enraizado, centrado y consciente a lo largo del día, sin importar las energías ambientales o de otras personas que puedas encontrar.

Es imprescindible invocar la ayuda divina y establecer tus intenciones de protección diariamente. Además, los cristales son una herramienta de un valor incalculable para los individuos sensibles y empáticos, ya que les ayudan a resguardarse de energías y vibraciones dañinas. Ya sea que los uses como accesorios o los lleves contigo, los cristales te proporcionan estabilidad y, en algunos casos, absorben energías negativas que podrían afectar a tu mente, tu estado de ánimo o tu energía. Entre los diversos cristales protectores, destaca uno de mis favoritos: la turmalina negra, que veremos en el capítulo once.

Purificar la energía

Así como te esfuerzas por proteger tu energía durante el día, es igualmente importante purificarla al final de tu jornada, liberándote de cualquier influencia que no te pertenezca o no te beneficie. Los cristales son una herramienta valiosa para este propósito, especialmente la cianita y la selenita, ya que no solo transmutan la energía, sino que también la liberan, sin retenerla.

Cómo limpiar los cristales

A excepción de unos pocos cristales, como la selenita o la cianita, que no contienen energía, todos los cristales deben limpiarse antes de programarlos con la intención de que actúen en tu favor. Existen diversos métodos de limpieza energética para purificar la energía de un cristal, y estos son algunos de los más comunes:

Limpieza con humo

La limpieza con humo se ha utilizado durante siglos en numerosas culturas de todo el mundo en ceremonias en las que se quemaban diversas plantas, como salvia, sándalo y romero. En la fe católica, el incienso se considera una planta purificadora y es una de las que yo también uso. Asimismo, existe una madera llamada palo santo que procede de árboles de México y Sudamérica y que los incas utilizaban históricamente para limpiarse de la energía negativa. En el caso de que decidas emplearlo, asegúrate de comprarlo a una empresa que declare que la madera procede de fuentes éticas y sostenibles. Esto significa que no se corta de árboles vivos, sino que se extrae de los que ya están muertos y caídos al suelo. Quemar estas hierbas o madera y hacer pasar los cristales por el humo los limpia de cualquier energía que hayan podido captar antes de que los adquirieras, así como de cualquiera que hayan absorbido mientras los llevabas puestos o los utilizabas de alguna otra manera.

Aceites esenciales
Los aceites que limpian la energía, como el de salvia y el de incienso, o el aceite de palo santo de origen ético y sostenible, limpian la energía de los cristales. Utilízalos en un difusor y mantén los cristales en el vapor para limpiarlos. También hay una gran variedad de esprays purificadores y limpiadores de energía, con una combinación de aceites limpiadores que se pueden pulverizar directamente sobre los cristales.

Naturaleza
Los cristales pueden limpiarse y recargarse en la naturaleza colocándolos en el exterior por la noche, durante la luna llena, la luna nueva o una tormenta. Sin embargo, ten cuidado al colocar cristales frágiles o porosos, como la selenita, la pirita o la turmalina negra, cerca del agua.

Cómo programar los cristales
Una vez limpios los cristales, puedes programarlos para que te ayuden a crear cambios en cualquier área de tu vida, amplificando su energía. Después de elegir un cristal que contenga la energía

correspondiente a la intención que estás estableciendo, como la apofilita para aumentar tu intuición y abrir los chakras del tercer ojo y la coronilla, o el ágata de fuego para encender la pasión en una relación, prográmalo con una intención simplemente sosteniendo el cristal entre las manos o colocándolo sobre una superficie con las manos suspendidas sobre él, y luego di en voz alta:

> Pido a la energía del universo que limpie toda la energía no deseada y la programación anterior de este cristal. Ahora le ordeno –y lo programo para ello– que _____ [inserta tu intención].

Cada vez que limpies tus cristales, tanto si los tienes en tu casa como si los utilizaste en un ritual o los usas como accesorios, es beneficioso que los reprogrames con tu intención para que la energía se reactive y te ayude en tu vida.

Rituales

Un ritual es una ceremonia que consiste en pasos o acciones realizados en un orden determinado o durante un cierto tiempo, y suele utilizarse con la intención de obtener un resultado deseado. Puede que tengas un ritual matutino de cuidado de la piel en el que utilizas un exfoliante, sérum y una crema en un orden determinado para mantener la piel hidratada y con un aspecto joven. Tal vez tengas un ritual nocturno en el que medites y escribas en un diario de gratitud antes de acostarte para calmar tu mente y tu cuerpo y potenciar tu vibración.

Los rituales también son una poderosa herramienta espiritual que te ayuda a conectar con la energía del universo y a utilizarla para crear los cambios que deseas en tu vida. Y es otra forma de pedir al universo que se asocie contigo y te ayude. La eficacia de los rituales ha sido estudiada incluso por científicos, y en un artículo publicado por *Scientific American* titulado «Why Rituals Work» (Por qué funcionan los rituales), que analizaba tanto los rituales religiosos como los cotidianos, los autores afirmaban que «realizar rituales con la intención de obtener un determinado resultado parece ser suficiente para que el resultado se produzca».[2] Y eso sin añadir el beneficio de pedir ayuda al universo para la consecución de un objetivo. Utilizar rituales es una herramienta espiritual por sí sola, pero los rituales que enseño y que encontrarás en este libro utilizan una combinación de herramientas para conseguir un efecto aún más poderoso. A veces un ritual se realiza una sola vez y otras veces puede repetirse durante un determinado número de días o un tiempo concreto. El método de la ayuda suprema utiliza rituales no solo para invocar la ayuda suprema y aprovechar la energía que te rodea, sino también para establecer una intención dentro de tu mente consciente y, al mismo tiempo, plantar la semilla de lo que quieres crear en el universo de forma que se asocie contigo para conseguirlo.

La energía de tu hogar

Todo es energía. Tu cuerpo, los espacios que habitas, los objetos que hay en esos espacios y las personas con las que te encuentras resuenan con determinadas frecuencias energéticas y ejercen un efecto sobre ti y tu vida. Aunque no tienes control sobre la energía de todos los lugares a los que vas, sí lo tienes sobre la energía de tu vivienda. También puedes tomar medidas que te permitan equilibrar esa energía y utilizar el espacio para atraer orientación y resultados positivos, y aquí es donde entra en acción el *bagua* del *feng shui* mencionado anteriormente.

Por ejemplo, un ritual para crear más dinero y abundancia debe realizarse en la sección de riqueza y prosperidad de la casa, según el *bagua*, y para mejorar una relación con una persona importante, debe hacerse en la sección de amor, matrimonio y relaciones. Esto se aplica especialmente a los cristales o rejillas de cristal que se dejan en el espacio en el que realizamos un ritual después de haberlo hecho para seguir aprovechando la energía. El *bagua* del *feng shui* también se utiliza para programar y colocar intencionadamente cristales en una zona determinada con el fin de atraer ayuda, como se ha explicado anteriormente en este capítulo.

Estas son las principales herramientas espirituales utilizadas en el método de la ayuda suprema para pedir ayuda al universo y hacer uso de su energía con el objetivo de manifestar los cambios positivos que deseas en la vida. En el próximo capítulo, pasaremos al paso 3, que consiste en aprender a transformar tu energía para permanecer en una vibración más elevada y estar abierto a recibir la orientación y las respuestas que te envían el universo y tus ayudantes supremos.

Capítulo 3

TRANSFORMA TU ENERGÍA

CADA DÍA, TU CEREBRO GENERA unos sesenta mil pensamientos, y el noventa por ciento de ellos son repetitivos, según una investigación del doctor Fred Luskin, de la Universidad de Stanford.[1] Y como el cerebro tiene un sesgo de negatividad, estás preparado para buscar lo que va mal y los aspectos negativos que te rodean y también para tener una reacción más fuerte ante ello que ante lo positivo, según el autor y neuropsicólogo Rick Hanson.[2] ¡Si nuestro cerebro tiene esta tendencia, no es de extrañar que la gente acabe estancada e incapaz de crear los cambios positivos que desea ver en su vida! Pero la buena noticia es que puedes elegir conscientemente cambiar tu energía, incluidos tus pensamientos, tu enfoque y tus emociones. Así contrarrestarás la corriente negativa de conciencia procedente de tu mente subconsciente, que crea más de lo que no quieres e interfiere en la orientación que te dirige hacia lo que deseas. Viviendo en este mundo físico, es imposible evitar los pensamientos negativos, sobre todo porque tu cerebro está programado de ese modo. Sin embargo, cuanto más cambias conscientemente tu energía hacia lo positivo, más reconfiguras tu cerebro y, al hacerlo, cambias las circunstancias de tu vida.

El estrés, la preocupación, la duda y el miedo nunca te llevarán a lo que deseas. Estas y otras emociones negativas te impiden alcanzarlo y bloquean las soluciones y la orientación que te envían el universo y tu equipo de ayuda suprema. Sin embargo, puedes cambiar conscientemente tu energía para sentirte más tranquilo, feliz y centrado, lo que aumentará tu vibración y abrirá tu consciencia para permitirte actuar en función de las respuestas cuando lleguen. El universo está constantemente abriendo puertas y presentando oportunidades, pero no podrás verlas si vives en un estado de caos mental y miedo.

Las soluciones a los problemas difícilmente se encuentran en medio del estrés, cuando estás centrado en el problema, intentando desesperadamente averiguar qué hacer. Las soluciones aparecen con el cambio. Como ser humano, es normal pensar demasiado, darles vueltas a las cosas, devanarte los sesos tratando de encontrar respuestas y obsesionarte con lo que sigue yendo mal. Sin embargo, todo esto te estresa, te frustra y te ofusca, con lo que te aleja de las respuestas que tan desesperadamente buscas. En cuanto empieces a sentir estas emociones negativas, tómatelo como una señal, detente y cambia tu energía. Quizá te sonará absurdo escuchar que dejes de intentar resolver tus problemas, pero eso es exactamente lo que deberías hacer. Tienes que dejar de intentar resolverlos por ti mismo, soltar y permitir que el universo te traiga la solución.

Una vez que pides ayuda al universo en el paso 2, que vimos en el capítulo anterior, tu trabajo consiste en transformar tu energía con regularidad para mantenerte alineado con las respuestas que te llegan y no obstaculizar los cambios positivos que deseas. Se trata de pedir ayuda al universo y, a continuación, dejarte llevar. No tienes por qué saber exactamente cómo vas a lograrlo ni preocuparte hasta que esto suceda. Lo que te corresponde es, únicamente, pedir ayuda y seguir las señales que recibas. Si notas que no te sientes bien, es hora de parar y cambiar.

La oración que viene a continuación no solo te ayudará a transformar tu energía cuando notes que tus pensamientos y emociones se están tintando de negatividad, sino que además es una invocación a la ayuda suprema para que te guíe a cambiar esta energía. Cada vez que me descubro a mí misma centrándome en lo que va mal, irritándome con facilidad, preocupándome por el futuro o sintiendo cualquier tipo de negatividad, invoco al arcángel Jofiel, el ángel de la belleza, y le pido que me ayude a cambiar mi forma de pensar. En cuanto sientas que tus pensamientos y tu estado de ánimo van cuesta abajo, deja de hacer lo que estés haciendo y reza esta breve oración. Llevo muchos años haciéndolo, y siempre me ha ayudado a transformar mi mentalidad y volverla más positiva.

Ejercicio: La oración para cambiar la mentalidad

Utiliza esta oración para invocar la ayuda suprema y cambiar tu mentalidad y tu energía cada vez que te sientas estresado, preocupado, abrumado o notes que estás pensando de una manera negativa.

Querido universo, invoco a mis ángeles, guías, seres queridos que han fallecido y todos los miembros de vibración más elevada de mi sociedad de almas para que estén conmigo ahora. Estoy sufriendo con mi mentalidad negativa y necesito ayuda para cambiarla rápidamente. Llamo de forma específica al arcángel Jofiel para que me ayude a transformar mis pensamientos negativos en positivos y me permita así ver lo bueno y la belleza que me rodea en lugar de centrarme en todo lo que va mal o en lo que me preocupa del futuro. También te pido que, por favor, me ayudes a mantener estos pensamientos positivos en mi mente ahora.

Gracias, gracias, gracias. Amén.

DOS TIPOS DE PREOCUPACIÓN

Lo creas o no, a veces la preocupación puede tener su utilidad. Hay dos tipos de preocupación: la productiva y la destructiva. Lamentablemente, la mayoría de nuestras preocupaciones caen en la segunda categoría. La preocupación productiva te guía hacia acciones útiles que resuelven el motivo de preocupación y también te permite liberarte de ella cuando no puedes cambiar algo. Por ejemplo, imagina que te estás preparando para salir de viaje y empiezas a preocuparte por si olvidaste meter algo en la maleta. De inmediato, lo compruebas y descubres que olvidaste el cargador del portátil, así que lo metes en la maleta y dejas de preocuparte. O tal vez estás preocupado por un examen próximo; la acción productiva sería estudiar y luego desprenderte de la preocupación. En ambos casos, la preocupación condujo a una acción rápida para resolver la situación, y una vez que tomaste esa acción, desapareció.

La preocupación que conduce a la acción es productiva y no suele durar mucho. Cumple su propósito y luego desaparece. La preocupación destructiva, en cambio, es todo lo contrario: te preocupas por el futuro o por resolver un problema, pero no hay ninguna acción inmediata que emprender para resolver o controlar nada. Como no hay ninguna acción que emprender, lo único que haces es pensar una y otra vez en lo que te preocupa. Cuando sigues preocupándote por una gran tormenta de nieve que azota tu ciudad, pero ya has llenado el depósito de gasolina de tu coche, te has aprovisionado de comida en el supermercado y tienes un quita-nieves preparado, estás preocupándote de una manera destructiva. Y lo mismo sucede cuando te preocupa el resultado de una prueba médica y no tienes control sobre cuándo te van a llamar, pero sigues preocupándote y agobiándote.

La forma más fácil de saber de qué tipo de preocupación se trata es preguntarte: «¿Hay alguna acción inmediata que pueda emprender para resolver esta situación?». Si la respuesta es no, es hora de soltarla. Una acción que siempre puedes emprender es pedir ayuda al universo mediante la oración, la gratitud focalizada y otras herramientas que encontrarás en este libro. Pero una vez que lo hagas, es hora de rendirte y confiar en que el universo y tus ayudantes supremos se encargarán de ello. Todo lo que tienes que hacer es prestar atención a las respuestas y a la orientación, y actuar en consecuencia.

Aquí tienes tres ejercicios que puedes utilizar para detener el ciclo de preocupación destructiva y volver a alinear tu energía con la energía positiva y la guía del universo.

Ejercicio: Meditación para renunciar a tus preocupaciones

Elige a uno de tus ayudantes supremos para que trabaje con-tigo en esta meditación. Se hará cargo de tus preocupaciones y las llevará a tu equipo de ayuda suprema, que te apoyarán a la hora de encontrar las soluciones que necesitas y a crear los mejores resultados posibles. Elige a cualquier persona con la que resuenes, incluidos los seres queridos del Otro Lado o de cualquiera de las listas de la segunda parte de este libro. Para este ejercicio, siempre elijo a la Virgen María porque siento que la energía que ofrece es reconfortante y sé que llamará a otros ayudantes supremos para que acudan en mi auxilio, sea cual sea mi problema en ese momento. También puedes elegir al santo italiano conocido como Padre Pío, que es el patrón del alivio del estrés, pues se sabe que ayuda a liberarse de este, así como de la ansiedad y las preocupaciones.

Cierra los ojos. Inspira lentamente por la nariz contando hasta cuatro y espira despacio por la boca contando hasta seis. Repítelo tres veces.

Imagina que delante de ti se encuentra el ayudante supremo con el que has decidido trabajar hoy y observa que está rodeado de un aura de luz fulgurante. Manteniendo los ojos cerrados, imagina una luz verde resplandeciente que empieza a brillar dentro de tu pecho, concretamente en tu chakra del corazón. Observa cómo se agranda y comienza a fluir hacia el exterior, envolviendo tu cuerpo en un haz de luz verde. Esta corriente de energía te ayudará a liberar los miedos y preocupaciones que guardas en tu interior en este momento y a entregárselos al ayudante supremo que tienes frente a ti. Inspira profundamente por la nariz, espira por la boca y repite lo siguiente en voz alta o mentalmente:

Ahora libero todos los pensamientos de preocupación y miedo sobre mi vida actual, y todos los pensamientos de preocupación y miedo sobre lo que pueda ocurrirme o llegar a mi vida en el futuro.

Me desprendo de mi preocupación actual en torno a mis relaciones, concretamente _____ [rellena el espacio en blanco], o me desprendo de mi preocupación y miedo actuales sobre mi carrera y mi

propósito, concretamente _____
[rellena el espacio en blanco].

Inspirando profundamente de nuevo por la nariz y soltando el aire por la boca, sigue observando cómo la energía de tu preocupación y el miedo abandonan tu cuerpo a través del rayo de luz verde que emite tu chakra del corazón.

> Me desprendo de mi preocupación y mi miedo actuales por mi salud, concretamente _____ [rellena el espacio en blanco], me desprendo de mi preocupación y mi miedo actuales por mis finanzas y mi dinero, concretamente _____ [rellena el espacio en blanco] y me desprendo de mi preocupación y mi miedo actuales por _____ [inserta cualquier otro asunto que te preocupe ahora].

Sigue así hasta liberarte de todas las preocupaciones que tengas en ese momento. Ahora, mientras observas con tu visión interior cómo tu ayudante superior acepta todas tus preocupaciones y miedos para transformarlos en amor y paz, afirma lo siguiente:

> Te entrego estas preocupaciones para no tener que seguir llevándolas conmigo. Te pido que las entregues a mi equipo de ayuda suprema para que las resuelvan por mi bien superior y por el mayor bien de todos. Por favor, envíame las señales y sincronicidades que me guiarán hacia las mejores soluciones y ayúdame a reconocerlas y a actuar en consecuencia cuando lleguen. Gracias, gracias, gracias.

Inspirando por la nariz y espirando por la boca, dedica unos momentos más a soltar cualquier miedo o preocupación que aún quede en tu chakra del corazón a través de esa luz verde. Cuando hayas terminado, verás que la luz empieza a disiparse hasta desaparecer por completo. Nota cómo te sientes más ligero física y mentalmente. Te sientes más esperanzado. Eres consciente de que tu equipo está trabajando ahora en todas tus preocupaciones y problemas, y ya no necesitas estresarte por nada en absoluto. Asimismo, sabes que las soluciones están llegando. Y que puedes hacer este ejercicio cada vez que vuelvan los pensamientos de preocupación y miedo.

Ejercicio: Libérate de ese pensamiento

En cuanto notes que tus pensamientos derivan hacia lo negativo, procura cambiarlos rápidamente para que no se descontrolen y arrastren tu energía. Aunque, como a menudo no eres consciente de tus pensamientos ni de lo que te estás diciendo a ti mismo, te resultará difícil interrumpirlos y detenerlos. Es probable que te fijes más en tus sentimientos que en lo que piensas. Cómo te sientes en un momento dado suele ser la mejor pista que tienes de que algo va mal con tus pensamientos.

Si te sientes irritado, estresado, ansioso, frustrado, abrumado o no del todo bien y contento, es muy probable que tus pensamientos estén alimentando esas emociones. Además, cada vez que te encuentres atrapado en un ciclo de preocupación destructiva, en el que tus pensamientos se desbocan hacia la negatividad, también es una señal de que necesitas un cambio. Este ejercicio puede ayudarte en cuanto notes las emociones negativas o los pensamientos de preocupación. Así es como funciona:

Paso 1. Date cuenta del pensamiento

Si notas que te sientes estresado, ansioso, deprimido o presa de cualquier otra emoción negativa, o adviertes que tus pensamientos se centran en la preocupación, detente y toma nota de los pensamientos que estás teniendo en ese momento.

Paso 2. Suelta. Suelta. Suelta

Cierra los ojos y dite a ti mismo en voz alta o mentalmente: «Suelta. Suelta. Suelta».

Paso 3. Espira

Manteniendo los ojos cerrados, inspira profundamente por la nariz y, mientras sueltas el aire por la boca, imagina que estás expeliendo los pensamientos de preocupación y las emociones negativas para que abandonen por completo tu mente y tu cuerpo. Observa cómo su energía cae a la tierra y, al tocarla, se transforma en amor y paz.

Paso 4. Afirma el cambio

Repite esta afirmación tres veces: «Todo va bien. Estoy a salvo. Puedo relajarme y dejarme llevar porque el universo se encarga de ello y las respuestas están en camino».

Ejercicio: Retiro de sesenta segundos

¿De verdad puedes transformar tu energía y domar el caos de tu mente en solo sesenta segundos? La respuesta es sí, y puedes hacerlo en cualquier momento y lugar. El retiro de sesenta segundos te ofrece un descanso de la vida cotidiana, de las exigencias que conlleva y de los turbios pensamientos negativos que se infiltran en tu mente. Lo calma todo y proporciona un cambio instantáneo. En esos días en los que parece que la mente te domina y no es posible mantener la positividad, programa una alarma en el móvil para que suene cada hora y haz este ejercicio. Hazlo tantas veces como sea necesario; literalmente, solo te llevará un minuto.

Paso 1. Respira
Cierra los ojos e inspira y espira hondo por la nariz, bajando los hombros y relajando el cuerpo al espirar.

Paso 2. Repite un mantra
Durante sesenta segundos, repite cualquier mantra, que es una palabra, frase o sonido que suele utilizarse para ayudar a la concentración durante la meditación y que te hace sentir bien. Por ejemplo, repite «suelta», para liberar el estrés de tu cuerpo, o «todo va bien. Estoy a salvo», para tranquilizarte.

Paso 3. Respira
Vuelve a inspirar y espirar profundamente por la nariz, y luego abre los ojos.

CAMBIO CON EFT

Una de mis técnicas de limpieza energética a las que recurro cuando necesito cambiar mi mente y mi energía hacia un estado positivo y centrado es la técnica de liberación emocional (EFT*, por sus siglas en inglés), también llamada *tapping*. La EFT, presentada al público en 1995 en el libro *The EFT Manual* [El manual de EFT], de Gary Craig, licenciado en Ingeniería por la Universidad de Stanford, se basa en el sistema chino de meridianos del cuerpo humano que se utiliza a menudo en acupuntura. Los meridianos son vías por las que fluye la energía en el cuerpo, y al dar golpecitos en determinadas partes de este con las yemas de los dedos (ver la ilustración 3), se estimulan esos meridianos, y esto influye en el flujo de energía, especialmente el de la energía estancada. Cuando das golpecitos en estos puntos, la energía estancada sale de tu mente y tu cuerpo y te devuelve el equilibrio. Utiliza la EFT para aliviar el dolor físico, liberar emociones negativas y transformar las creencias limitadoras negativas en otras más positivas y fortalecedoras.

No importa para qué utilices la EFT, la fórmula para hacerlo es siempre la misma. Empieza con tres afirmaciones para establecer la sesión, mientras haces *tapping* en el punto de golpe de kárate de una mano con las yemas de los dedos de la otra. Luego sigue dando golpecitos por todos los puntos meridianos, pronunciando frases negativas sobre una situación y pasando después a frases positivas. Al final, puedes alternar entre lo negativo y lo positivo, pero termina siempre en positivo. Además de los puntos característicos del *tapping*, también incluyo los puntos de las yemas de los dedos, es decir, el borde derecho de cada uña en ambas manos.

El *tapping* cambia radicalmente tu energía y tu mentalidad. Te permite liberar energía bloqueada o almacenada en el cuerpo,

---

* N. del T.: *Emotional Freedom Technique.*

mejora tu estado de ánimo y reconfigura tus patrones de pensamiento o creencias. Bastan cinco minutos de *tapping* para mejorar tu estado energético.

2. Parte superior de la cabeza

3. Ceja

4. Al lado del ojo

5. Debajo del ojo

6. Debajo de la nariz

7. Mentón

8. Clavícula

9. Costados

10. Yemas de los dedos

1. Punto de golpe de kárate

Ilustración 3. Puntos de *tapping* de EFT.

Ejercicio: Guion de *tapping* para recuperar la paz

Utiliza el siguiente guion de *tapping* para liberarte de la preocupación, el miedo o cualquier otro pensamiento o emoción negativos, y para que tu energía vuelva a fluir con el universo y con las señales y respuestas que te envía. Este guion es personalizable y deja espacio para que introduzcas detalles específicos sobre lo que estás pensando y sintiendo en ese momento. Cuanto más específico seas acerca de tu situación, mejor.

Afirmaciones para establecer la sesión de *tapping*

Haciendo *tapping* en el punto de golpe de kárate: Aunque me siento estresado, preocupado y abrumado, y no dejo de pensar en _____ [rellena el espacio en blanco], y eso está minando mi energía, estoy preparado y dispuesto a liberar esta energía ahora.

Aunque estoy atrapado en un bucle de pensamientos negativos, y me siento frustrado y _____ [rellena el espacio en blanco con otras emociones], estoy preparado y dispuesto a soltar esta energía ahora y cambiar a una vibración más elevada.

Aunque estoy preocupado por _____ [rellena el espacio en blanco], y tengo miedo debido a la incertidumbre que siento, de todos modos, me quiero y me acepto profundamente y por completo, y estoy dispuesto a desprenderme ahora de esta energía y de cualquier cosa relacionada con ella o que la desencadene.

Parte superior de la cabeza: Me siento muy _____ [rellena el espacio en blanco].

Ceja: Estoy muy preocupado por _____ [rellena el espacio en blanco].

Al lado del ojo: Me preocupa lo que va a pasar.

Debajo del ojo: Me preocupa no encontrar una solución.

Debajo de la nariz: Solo quiero una respuesta ya.

Mentón: Solo quiero saber qué va a pasar ahora.

Clavícula: Solo quiero saber que todo va a ir bien.

Costados: No puedo soportar la incertidumbre de no saber qué va a pasar.

Pulgar: Siento que no puedo confiar en que todo vaya a salir bien.

Dedo índice: ¿Y si no sale bien?

Dedo corazón: ¿Y si no mejora?

Dedo anular: Todos estos pensamientos negativos sobre _____ [rellena el espacio en blanco] como _____ [rellena el espacio en blanco].

Dedo meñique: Me hacen sentir _____ [rellena el espacio en blanco con cualquier emoción negativa].

Parte superior de la cabeza: No quiero sentirme así.

Ceja: Quiero sentirme bien. Quiero sentirme seguro, feliz e ilusionado.

Al lado del ojo: Quiero que las cosas cambien para bien.

Debajo del ojo: Estoy muy preocupado por _____ [rellena el espacio en blanco].

Debajo de la nariz: Quiero sentirme en paz y tranquilo.

Mentón: Quiero que mi mente y mi cuerpo se sientan tranquilos y relajados.

Clavícula: Quiero confiar en que todo va a ir bien.

Costados: Pero ahora mismo no lo siento así. Estoy demasiado estresado y agobiado.

Pulgar: Quiero cambiar esta energía.

Dedo índice: Tal vez pueda elegir desprenderme de ella.

Dedo corazón: Quiero liberarme.

Dedo anular: Quiero sentirme bien.

Meñique: Quiero sentirme en paz.

Parte superior de la cabeza: Estoy dispuesto a soltar estos sentimientos de estrés, preocupación y agobio.

Ceja: Estoy preparado para soltar _____ [rellena el espacio en blanco con cualquier emoción negativa].

Al lado del ojo: Estoy preparado para volver a conectar con la paz.

Debajo del ojo: Estoy preparado para confiar en que el universo se está encargando de resolver este asunto en este momento.

Debajo de la nariz: Sé que cuando pido ayuda, siempre llega.

Mentón: Para mí es seguro relajarme y dejar que el universo me proporcione las respuestas.

Clavícula: Me siento seguro al relajarme y buscar lo bueno a mi alrededor mientras lo espero.

Costados: Preocuparme por _____ [rellena el espacio en blanco] no me sirve de nada ahora.

Pulgar: Ahora libero cualquier energía o emoción que desencadene estos pensamientos de preocupación.

Dedo índice: Puedo elegir la paz en su lugar.

Dedo corazón: Elijo tener paz ahora.

Dedo anular: Tener paz en mi mente y en mi cuerpo.

Dedo meñique: Sentir la energía y las emociones de relajación, esperanza, paz y amor.

Parte superior de la cabeza: ¿Y si esta paz no dura?

Ceja: Sé que dispongo de herramientas espirituales que me ayudan a transformar mi energía cuando lo necesite, y ahora mismo estoy cambiando mi energía y volviéndola positiva.

Al lado del ojo: Todavía estoy un poco preocupado por _____ [rellena el espacio en blanco].

Debajo del ojo: Pero elijo desprenderme ahora de esta energía de preocupación.

Debajo de la nariz: Siento que no tengo control sobre estas emociones y que mi mente me gobierna.

Mentón: Pero puedo elegir relajarme y recuperar el control.

Clavícula: Pero ¿y si _____ [rellena el espacio en blanco] ocurre/no ocurre?

Costados: Sé que el universo me está guiando hacia mi bien más elevado en este momento, pero aun así sigo preocupado.

Pulgar: De todos modos, he decidido relajarme y dejarme llevar.

Dedo índice: Me desprendo de mi preocupación y de mi miedo, y de cualquier asunto que me cause agitación y me haga sentir inseguro en este momento.

Dedo corazón: Estoy a salvo ahora y siempre, pase lo que pase.

Dedo anular: El universo me protege y es mi socio ilimitado.

Dedo meñique: Suelta, suelta, suelta. Todo va bien. Estoy a salvo.

Parte superior de la cabeza: Elijo la paz.

Ceja: Elijo la felicidad.

Al lado del ojo: Elijo cambiar mi energía hacia la vibración del amor.

Debajo del ojo: Instalo ahora el amor en mi mente y en mi cuerpo.

Debajo de la nariz: Dejo ir ahora cualquier energía, pensamiento o emoción negativos que me desmoralicen.

Mentón: Elijo cambiar mi energía y centrarme en lo que va bien en mi vida ahora mismo.

Clavícula: En este momento, estoy agradecido por _____ _____ [rellena el espacio en blanco].

Costados: Estoy muy agradecido por _____ _____ [rellena el espacio en blanco].

Pulgar: Elijo sintonizar con esa energía.

Dedo índice: Ya me siento más tranquilo y seguro.

Dedo corazón: Doy permiso a mi cuerpo y a mi mente para que se suelten y se relajen ahora.

Dedo anular: Me relajo y me dejo llevar.

Dedo meñique: Estoy en paz, relajado y libre.

LAS CREENCIAS ENTENDIDAS COMO BLOQUEOS

Todos tenemos una serie de bloqueos energéticos en la mente y el cuerpo que obstaculizan el progreso hacia el cambio positivo. Hay traumas o experiencias sin asimilar, emociones sin digerir y patrones energéticos negativos que nos mantienen atrapados. Pero algunos de los mayores bloqueos energéticos son las creencias negativas limitadoras. Especifico negativas porque todas las creencias son, de un modo u otro, limitadoras, pero si tienes una creencia limitadora positiva, como que mereces que te quieran, te beneficiará en lugar de perjudicarte. Desde que era niña, mis profesores me decían que era una gran escritora. Sabía que tenía facilidad para escribir, que disfrutaba con ello, y gracias a los comentarios positivos me formé la creencia de que se me daba muy bien escribir. Esa creencia me llevó a licenciarme en Literatura Inglesa, a conseguir un trabajo en una revista incluso antes de terminar la carrera y, finalmente, a escribir libros para ayudar a los demás en su camino espiritual. Se trata de una creencia estupenda que definitivamente no pienso cambiar. Las creencias negativas, por otra parte, te enfocan del mismo modo que las creencias positivas, pero no en el buen sentido. Si tienes la creencia «Soy demasiado viejo para conseguir otro trabajo» o «No me merezco ganar más de lo necesario», obstaculizas tu capacidad para encontrar un nuevo trabajo y cada vez que consigas unos ingresos extra, surgirá algún gasto inesperado para gastarlos.

En tu cerebro hay algo llamado sistema de activación reticular (SAR), que actúa básicamente como un filtro entre el subconsciente y la mente consciente. Su trabajo consiste en inspeccionar el mundo exterior en busca de pruebas que coincidan con las creencias de tu mente subconsciente para «emparejarlas». Solo permite que fluya hacia tu consciencia aquello que coincide con tus creencias y las refuerza. Por ejemplo, si tienes la creencia de que eres demasiado viejo para encontrar otro trabajo, tu mente consciente sintonizará con la conversación en el gimnasio en la que alguien se queja de que sigue perdiendo oportunidades de trabajo, porque siempre seleccionan a candidatos más jóvenes; sin embargo, no prestarás ninguna atención al *post* que ha publicado ese amigo tuyo de Facebook, que de hecho es mayor que tú, en el que cuenta que acaba de conseguir el trabajo de sus sueños. Básicamente, esto te mantiene estancado porque el SAR refuerza las creencias negativas con pruebas externas e ignora cualquier evidencia que las contradiga. Cuando tienes una creencia limitante positiva, tu SAR es tu mejor amigo porque sigue trayendo a tu conciencia situaciones que refuerzan esa creencia. Sin embargo, cuando te enfrentas a una creencia negativa —aunque el SAR simplemente esté cumpliendo la función para la que está diseñado—, te bloquea para que no avances. La buena noticia es que puedes descubrir y cambiar tus creencias, y luego reprogramarlas para que tu SAR te ayude a crear lo que quieres en lugar de lo que no quieres.

DESCUBRIR LAS CREENCIAS

Cambiar tus creencias transforma tu energía y te abre a nuevas posibilidades que, de otro modo, no llegarían a tu consciencia. Pero

¿cómo sabes cuáles son tus creencias si estas se encuentran principalmente en la mente subconsciente? Búscalas de forma consciente. La manera más fácil de hacerlo es «despotricar por escrito». Solo tienes que escoger un área de tu vida en la que te sientas estancado o en la que quieras manifestar algo que aún no has logrado. A continuación, toma papel y bolígrafo y empieza a escribir. Haz como si te estuvieras quejando a un amigo de todas las razones por las que lo que deseas aún no ha sucedido. Una de las siguientes ideas puede ayudarte a empezar:

No he conseguido/todavía no tengo X porque...
Me encantaría tener X, pero...

Ahora explícale a este amigo imaginario todas las razones por las que no puedes o no has manifestado los cambios que deseas, desahógate sin tapujos de ningún tipo. Sigue escribiendo hasta que no te queden más razones. Cuando hayas terminado, lee lo que has escrito y fíjate en cada una de las razones que has dado, ya que cada una representa una posible creencia. En algunos casos, tal vez no sea una creencia que te esté bloqueando, mientras que en otros, habrá que cambiar algo. Para descubrirlo, utiliza la prueba muscular, también llamada kinesiología aplicada, que trabaja con la conexión mente/cuerpo y utiliza el cuerpo para acceder a la mente subconsciente. Una de las formas más sencillas de hacerlo por tu cuenta es la prueba muscular, que es el siguiente ejercicio. La prueba muscular también puede realizarse utilizando un péndulo, si estás familiarizado con la forma de obtener respuestas «sí» y «no» con uno, o empleando cualquier otro método de autoevaluación muscular que conozcas.

Ejercicio: La prueba muscular de pie

Este sencillo método de prueba muscular utiliza tu cuerpo físico para obtener respuestas de tu mente subconsciente. Empieza por aprender cómo responde tu cuerpo al sí o al no. Para determinarlo, ponte erguido con los pies separados a la distancia de las caderas y tu peso equilibrado por igual en el talón y la parte delantera de cada pie. Sitúa los brazos a los lados y, si te sientes cómodo, cierra los ojos.

Ahora di en voz alta: «Muéstrame mi sí», y observa en qué dirección se balancea tu cuerpo. Normalmente va hacia delante para decir sí; puede que solo sea un movimiento suave en el que sientas que tu peso se desplaza ligeramente. Otra manera de hacerlo consiste en hacer una afirmación verdadera en voz alta para obtener tu sí, como: «Me llamo _____ _____ [rellena el espacio en blanco]». Cuando hagas esto unas cuantas veces y tengas claro tu sí, repite el mismo procedimiento para el no. Di en voz alta: «Muéstrame mi no», y observa hacia qué lado se balancea tu cuerpo. Para muchas personas, el no se manifiesta en forma de una inclinación hacia atrás. Haz también una afirmación falsa para determinar tu no, como: «Vivo en Nueva York», si vives en cualquier otro lugar.

Tras establecer claramente tu sí y tu no, es el momento de poner a prueba las creencias. Tan solo tienes que enunciar en voz alta la creencia: «Soy muy viejo para encontrar trabajo», por ejemplo, y observar cómo responde tu cuerpo. Si responde que sí, significa que resuena con esa creencia; así que, si se trata de una creencia negativa, ya sabes que necesitas cambiarla. Si, por el contrario, obtienes un no, quiere decir que esa no es una de tus creencias actuales, de manera que sigue probando todas las que has anotado para descubrir con cuáles te identificas.

Una vez que sepas cómo poner a prueba las creencias para ver si para ti son ciertas o no, otra forma de descubrirlas es repasar una lista de creencias comunes que aparecen en cualquier área vital, como la economía, las relaciones o la salud. Entre ellas:

* No te lo mereces.
* Si haces o tienes X, no te sentirás seguro.
* No estás dispuesto a hacerlo.
* No puedes o no sabes hacerlo.
* No crees que sea posible.

Aplicando cada una de las anteriores afirmaciones a tu situación, téstalas una a una con la prueba muscular. Por ejemplo, si tienes un bloqueo en torno al dinero, pon a prueba la creencia diciendo: «No merezco ganar más dinero» y luego: «El dinero no es seguro» o «No es seguro tener dinero». Después pasa a la siguiente y afirma: «No estoy dispuesto a ganar más dinero». Sigue repasando la lista anterior, y cada vez que salga un sí, ya sabes que tienes que cambiar esa creencia por otra más positiva.

EXPLORA LAS SIGUIENTES TÉCNICAS PARA REPROGRAMAR LAS CREENCIAS

Después de determinar cuáles son las creencias que necesitas cambiar, te conviene eliminarlas y reprogramarlas para que dejen de tener un impacto negativo en tu vida y en tu capacidad de manifestar cambios positivos. Cada vez que encuentres una creencia negativa, busca una nueva creencia más positiva y poderosa para reemplazarla. Suele ser exactamente lo contrario de la creencia negativa. Si crees que algo no es posible, debes cambiar y creer que es posible e incluso fácil. Si crees que no te mereces algo, cambia esa creencia por la de que sí te lo mereces. Si consideras que algo no es seguro, es importante adoptar la creencia de que estás completamente a salvo pase lo que pase.

Utilizo algunas técnicas de limpieza energética para trabajar en las creencias, tanto para mí como para mis alumnos, clientes o amigos. Aquí tienes algunas opciones adicionales que puedes explorar si estás interesado en aprender más. Te sugiero que pruebes cada técnica muscularmente para ver cuál te ayuda a eliminar las creencias más rápidamente. Por ejemplo, empezarías con el primer método de la lista, la técnica de liberación emocional (EFT), y dirías: «El mejor método que puedo utilizar para aclarar la creencia _____ [rellena el espacio en blanco] es la EFT». Si obtienes un sí, utiliza la EFT. Si obtienes un no, sigue bajando por la lista usando la misma afirmación e introduciendo el siguiente método hasta que obtengas una respuesta afirmativa.

Técnica de liberación emocional (EFT)

Puedes utilizar el ejercicio «Guion de *tapping* para restablecer la paz» (en la página 90) como ejemplo de cómo utilizar EFT y los puntos de *tapping*. Empiezas siempre con tres afirmaciones para establecer la sesión, luego haces *tapping* empleando afirmaciones en negativo basadas en la creencia y finalmente cambias a afirmaciones en positivo. Las afirmaciones para establecer la sesión con el fin de testar cualquier creencia empezarían con una frase más o menos así: «Aunque tengo la creencia de que _____ [rellena el espacio en blanco], estoy preparado y dispuesto a liberarme y cambiar esto ahora».

El barrido

Otra técnica de limpieza energética y cambio de creencias es «el barrido», de Amy B. Scher, autora de la serie de libros *Cómo sanarte cuando nadie más puede hacerlo*. Se trata de un guion en el que rellenas los espacios en blanco utilizando la antigua creencia que mencionaste al principio del guion y la nueva al final. Usa la prueba muscular para determinar el número de veces que debes repetir el guion para cada creencia. Este guion también se encuentra en su canal de YouTube.

El método Sedona

Esta «técnica de soltar», creada por Lester Levenson y popularizada por su coautor Hale Dwoskin, se utiliza para eliminar y liberar creencias y emociones. Puedes ver demostraciones de esta técnica en el canal de YouTube del método Sedona.

Ho'oponopono

Basado en una práctica tradicional hawaiana, este método de limpieza se utiliza con creencias, recuerdos y emociones. Emplea cuatro frases principales para la limpieza: «Lo siento», «Por favor, perdóname», «Gracias» y «Te amo». Hay muchos libros sobre el tema, entre ellos *Cero límites*, del que son coautores el maestro de la ley de la atracción Joe Vitale y el doctor Ihaleakala Hew Len, psicólogo clínico que utilizó este método en un hospital de Hawái para curar a pacientes que sufrían problemas de salud mental. Uno de mis libros favoritos sobre este método es *Los secretos del Ho'oponopono*, de Paul Jackson.[*]

---

* Editorial Sirio ha publicado varios libros sobre el tema.

Ahora que has comprendido la importancia de cambiar tu energía para mantenerte alineado con la energía positiva del universo y ser consciente de las respuestas que te envía y de las que recibes de tu equipo de ayuda suprema, en el próximo capítulo exploraremos el paso final del método de la ayuda suprema, que consiste en recibir y actuar según la guía que te dirige hacia más alegría, amor, salud y felicidad. Esta guía quizá no surja exactamente como la esperas, ni en el momento que lo deseas, pero siempre llega.

Capítulo 4

RECIBE ORIENTACIÓN Y ACTÚA EN CONSECUENCIA

CUANDO PIDES CONSCIENTEMENTE AYUDA al universo para crear algo en tu vida, o para encontrar una solución, tu equipo de ayuda suprema de ángeles, guías, seres queridos que ya no están y cualquier ayudante superior específico al que pidas ayuda se pone a trabajar inmediatamente. Comienzan a reunir a las personas adecuadas, a organizar las oportunidades, los encuentros fortuitos, las conversaciones que oyes por casualidad y las ideas que llegan a tu mente; todo ello con el objetivo de enviarte respuestas que te guíen hacia lo que buscas. Y utilizan señales y sincronicidades para captar tu atención e indicarte la dirección correcta. El capítulo anterior se centraba en transformar y gestionar tu energía para que pudieras abrirte más fácilmente a esta guía, y el último paso del método de la ayuda suprema consiste en aprender a recibirla y actuar en consecuencia cuando llegue. Tanto recibirla como actuar son igualmente importantes, y por eso parte de la fórmula de oración en cinco pasos que compartimos en el capítulo dos no solo pide al universo que envíe las señales, sincronicidades, oportunidades, personas, recursos y demás, sino también que te ayude a percibirlos y actuar en consecuencia. Cuando haces ambas cosas, mantienes abierto el diálogo para que el universo y tus ayudantes supremos sigan dirigiéndote.

En este capítulo vamos a explorar las formas habituales en que el universo nos envía respuestas y cómo reconocerlas cuando aparezcan, y explicaremos por qué cualquier acción que emprendas es mejor que no hacer nada.

CÓMO RESPONDE EL UNIVERSO

El universo, tus ayudantes supremos y tus seres queridos fallecidos están siempre cerca de ti y dispuestos a ayudarte. Cada vez que pides ayuda, responden con orientación y apoyo, conduciéndote hacia las respuestas y soluciones perfectas que necesitas para crear lo que deseas o algo todavía más extraordinario. Cuanto mejor sepas cómo lo hacen, más fácil te resultará reconocer la ayuda cuando llegue. A continuación, te presento las formas más habituales en que el universo y tus ayudantes supremos responden a tus peticiones.

Nuevas oportunidades

Desde su ventajosa posición superior, el universo y tus ayudantes supremos ven todas las piezas que se mueven en el tablero del rompecabezas de tu vida, así como en la de cualquier persona con la que entres en contacto en el futuro. Por eso, saben cómo alinear esas piezas para crear ese encaje perfecto que aparece en forma de oportunidades. Y cuando pides ayuda, a menudo da la impresión de que estas oportunidades se presentan repentina y mágicamente ante ti.

Aquí tienes un ejemplo de cómo podría producirse ese encaje perfecto: tomas la decisión de buscar otro trabajo porque no estás contento con tu jefe actual. Empiezas a invocar a tus ayudantes supremos cada mañana a través de la oración focalizando la gratitud en torno a la situación laboral en la que te encuentras ahora y realizas un ritual dirigido a tu carrera. A las tres semanas, recibes una llamada de una amiga que te dice que se ha creado un nuevo puesto en la empresa para la que trabaja, y que parece perfecto para ti. Le entrega personalmente tu currículum a su jefe, y consigues una entrevista y el puesto.

Hace un año, mi hermana Gina trabajaba como profesora interina en un instituto local y quería encontrar una forma de ganar más dinero mensualmente. Decidió utilizar el método de la ayuda suprema y empezó a rezar una oración cada mañana para llamar a los ayudantes supremos especializados en dinero y abundancia. También incorporó la gratitud focalizada a su jornada e hizo los dos rituales que se encuentran en el capítulo cinco. Dos semanas después, se abrió en su escuela un puesto de profesora suplente de larga duración, de tres meses, y se lo ofrecieron. Ganaba mucho más y tendría ingresos garantizados durante meses. Este puesto temporal acabó durando todo el año. Además, asistió a un partido de fútbol en el colegio poco después de empezar con el método y ganó trescientos dólares en la rifa 50/50.[*]

Otras personas

Al igual que el universo y tus ayudantes supremos trabajan para encontrar las oportunidades perfectas para ayudarte, hacen lo mismo con otras personas de tu entorno. Podría tratarse de una conversación escuchada en un restaurante, mientras esperas en la cola para comprar entradas de cine, o bien de una conversación directa con alguien; la cuestión es que el universo organiza las situaciones para que otra persona y tú os encontréis y os ayudéis o para que recibas

---

[*] N. del T.: En esta clase de rifas el premio es el cincuenta por ciento de la cantidad recaudada a través de la venta de boletos. La otra mitad suele donarse a una causa benéfica.

una respuesta que necesitas para avanzar. En realidad, los encuentros fortuitos no son casualidades.

Por ejemplo, digamos que últimamente has estado sufriendo mucho estrés y ansiedad, y le pides ayuda al universo para recuperar la paz y la calma. Un par de semanas más tarde, vas al supermercado por segunda vez esa semana porque olvidaste comprar huevos la última vez. Mientras estás haciendo cola para la caja, oyes a dos mujeres hablar de lo mucho que han mejorado sus niveles de estrés después de asistir a una clase de meditación. Les preguntas y te enteras de que está a solo quince minutos de donde vives. Te apuntas y le sacas tanto provecho a la clase que acabas formándote como profesora de meditación. Eso no es casualidad ni coincidencia. Hay una razón por la que olvidaste los huevos la primera vez que fuiste al súper y regresaste allí justo a la misma hora que esas dos mujeres para acabar haciendo cola con ellas. El universo está utilizando a otras personas para darte una respuesta.

Otro ejemplo: decides invocar la ayuda suprema para curar una enfermedad crónica, y un par de semanas después te encuentras sentado junto a alguien que no conoces en la cena de cumpleaños de un amigo. Entabláis conversación, y esta persona te habla de una nueva modalidad de terapia que, cuando la pruebas, proporciona una gran mejoría de tus síntomas. La mayor parte de las veces, las personas que el universo pone en tu camino no se dan cuenta del papel que desempeñan para ayudarte, pero el universo lo sabe. Y cuando captes el mensaje, tú también lo sabrás.

Nuevas ideas y nuevos pensamientos

Una de las formas más mágicas en que el universo y tus ayudantes supremos te guían es colocando energéticamente pensamientos e ideas en tu mente o dirigiendo tu atención hacia algo en lo que normalmente no repararías. En ocasiones, estos pensamientos e ideas son la respuesta exacta que necesitas, y otras veces son una pista que te conduce al siguiente paso en tu viaje hacia lo que deseas. A menudo nos atribuimos el mérito de estas ideas brillantes, pero creo que el universo y nuestros ayudantes supremos suelen estar detrás de ellas, especialmente cuando hemos pedido ayuda.

Antes de que mi marido y yo compráramos nuestra casa actual, vivíamos en una vivienda adosada, y el calentador de agua empezó a perder gas. Llamamos al servicio de asistencia para que lo arreglaran, pero cuando los empleados se fueron, la calefacción de la casa no se encendía. Mi marido estaba en el trabajo, así que lo llamé por FaceTime para ver si podía solucionar el problema. Nada de lo que intentamos funcionó, y ambos estábamos frustrados y disgustados porque acababan de arreglar el calentador y ahora parecía que había una nueva avería. Al final, me dijo que tendría que comprobarlo cuando volviera del trabajo y, cuando colgué, recé inmediatamente pidiendo ayuda porque no quería que eso se convirtiera en otro gran problema ni que él se pasara toda la noche intentando arreglarlo. Unos diez minutos después, volvió a llamar y me dijo: «Comprueba el disyuntor para asegurarte de que no se disparó y cortó la corriente cuando instalaron el nuevo calentador de agua». Lo comprobé y, efectivamente, así era. Le di al interruptor y la calefacción volvió a funcionar. Le conté a mi marido que había rezado pidiendo ayuda, y se rio porque él había hecho lo mismo. Poco después de que ambos pidiéramos ayuda, se le ocurrió comprobar el disyuntor y solucionó el problema.

Esto me ocurre a todas horas. Pido ayuda —especialmente una solución a algo que no puedo resolver por mí misma— y parece que simplemente se me ocurre. Y casi siempre es cuando estoy haciendo algo que no tiene nada que ver con intentar resolverlo, porque cuando soltamos y cambiamos nuestra energía, el universo tiene espacio para abrirse paso. Es la energía del esfuerzo y el estrés la que bloquea las respuestas.

El lenguaje de las señales y la sincronicidad

Además de dejar que las respuestas se te ocurran, otra forma que tiene el universo de alertarte o dirigirte hacia una respuesta, oportunidad, persona, libro, médico u otro recurso es mediante el uso de señales y sincronicidades. Una señal suele ser un acontecimiento único cuyo fin es captar tu atención. Puede ser para advertirte de algo que te ayudará o para asegurarte que vas por el buen camino.

Una de mis alumnas me contó una historia que es un gran ejemplo de cómo el universo utilizó una señal para darle una respuesta y, al mismo tiempo, tranquilizarla. Había consultado a varios médicos para una intervención a la que tenía que someterse, y aunque redujo su búsqueda a dos, no podía decidir con cuál quedarse. Pidió ayuda al universo y que le enviara una señal, y poco después de pedirla, le llegó de una fuente insospechada. De repente, mientras se cortaba el pelo, el peluquero mencionó que hacía poco había visitado a uno de esos dos médicos. Ella no había mencionado el tema, pero, increíblemente, el nombre surgió en la conversación. El peluquero habló maravillas de la doctora, y mi alumna supo que era el universo y sus ayudantes supremos los que lo utilizaban para entregarle una señal que la guiaba en la dirección correcta.

El universo también usa la sincronicidad para guiarte paso a paso. La sincronicidad siempre se manifiesta como dos o más acontecimientos o circunstancias significativamente relacionados entre sí. Los acontecimientos no tienen por qué ser simultáneos —podrían ocurrir en el mismo día, semana, mes o incluso con años de diferencia—, pero cuando miras hacia atrás, puedes conectar los puntos que los relacionan entre sí.

Digamos que quieres atraer a una nueva pareja y le pides ayuda al universo. Dos meses después, un amigo te llama de improviso y te invita a una fiesta de Halloween, y en la fiesta conoces a una mujer que trabaja en la misma empresa que tú, pero en un departamento diferente. Descubrís que tenéis mucho en común y quedáis para comer la semana siguiente. Durante la comida le cuentas que estás soltera, pero quieres conocer al hombre de tus sueños, y ella te dice que tiene un hermano con el que le encantaría emparejarte y te enseña su foto. Acabas teniendo una cita con él y, un año después, os casáis. El universo utilizó la invitación a la fiesta de Halloween para que conocieras a la mujer que trabaja en tu edificio y te pusiera en contacto con tu futuro marido. Así es como el universo utiliza la sincronicidad para hacerte avanzar, a menudo sin que te des cuenta. Creo que, en lo que respecta a la sincronicidad, al mirar hacia atrás para ver cómo acabaste en determinada situación es cuando se revela la alineación mágica de los acontecimientos.

Presta atención a la repetición

El universo siempre está intentando llamar tu atención para que te fijes en las señales que te envía para guiarte, y una de las formas que tiene de hacerlo es a través de la repetición. Nuestras vidas son ajetreadas, nuestro mundo es caótico y existen distracciones a nuestro alrededor. Por eso, es posible que no te fijes ni actúes ante la primera señal que te llegue. No obstante, cuando se trata de algo importante, el universo sigue trayéndolo a tu vida hasta que te das cuenta de ello. Podría tratarse de un libro específico del que sigues oyendo hablar a distintas fuentes o de un tipo de tratamiento terapéutico como la acupuntura o la sanación con sonido. Podría ser un determinado suplemento, cierta clase de médico o cualquier otra cosa que te proporcione una solución, pero el universo seguirá poniéndotelo delante hasta que lo captes.

Hace un par de años, en el mes de diciembre, estaba dando una clase *online* en la que guiaba a los alumnos a través de varios ejercicios para ayudarlos a aclarar lo que querían crear en el nuevo año. Mientras hacíamos una meditación específica para pedir consejo a su yo superior sobre lo que debían modificar en su forma de actuar con el fin de crear los cambios que deseaban, yo misma terminé recibiendo respuestas. En lo que respecta a mejorar la salud, la respuesta que obtuve fue que volviera a hacer ejercicio. Tengo una máquina de pilates desde hace más de quince años, y aunque está en mi sótano y puedo utilizarla fácilmente, hacía mucho tiempo que no la usaba. Tomé nota de esto durante la clase, pero no hice nada al respecto.

Más o menos una semana después, estaba hablando por teléfono con mi hermana, que me dijo que iba de camino a una clase de pilates. Sabía que estaba en un gimnasio, así que supuse que se dirigía allí, y pensé: «Tengo que volver a hacer ejercicio». Poco después, me encontré con una mujer en TikTok que a menudo grababa su rutina de levantarse a las cuatro de la mañana para salir a correr. Se levantaba antes de que se despertara su familia, y empecé a seguirla porque admiraba su determinación y entrega. Por increíble que parezca, había conseguido que yo también quisiera hacer ejercicio. Sin embargo, seguía sin dar el paso. Entonces mi hermana volvió a mencionar el pilates, y por fin le pregunté adónde iba. Me contó que se había apuntado a un nuevo estudio de pilates cerca de donde vivía, un estudio que en realidad era una cadena con centros en todo el país. Me informé y encontré un local a solo diez minutos de mi casa. Fue entonces, finalmente, después de todas las pistas que el universo me había estado enviando, cuando decidí apuntarme al estudio para tener más motivación y ponerme de verdad a hacer ejercicio. Y además he vuelto a utilizar la máquina que tengo en mi casa.

Aunque cuando pregunté sobre cómo mejorar mi salud me vino la respuesta a la mente, el universo tuvo que seguir introduciendo el tema del ejercicio físico en mi conciencia por medio de diversas formas –y personas– hasta que por fin capté el mensaje y actué en consecuencia. Cada vez que veas que algo se repite en tu vida, ten presente que es una pista para que prestes atención, porque probablemente se trate de una respuesta o de algo que acabará conduciéndote a la respuesta que buscas.

CREAR UNA MARCA PARA MI NEGOCIO

Un ejemplo perfecto de que pedir ayuda al universo funciona de una manera más rápida y fácil que intentar crear un cambio o encontrar una respuesta por ti mismo –y que demuestra cómo la orientación llega de diversas maneras– me ocurrió hace dos años, cuando necesitaba ayuda con mi negocio. Estaba intentando cambiar mi marca basándome en cómo habían evolucionado mis enseñanzas a lo largo de los años. Quería crear una marca coherente y una estrategia de *marketing* para explicar claramente lo que enseñaba y cómo lo hacía. Antes había tratado varias veces de cambiar de marca por mi cuenta, pero ninguna de las ideas reflejaba bien el trabajo que hacía para los demás.

Me sentía frustrada, estancada y ofuscada, y sabía que tenía que dejar de intentar resolverlo sola. Creé una oración para mí utilizando mi fórmula de oración en cinco pasos, invoqué a mi equipo colectivo y a los ayudantes supremos especializados y les pedí que me guiaran hacia la respuesta, la oportunidad o la idea adecuadas. Empecé a rezar la oración y a practicar la gratitud focalizada en torno a mi negocio cada mañana. Ya había trabajado con regularidad para cambiar mi energía a lo largo del día, incluso empezando la jornada con trabajo de respiración y meditación, así que sabía que tenía esa parte cubierta. Al cabo de una semana –sí, solamente una semana–, la orientación empezó a fluir. Vi en mi bandeja de entrada un correo electrónico de una mujer a la que seguía desde hacía años, pero cuyos correos no había abierto en mucho tiempo. Ese día, sin embargo, algo en el asunto me llamó la atención y lo abrí.

Leí el correo, que trataba sobre su curso de redacción publicitaria, y aunque no me inscribí, decidí seguir a esta mujer en Instagram, pensando que podría serme útil en el futuro. A los pocos días, vi que en una de sus historias de Instagram mencionaba que estaba trabajando con una experta para renovar la marca de su negocio, y etiquetó a la experta en la publicación. Para eso era exactamente para lo que había pedido ayuda al universo: ¡para cambiar de marca! Inmediatamente fui consciente de que me estaba orientando y empecé a seguir a la experta en *branding* en Instagram. Poco después, concerté una llamada de exploración con ella, y en el transcurso de esa llamada descubrí que había trabajado previamente para una editorial espiritual y que estaba muy familiarizada con mi mercado. Todo encajaba a la perfección, rápidamente y casi sin esfuerzo. Esa mujer era mi respuesta, y el universo me condujo directamente a ella dirigiendo mi atención, aportándome ideas, estableciendo sincronicidades y utilizando señales. La contraté y se convirtió en una gran ayuda para cambiar la marca de mi negocio y prepararlo para el futuro.

Así es como el universo te dirige cuando pides ayuda. Te hace fijarte en un correo electrónico de alguien a quien no sueles prestar atención. Te sugiere que sigas a esa persona en Instagram porque sabe (aunque tú no lo sepas) que etiquetará en su historia justo a quien puede ayudarte. Y se asegura de que veas esa historia dentro de las veinticuatro horas que dura en Instagram. Claro que también podría haber visto esto y pensar: «¡Qué casualidad!». Pero sé cómo habla el universo y también sé que la «coincidencia» es en realidad una orientación, por eso recibí esos mensajes y actué en consecuencia. Concerté una llamada de exploración basándome en esa orientación que había recibido, y el universo me proporcionó otra señal —esta vez para tranquilizarme— al mostrarme que la mujer conocía mi mercado porque había trabajado para una editorial especializada en espiritualidad.

Así es como funciona tu asociación divina con el universo. Pides ayuda y el universo te guía. Recibes los mensajes, actúas en consecuencia y el diálogo continúa mientras avanzas más fácil y rápidamente de lo que lo harías por tu cuenta.

TU TIEMPO Y EL TIEMPO DIVINO

El tiempo y el espacio solo existen en el mundo físico. En el Otro Lado y en las dimensiones superiores —que es de donde vino tu alma y adonde regresará cuando un día abandone tu cuerpo físico actual— no hay tiempo ni espacio. Todo ocurre en una atemporalidad divina, y lo que para ti tarda tres meses o tres años allí es instantáneo. Por supuesto, saber eso no es ningún consuelo cuando estás esperando que tu vida cambie y da la impresión de que no ocurre nada. Quieres frotar una lámpara y que salga un genio que parpadee y te conceda tus deseos inmediatamente, pero el universo no funciona así. Aunque invocar la ayuda suprema hace que las cosas avancen más rápido que si trataras de resolver problemas o implementar cambios positivos tú mismo, este proceso no siempre ocurre con la rapidez que desearías.

Debes renunciar a tu tiempo y rendirte al tiempo divino. ¿Por qué? Porque cuando pides ayuda, el universo necesita un latido o dos para establecer las cosas en el mundo físico. Tiene que ponerte en contacto con las personas adecuadas, colocarte en el lugar correcto, organizar las oportunidades perfectas y crear situaciones sin fisuras que se desarrollen en el momento exacto. Son muchas variables que organizar, y cuando hay otras personas implicadas, y a menudo las hay, también entran en juego sus tiempos y sus vidas. Puede que pidas ayuda al universo para encontrar trabajo, y que la persona que tiene el puesto de tus sueños tarde seis meses en marcharse para que tú puedas ocupar su lugar. Hace años, en un acto, oí decir a Michael Bernard Beckwith, escritor de renombre y fundador y director general del Agape International Spiritual Center ('centro espiritual internacional Ágape'): «Un retraso no significa un rechazo». Lo anoté y me lo recuerdo cada vez que siento que el progreso no se produce con la suficiente rapidez. Cuando pedimos ayuda al universo y el cambio tarda más de lo que nos gustaría, no significa que no vaya a producirse. A menudo es solo un pequeño retraso en el tiempo divino.

Hace casi nueve años, pedí ayuda al universo para encontrar el amor. Hacía años que no salía con nadie y, a mis treinta y siete, pensé que probablemente había llegado el momento de empezar a buscar. Esto fue antes de crear el método de la ayuda suprema, pero estaba utilizando y creando herramientas espirituales que acabarían formando parte de él, y a fin de obtener ayuda para encontrar el amor, realicé un ritual en el porche trasero de mi casa la noche de luna nueva de febrero. De hecho, encontrarás una versión actualizada del ritual que utilicé, «atraer un nuevo amor», en el capítulo ocho (página 255). Tardé ocho meses en conocer a mi marido, y eso se debe a que cuando realicé el ritual, él aún estaba casado con otra persona. Pero ocho meses después, era libre para volver a enamorarse. El tiempo divino no siempre es tu momento preferido, pero siempre es el momento perfecto.

Ejercicio: Una señal para darte seguridad

El universo te envía señales para dirigirte hacia delante, pero también te las envía para asegurarte de que vas por el buen camino. Y siempre te envía señales cuando se las pides. Cuando el tiempo divino parece estar tardando demasiado, y empiezas a preocuparte de que el universo no te está escuchando o ayudando —o peor aún, que los cambios y las soluciones nunca llegarán—, pídele una señal tranquilizadora. Esto te permitirá relajarte y confiar en que, cuando llegue el momento, aparecerá la solución u oportunidad perfecta, y también liberarte del miedo y la preocupación que impiden que lleguen las soluciones.

Para este ejercicio, vas a asignar una señal al universo y a tu equipo colectivo de ayuda suprema y pedirles que te la envíen para asegurarte de que todo va bien y que las respuestas que buscas están en camino. Elige cualquier señal que desees y pide también al universo que te ayude a notarla en algún momento de los próximos tres días.

Paso 1. Elige una señal

¿Qué señal te gustaría que el universo y tu equipo de ayuda suprema te enviaran para tranquilizarte? Podría ser un tipo de flor, una secuencia numérica, un animal, una canción o un objeto, como un globo morado o una pluma blanca. Decide un único signo que quieras que utilicen y luego sigue con el paso 2.

Paso 2. Asigna la señal

Vas a llamar a tu equipo colectivo de ayudantes supremos, les darás la señal que quieres que utilicen y les pedirás ayuda para reconocerla. Pronuncia la siguiente oración para hacerlo:

Querido universo, invoco a mis ángeles, guías, seres queridos fallecidos y todos los miembros de mi sociedad de almas, solo a los de la vibración más elevada, para que estén conmigo ahora. Sé que te invoqué para que me ayudaras a _____ [rellena el espacio en blanco], pero estoy empezando a caer en la preocupación y la duda, y sería de gran ayuda para mí y para mi estado de ánimo que me enviaras una señal tranquilizadora de que estás intercediendo en mi favor y de que debo seguir adelante porque las respuestas y la orientación están en camino.

Me gustaría que, por favor, utilizaras la señal de _____ _____ [rellena el espacio en blanco] en los próximos tres días, y que me ayudaras a permanecer receptivo para reconocerla cuando llegue. Muchas gracias por tu apoyo y tu guía continuos y por proporcionarme ahora esta señal tranquilizadora. Amén.

Paso 3. Permanece abierto y atento

Una vez que asignes la señal, tu trabajo consiste en cambiar y gestionar tu energía para permanecer receptivo. También es importante estar abierto a que la señal llegue de forma inesperada. Por ejemplo, si asignas a tu equipo de ayuda suprema el signo de una rosa, esta no tiene por qué aparecer como una flor real. Puede que te sientes en un restaurante y veas una rosa en la parte delantera del menú o que entres en un baño que tiene rosas en el papel pintado.

Durante una entrevista en un pódcast, hablé de cómo asignar una señal. La mujer que me entrevistaba eligió un globo rojo en el cielo. Le dije que se mantuviera abierta, porque quizá no apareciera como un globo rojo flotando en el cielo cuando mirara hacia arriba. Por ejemplo, podría estar viendo una película o un programa de televisión y verlo en la pantalla. Una semana después, me envió un correo electrónico en el que me decía que estaba hojeando fotos antiguas y se sorprendió al ver una foto de un globo rojo en el cielo. Mantén la mente abierta a todas las posibilidades.

En el caso de que pasen tres días y no hayas visto la señal, vuelve a preguntar. Es probable que la señal haya llegado y te haya pasado inadvertida. No te rindas pensando que el universo no ha respondido. Siempre responde, solo tienes que volver a preguntar.

RESPUESTAS INESPERADAS

No solo el momento elegido por el universo suele ser diferente del que deseas, sino que también hay circunstancias en las que las respuestas que recibes son inesperadas o, en algunos casos, justo lo contrario de lo que querías crear. Por ejemplo, puedes pedir ayuda para aumentar la riqueza y la abundancia en tu vida, y al poco tiempo te quedas sin trabajo. Al principio, te sentirás frustrado o incluso enfadado porque querías ganar dinero y ahora sientes que el universo te lo ha quitado. Sin embargo, lo que no sabes es que dos meses después vas a conseguir un trabajo que te hará más feliz que el que tenías y con un mejor salario. No solo eso, sino que, de haber seguido en el antiguo empleo, nunca lo habrías buscado ni habrías intentado conseguirlo. Cuando recibes una respuesta inesperada o que parece lo contrario de lo que intentas crear, tal vez tu primera reacción sea pensar que el universo no te escucha o que estás haciendo algo mal. No obstante, te aseguro que el universo siempre tiene un plan. A menudo, mientras se desarrolla ese plan, no tienes ni idea de cuál es, y puede que no tenga ningún sentido, pero cuando algo empeora es porque te está llevando a una situación mejor.

Esto fue precisamente lo que me pasó, cuando pedí ayuda para mi salud y esta empeoró en lugar de mejorar. He sufrido alergias prácticamente desde que nací. No podía digerir los lácteos, por lo que me tenían que dar leche de fórmula a base de soja, y a los cinco años desarrollé una tos constante que me despertaba en mitad de la noche y me hacía jadear en busca de aire. Me pasé la infancia tomando medicación antialérgica y durmiendo con un humidificador en la habitación porque era alérgica al polvo y al moho. Cuando entré en el instituto, tenía una presión crónica en los senos paranasales que a menudo me provocaba infecciones sinusales. Había acudido a médicos de atención primaria, alergólogos, otorrinolaringólogos, etc., pero nadie tenía una respuesta. A los treinta años empecé a tener migrañas mensuales y a sufrir erupciones de urticaria en el pecho. A los treinta y seis, había llegado al límite y decidí que era hora de pedir ayuda. Una amiga me dio una novena muy detallada para san Judas, el patrón de los casos desesperados. Incluía múltiples oraciones e himnos, y tardaba diez minutos en completarla cada día. Mientras esperaba que llegaran las respuestas, al cabo de una semana mi salud empezó a empeorar. En vez de solo urticaria en el pecho, me salían erupciones por los brazos y el estómago, y mi digestión era un desastre. No podía comer nada sin tener problemas estomacales, y la situación parecía empeorar. Llamé a mi amiga y le pregunté qué clase de oración me había dado, porque no era la ayuda que buscaba y, desde luego, no funcionaba.

El caso es que estaba funcionando. Solo que el universo tardó un tiempo en guiarme hacia la respuesta, y el empeoramiento de mi salud fue en realidad lo que me llevó directamente a ella. Poco después de empezar la oración, comencé a comer alimentos fermentados, como kéfir, chucrut y kombucha. Debido a mis alergias, pensé que necesitaba introducir más bacterias buenas en mi intestino, y los alimentos cultivados lo consiguen. Fue entonces cuando mis erupciones empeoraron. Investigué en Internet sobre los alimentos cultivados y me di cuenta de que eran fermentados y muy ricos en histaminas. También me di cuenta de que después de comer salsa de tomate me salía un sarpullido y descubrí que era otro alimento rico en histaminas. Otras investigaciones me llevaron a algo llamado intolerancia a las histaminas, que me condujo a una mujer en Internet que hablaba de dietas bajas en histamina. Me puse en contacto con ella y, aunque vivía en el Reino Unido, me recomendó a un alergólogo del estado de Nueva York especializado en intolerancia a la histamina y en un trastorno relacionado con ella llamado *trastorno de activación de mastocitos*, algo que entonces no muchos médicos sabían que existía. Pedí cita enseguida y, efectivamente, me diagnosticaron un trastorno de activación de mastocitos. Inmediatamente me puso una dieta baja en histaminas, y todos los síntomas que había ido acumulando durante años se aliviaron.

A primera vista, parecía que se ignoraban mis plegarias pidiendo ayuda. Pero si nunca hubiera probado esos alimentos fermentados –una idea que se me ocurrió de repente– y hubiera establecido la conexión con las erupciones y las histaminas, nunca habría contactado con la mujer que me puso en contacto con un médico que finalmente me dio un diagnóstico después de más de treinta y cinco años. Pedí ayuda al universo, y este organizó una serie de señales y sincronicidades para llevarme a una respuesta. ¿Fue un proceso fácil y sencillo? No, en absoluto. Pero fue lo mejor que le ha pasado a mi salud.

Cuando pides ayuda, tienes que confiar en que llegará, incluso cuando todo parece un caos sin sentido o las cosas empeoran temporalmente. Esos son los momentos en los que debes recordarte a ti mismo que el universo siempre trabaja para tu mayor bien, especialmente cuando le pides que se asocie contigo y te guíe. Y estos son los momentos para pedir una señal tranquilizadora que te haga seguir adelante. Al final acabarás en un lugar mejor y mirarás atrás con asombro al ver la forma milagrosa en que funciona el universo. También tendrás más fe la próxima vez que lleguen respuestas inesperadas, porque has visto la prueba en tu propia vida de que el universo y tus ayudantes supremos no cometen errores.

ACTUAR SEGÚN LA ORIENTACIÓN

En un partido de tenis, voleibol o *ping-pong*, se necesitan dos personas para que el juego continúe. Una persona saca, la otra responde devolviendo la pelota al emisor y el juego continúa hasta que alguien pierde la pelota. Asociarse con el universo y dejar que te guíe funciona de la misma manera. Es una interminable volea de ida y vuelta, de envío y recepción de mensajes, hasta que alcanzas tu objetivo, a menos que alguien deje caer la pelota. El universo nunca deja caer la pelota ni falla un golpe, pero si no actúas conforme a la orientación que te envía, el juego termina antes incluso de empezar.

Pedir ayuda al universo es el primer paso de acción que inicia la conversación. Has sacado la pelota, y comienza el diálogo entre tú y tu equipo de ayuda suprema. El universo siempre responde cuando le preguntas y lo hace con nuevas ideas, señales y sincronicidades. Una vez que te das cuenta de los mensajes, te toca a ti responder al universo, y la manera de hacerlo es pasar a la acción. La acción te ayuda a avanzar hacia lo que deseas, o hacia algo mejor, y esto comunica al universo el mensaje de que estás preparado para dar el siguiente paso. El juego continúa y tu equipo de ayuda suprema te envía una señal o experiencia sincronística tras otra hasta que alcances tu meta o des en el blanco.

Sin acción, no es posible avanzar ni progresar. Simplemente te quedas estancado, preguntándote por qué nada cambia. El universo no puede seguir guiándote si no das los pasos que te llevarán hasta allí. Estos podrían consistir en comprar un libro, investigar, hablar con un experto, concertar una cita, inscribirte en una asociación o hacer una llamada telefónica; la cuestión es que tienes que actuar según la orientación que recibas para mantener la conversación y seguir avanzando.

Cuando quise renovar la marca de mi negocio, quizá a estas alturas seguiría bloqueada preguntándome cómo hacerlo, si no hubiera concertado la llamada de exploración con la experta que encontré a través de todas las sincronicidades enviadas para guiarme. El universo podría haber seguido mandándome señales que me apuntaran a la misma persona, pero dependía de mí actuar en consecuencia. En cuanto lo hice, el universo envió otra señal para tranquilizarme: la mujer tenía experiencia en el ámbito de la espiritualidad.

Uno de los mayores obstáculos que impiden a la gente actuar es el miedo a hacer lo incorrecto o a tomar la decisión equivocada: «¿Y si dejo mi trabajo y el siguiente es aún peor?», «¿Y si empiezo mi propio negocio y fracasa o acabo en bancarrota?», «¿Y si entablo una relación con quien no debo y acabo mal?». La incertidumbre del futuro junto con el miedo a que algo todavía peor les espere a la vuelta de la esquina detiene a las personas y, básicamente, es lo que las mantiene estancadas donde están, una opción que en principio puede parecer más segura que arriesgarse a lo desconocido, pero es en lo desconocido donde se desarrolla la manifestación.

Si eres de los que se preocupan por tomar la acción equivocada, es importante que comprendas que no hay acciones «equivocadas». El universo siempre te está guiando y dirigiendo, y lo que es más importante, siempre te está redirigiendo si por casualidad giras a la izquierda en lugar de a la derecha. Igual que hace el GPS de tu coche, el universo sigue redirigiéndote hasta que te mueves en la dirección correcta hacia más felicidad, alegría, amor y facilidad en todas las áreas de tu vida. Si por casualidad tomas una acción que no es la mejor, te pone un obstáculo para que des la vuelta. Supongamos que tienes que elegir entre dos médicos naturópatas para que te ayuden en tu proceso terapéutico, y decides ir con el doctor A en vez de con la doctora B. Si realmente estás destinado a ir con la doctora B, cuando llamas al doctor A, o bien tienes una mala experiencia con el personal que te echa para atrás, o bien no consigues una cita en dos meses. Entonces llamas a la doctora B y descubres que puede darte cita enseguida y que tiene un recepcionista muy servicial y amable.

Esto fue lo que me ocurrió con mi proceso de cambio de marca. Aunque recibí todas las señales que apuntaban a la experta que finalmente contraté, al principio pensaba recurrir a otra persona. Un amigo me recomendó a una experta en *marketing*, y le envié un correo electrónico en el que le explicaba cómo había conseguido su información de contacto para ver si podía ayudarme. Un miembro de su personal me respondió indicándome simplemente un enlace para concertar una cita por cuatrocientos dólares. Eso ya era un obstáculo bastante grande para mí. La mujer que acabé contratando se puso en contacto conmigo personalmente y me ofreció una llamada de exploración gratuita de treinta minutos, y lo demás es historia.

Independientemente de la acción que emprendas, al realizarla estás avanzando hacia tu objetivo y manteniendo abierto el diálogo con el universo para que te siga guiando. Incluso las acciones equivocadas acaban conduciendo a las acertadas. Sin embargo, no actuar no te lleva a ninguna parte, y lo más probable es que te quedes exactamente donde estás: estancado e infeliz.

Ahora que entiendes los cuatro pasos del método de la ayuda suprema, es hora de ponerlo en práctica en tu vida. En la segunda parte, descubrirás herramientas personalizadas para pedir ayuda al universo desglosadas en siete áreas vitales diferentes. Con estas herramientas, crearás una rutina para asociarte con el universo y permitir que te guíe, y te llevará menos de diez minutos cada día.

LA CAJA DE HERRAMIENTAS ESPIRITUALES

¡DALE LA BIENVENIDA A TU NUEVO KIT DE herramientas espirituales! Esta sección del libro está dividida en siete capítulos repletos de herramientas diseñadas específicamente para cada área de la vida, entre ellas listas de ayudantes supremos y cristales, oraciones específicas, rituales personalizados y ejercicios de gratitud focalizada. Antes de pasar a las herramientas, aquí tienes un resumen recordatorio del método de la ayuda suprema, seguido de recomendaciones y consejos sobre cómo trabajar con cada una de las herramientas espirituales.

RESUMEN DE LOS CUATRO PASOS DEL MÉTODO DE LA AYUDA SUPREMA

Cuando utilizas el método de la ayuda suprema, estás aplicando los siguientes pasos, herramientas y prácticas:

Primer paso: encontrar claridad e intención

- Utiliza la fórmula de la claridad para tener claro lo que te gustaría crear.
  - » ¿Qué es lo que no me gusta?
  - » ¿Qué quiero en su lugar?
- Establece tu intención de manifestar lo que deseas o algo mejor.
- Ríndete y confía.

Segundo paso: pide ayuda al universo
Pide conscientemente al universo que se asocie contigo.

- Invoca a tus ayudantes supremos.
- Utiliza cristales.

- Aprende a utilizar la oración (fórmula de la oración en 5 pasos).
  » Paso 1. Invoca al equipo colectivo.
  » Paso 2. Explica la situación.
  » Paso 3. Llama a ayudantes supremos especializados.
  » Paso 4. Pide que te guíen y te ayuden a darte cuenta.
  » Paso 5. Termina con gratitud.
- Realiza rituales.
- Incorpora la gratitud focalizada a tu jornada.

Tercer paso: transforma tu energía

Cambia y eleva tu energía. Sé consciente de tu propia energía a lo largo del día y utiliza los ejercicios del capítulo tres (y los que se enumeran a continuación) para cambiar intencionalmente tu energía cuando empiece a caer en la negatividad. Hacer esto te ayuda a mantener una vibración más elevada, lo cual te permite reconocer la orientación que se te envía, liberarte de cualquier resistencia que impida que llegue y mantenerte en sintonía con el universo y con lo que deseas.

- La oración para cambiar la mentalidad
- Meditación para renunciar a tus preocupaciones
- Libérate de ese pensamiento
- Retiro de sesenta segundos
- Guion de *tapping* para recuperar la paz
- Reprogramación de creencias

Cuarto paso: recibe la orientación y actúa en consecuencia

Reconoce la orientación que te envían el universo y tu equipo de ayuda suprema, y actúa en consecuencia cuando llegue. Aquí tienes un recordatorio de cómo nos guía el universo, tal como se detalla en el capítulo cuatro:

- Nuevas oportunidades
- Otras personas
- Nuevas ideas/nuevos pensamientos
- El lenguaje de las señales y la sincronicidad
- Presta atención a la repetición

HERRAMIENTAS ESPIRITUALES PARA PEDIR AYUDA AL UNIVERSO

A continuación, encontrarás un resumen de las herramientas que vas a utilizar para pedir ayuda al universo en cada área de la vida que se detalla en los capítulos siguientes.

Ayudantes supremos

En cada capítulo de la segunda parte hay listas de ayudantes supremos especializados en cuestiones de la correspondiente área, y también puedes añadir a cualquiera que no aparezca allí, incluidos los miembros de tu propia familia del Otro Lado. Elige uno o varios para trabajar con ellos en función de tus necesidades; además, puedes crear tu propia oración personalizada utilizando mi fórmula de oración en cinco pasos del capítulo dos, en la página 62. Te recomiendo que trabajes con ellos a diario mediante la oración para llamarlos y recordar a tu mente consciente que busque señales y respuestas.

Cristales

Cada capítulo ofrece una lista de cristales para ayudar en el área de la vida que se esté tratando. Elige uno o varios para trabajar con los que te resuenen en función de lo que busques cambiar. Para trabajar con cristales, asegúrate de limpiarlos y programarlos con tu intención (consulta el capítulo dos, página 74), y luego llévalos como accesorios, o en el bolsillo o el bolso, para atraer energía beneficiosa. Además, colócalos en la zona de la casa que coincida con su área vital (consulta el *bagua* del *feng shui* en el capítulo dos, página 71) para atraer la energía del universo.

Oraciones

En cada capítulo de esta sección hay oraciones personalizadas para los problemas más comunes de cada área vital. Puedes combinarlas si estás trabajando en más de un asunto, añadir ayudantes supremos para personalizarlas o crear tu propia oración. También puedes prescindir de cualquier ayudante supremo con el que no te identifiques. Te recomiendo que todas las mañanas hasta que empieces a ver progresos repitas una oración que hayas escogido o creado.

Rituales

He incluido rituales específicos en cada capítulo que combinan diversas herramientas que he mencionado aquí para potenciar tus intenciones y canalizar la energía positiva. No dudes en realizar más de uno en el área de la vida que deseas cambiar y personaliza los cristales y las oraciones para satisfacer tus necesidades.

Ejercicios de gratitud focalizada

Hay ejercicios de gratitud focalizada en cada capítulo, y te recomiendo que elijas uno o varios para hacerlos a diario.

EJEMPLO DE PROGRAMA DIARIO

Aquí tienes un ejemplo de programa diario para incorporar todas las herramientas juntas durante solo unos minutos cada día. Recuerda, cuando sigas este programa, volver al paso 1 del método de la ayuda suprema, que es claridad e intención, antes de pasar a las herramientas de esta sección del libro o cada vez que cambies tu enfoque a una nueva área de la vida. También puedes realizar un ritual o colocar cristales en el espacio de tu casa u oficina en el momento que desees.

Mañana

- Reza una oración para invocar a los ayudantes supremos.
- Programa la alarma para realizar ejercicios de gratitud.
- Haz tu primer ejercicio de gratitud focalizada.
- Ponte cualquier joya de cristal que quieras llevar o introduce los cristales en tu bolsillo o bolso, después de limpiarlos y programarlos para aprovechar la energía del área de la vida en la que estés trabajando.
- Transforma tu energía según sea necesario utilizando los ejercicios del capítulo tres.

Tarde

- Haz tu ejercicio de gratitud focalizada, si lo repites más de una o dos veces al día.
- Transforma tu energía según sea necesario utilizando los ejercicios del capítulo tres.

Noche

- Haz tu ejercicio de gratitud focalizada, si lo repites más de una o dos veces al día.

- Limpia tu energía.
- Coloca las joyas de cristal o los cristales sueltos que lleves y que necesites limpiar en una varita de selenita o cianita negra, o en una placa de carga de selenita.
- Transforma tu energía según sea necesario utilizando los ejercicios del capítulo tres.

Capítulo 5

DINERO Y ABUNDANCIA

EXISTEN MUCHOS CONCEPTOS ERRÓNEOS y muchas creencias falsas sobre el dinero y la abundancia que hemos adoptado inconscientemente y que obstaculizan su fluencia en nuestras vidas. Supongo que tú tienes al menos una, especialmente si te sientes estancado en lo referente al dinero y la abundancia. A pesar de lo que puedas haber oído o creído, el dinero no es la raíz de todos los males. Tener dinero no convierte a nadie en malo o bueno. Tampoco es necesario tener dinero para ganarlo. Ni es poco espiritual querer o tener dinero y, sobre todo, pedir ayuda al universo para generar más dinero no es una señal de codicia ni de egoísmo. El dinero es neutro. Es simplemente energía, y cuando lo utilizas para comprar algo, o lo ganas por un trabajo que has hecho, lo que estás haciendo es intercambiar esa energía.

Y lo mejor de todo es que, aunque ahora cueste creerlo, hay un suministro infinito de dinero disponible para todos y cada uno de nosotros, porque hay un suministro infinito de energía. Si necesitas saldar deudas, dejar de gastar en exceso, ahorrar más dinero, ganar más o conseguir dinero rápido, solo tienes que pedir ayuda al universo para generar más riqueza. En este capítulo encontrarás herramientas espirituales para ello.

AYUDANTES SUPREMOS PARA EL DINERO
Y LA ABUNDANCIA

Puedes recurrir a estos ayudantes supremos para crear riqueza y abundancia, conservar tus ahorros y cambiar tu mentalidad con respecto al dinero.

Andrew Carnegie

Andrew Carnegie, el líder de la expansión de la industria siderúrgica, fue uno de los estadounidenses más ricos de la historia. Recurre a él para que te ayude como emprendedor, te guíe en tus decisiones empresariales y te inspire con ideas para generar más riqueza y abundancia. También te ayuda a mantener los pensamientos alineados con la prosperidad y el éxito, y te dirige a recursos útiles.

Arcángel Chamuel

Al arcángel Chamuel se lo conoce habitualmente como el ángel de la paz en las relaciones y además te ayuda a encontrar la paz en tu interior. Invócalo para calmar la ansiedad y el miedo relacionados con el dinero.

Arcángel Haniel

Al arcángel Haniel se lo conoce como el arcángel de la alegría y la comunicación Divina, y no solo expande tu consciencia para que percibas las señales y sincronicidades que envía el universo, sino que te apoya en la creación de nuevos comienzos y cambios positivos. Asimismo, te ayuda a mantenerte centrado, independientemente de lo que ocurra a tu alrededor.

Arcángel Jofiel

El arcángel Jofiel, arcángel de la belleza, te ayuda a ver la belleza en todas las cosas, incluso en las dificultades. Invócalo para que te ayude a transformar rápidamente tu mentalidad negativa en positiva y para que te impulse a tener pensamientos más positivos sobre el dinero y las finanzas.

Arcángel Miguel

Este es el arcángel al que invocar para cualquier tipo de protección y también para aliviar el miedo. Cuando se trata de dinero y abundancia, el arcángel Miguel protegerá tu energía y disipará cualquier miedo relacionado con ello.

Arcangelina Esperanza

Este arcángel femenino ayuda a manifestar los deseos en forma física y te mantiene en la vibración de la esperanza de que lo que estás intentando crear —o algo incluso mejor— está en camino. Invoca a la arcangelina Esperanza para cualquier cuestión relacionada con la creatividad, ya que fomenta el surgimiento de nuevas ideas.

Bob Proctor

Bob Proctor, autor del superventas *Tú naciste rico* y maestro de la manifestación, cambia tu mentalidad para que fluya más riqueza y surjan nuevas ideas para generar más éxito.

Charles F. Haanel

Maestro del Nuevo Pensamiento,[*] empresario de éxito y autor de *El sistema de la llave maestra* (publicado en 1912), Charles F. Haanel impartió clases sobre diversos temas metafísicos, como la ley

---

[*] N. del T.: *New Thought*, un movimiento filosófico (aunque en un principio tenía tintes religiosos) originado en Estados Unidos que promulga principios como el poder de la

de la atracción, el poder de la mente y la consecución del éxito y la prosperidad. Ayuda con la manifestación, el mantenimiento de una mentalidad positiva, la abundancia y el éxito.

Diosa Abundantia

El nombre de esta diosa romana significa 'riquezas desbordantes', y la diosa Abundantia es una diosa de la prosperidad, el éxito, la abundancia y la buena suerte. Proporciona orientación y ayuda en torno a las inversiones financieras y el ahorro, así como para crear más prosperidad.

Diosa Fortuna

Fortuna es la diosa romana del azar, la suerte, la abundancia y el destino, y se encarga de alinear las oportunidades ideales, los encuentros fortuitos y las sincronicidades para conducirte hacia una mayor prosperidad y abundancia.

Diosa Kali

Invoca a esta diosa hindú cuando estés atrapado en las energías negativas del miedo y el apego, te asuste salir de tu zona de confort para adentrarte en lo desconocido o tengas miedo de mantenerte en tu propia fuerza y poder. La diosa Kali también te ayuda a liberarte de lo que ya no te sirve, incluidas las adicciones o los hábitos insanos relacionados con el dinero. Además, ofrece orientación y fuerza para gastar menos, sobre todo porque gastar dinero crea adicción.

Diosa Lakshmi

Lakshmi, la diosa hindú de la prosperidad, la riqueza, la fortuna y el poder, ayuda a adquirir dinero y riqueza, y también a conservar y

---

mente sobre la materia y que el pensamiento, cuando se dirige a un objetivo, mediante técnicas como la visualización y la afirmación, tiende a manifestarse en la realidad.

ahorrar lo que ya se tiene. Simboliza la buena suerte, y puedes invocarla para cualquier preocupación financiera que surja en tu vida.

Doctor Wayne Dyer

Maestro espiritual y conferenciante que enseñó cómo alinearse con la energía del universo y manifestar los deseos. Invoca al Dr. Wayne Dyer para mantenerte alineado con esta energía. También envía ideas y recursos para ayudar.

Ernest Holmes

Autor del exitoso libro *La ciencia de la mente* (publicado en 1926), Ernest Holmes enseñó cómo cocrear tu vida utilizando la «Mente Universal», o consciencia universal, juntamente con tus propios pensamientos, y cómo mantenerte centrado en los aspectos positivos de las situaciones. Te ayuda a dirigir los pensamientos de esta forma en torno al dinero y la abundancia, y te envía ideas y recursos para ayudarte.

Florence Scovel Shinn

Florence Scovel Shinn, ilustradora y maestra metafísica estadounidense, escribió varios libros sobre la prosperidad y el éxito, entre ellos *El juego de la vida y cómo jugarlo* y *Tu palabra es tu varita mágica*. Recurre a ella para que te ayude con el dinero, la abundancia, el éxito y el cambio de tu mentalidad para que se vuelva más positiva, ya que Florence enseñó el uso de afirmaciones.

Ganesha

Al dios hindú Ganesha se lo conoce como *el que elimina los obstáculos*. Invoca a Ganesha para que aparte de tu camino cualquier obstáculo relacionado con el dinero y la abundancia —conocido o desconocido– que te impida crear más riqueza en tu vida, así como conservarla una vez creada.

Geneviève Behrend

Geneviève Behrend, maestra del Nuevo Pensamiento y de ciencias mentales, es autora de varios libros, entre ellos *Tu poder invisible* y *Cómo alcanzar el deseo de tu corazón*. Dio conferencias sobre el poder de la mente y el uso de la visualización para el éxito y fundó escuelas del Nuevo Pensamiento en Nueva York y Los Ángeles. Ayuda a cambiar tu mentalidad y tu energía para mantenerte alineado con lo que quieres crear.

John Pierpont (J. P.) Morgan

Financiero y banquero de inversiones estadounidense, J. P. Morgan fue presidente de la empresa bancaria del mismo nombre. Recurre a él cuando tomes decisiones financieras de inversión o ahorro y cuando quieras aumentar el dinero ya ganado.

Napoleon Hill

Autor del superventas *Piense y hágase rico* (publicado en 1937), Napoleon Hill recibió clases de Andrew Carnegie y pasó años entrevistando a empresarios triunfadores para desentrañar las leyes universales del éxito. Puedes pedirle que te ayude a cambiar tu mentalidad sobre el dinero para ganar más.

Neville Goddard

Maestro del Nuevo Pensamiento y autor de *Sentir es el secreto*, Neville Goddard enseña sobre la ley de la atracción, concretamente cómo crear la realidad física con la mente utilizando la visualización o la imaginación, combinada con el sentimiento o la emoción. Ayuda a obtener el control sobre los pensamientos negativos y proporciona orientación sobre recursos de ayuda.

Sagrada Amatista

La Sagrada Amatista, llama gemela del arcángel Zadkiel y arcangelina, es una de las guardianas de la llama violeta, que puede transmutar la energía de negativa a positiva. Invócala si estás luchando contra una compulsión o adicción a gastar dinero, y ella transmutará y limpiará la energía que te mantiene atrapado en este ciclo.

San Antonio de Padua

Conocido en la fe católica como el santo patrón de la búsqueda de los objetos perdidos, san Antonio de Padua también fue conocido por abogar en nombre de los deudores durante su vida, presionando al Consejo de Padua, en Italia, para que aprobara una ley a favor de los insolventes. Recurre a él para que te ayude con las deudas.

San Expedito

Como patrón católico de los asuntos urgentes, san Expedito ayuda en situaciones de emergencia que necesitan una respuesta rápida, ya sean problemas financieros, búsqueda de trabajo o asuntos legales. Conocido por la entrega rápida de dinero, se puede invocar a san Expedito para obtener ayuda urgente en las finanzas, los ingresos, los negocios e incluso la salud.

San Mateo

San Mateo, patrón católico de las finanzas, los banqueros, los recaudadores de impuestos y los contables, fue recaudador de impuestos e intercede por ti para ayudarte en cualquier asunto relacionado con dificultades económicas o deudas.

W. Clement Stone

W. Clement Stone, mentor del autor superventas y maestro de la ley de la atracción Jack Canfield (conocido por *Sopa de pollo para el alma*), creó una compañía de seguros de gran éxito y enseñó a otros sobre la manifestación. No solo puedes recurrir a él para que te ayude a crear una empresa, sino también para que te ayude a ganar más dinero en tu carrera profesional.

CRISTALES PARA EL DINERO Y LA ABUNDANCIA

Hay cristales y gemas específicos con los que puedes trabajar para crear más dinero en tu vida, y en la siguiente lista encontrarás los que te ayudarán a aumentar los fondos, saldar deudas o conservar el dinero que ganas.

Amazonita

Esta piedra del éxito y la abundancia te ayuda a navegar por los objetivos financieros y empresariales. Además, proporciona concentración y claridad para tomar mejores decisiones en torno al dinero y frenar las compras impulsivas.

Aventurina verde

Conocida como la piedra de la oportunidad, la energía de la aventurina verde trae buena suerte, abriéndote a nuevas oportunidades para encontrar y crear riqueza.

Calcita amarilla (o miel)

La calcita amarilla (o miel) aumenta la prosperidad, la abundancia y las bendiciones positivas, eliminando las viejas creencias limitadoras y los patrones energéticos que impiden que afluyan a tu vida.

Citrino

El citrino, al que se suele llamar la piedra de la abundancia, alinea tu energía con la prosperidad y el éxito financiero, y es una poderosa piedra de manifestación para hacer realidad los objetivos financieros.

Cuarzo transparente

Esta piedra maestra sanadora es universal y amplifica cualquier intención con la que se programe. También amplifica la energía de cualquier piedra sobre la que se coloque o que esté cerca de ella.

Granate

A quienes buscan superar la pobreza, los problemas económicos o las deudas en la vida, el granate los ayuda a liberarse de las cargas financieras y además atrae más riqueza.

Iolita

Esta gema ayuda tanto a la abundancia como a liberarse de las deudas, así como a gestionar mejor el dinero en el futuro. También produce un suministro constante de dinero y te conduce a las oportunidades perfectas.

Jade verde

El jade verde está considerado como una piedra de la suerte, activa la prosperidad y se ha utilizado a lo largo de la cultura y la historia de China para atraer riqueza y armonía. Asociado al chakra del corazón, también te ayuda a mantener la calma y a pensar con claridad durante las dificultades financieras.

Piedra de sangre

Esta piedra de jaspe verde, con puntos de óxido de hierro que crean manchas rojas por toda ella, ayuda a conservar el dinero ganado. Puedes colocar la piedra de sangre en la caja registradora de un negocio o llevarla en el bolsillo, la cartera o el bolso.

Pirita

La pirita, a menudo llamada «oro de los tontos» por su color y aspecto, se asocia con el dinero y la buena suerte y ayuda a invocar la energía de la riqueza y la abundancia.

ORACIONES PARA EL DINERO Y LA ABUNDANCIA

Para pedir ayuda suprema en relación con el dinero y la abundancia, he incluido oraciones para seis áreas con las que la mayoría de la gente tiene dificultades en lo que respecta a este tema, como ganar más, gastar menos, ahorrar y despejar cualquier temor relacionado con las finanzas.

Oración: Activa la fluencia del dinero

Querido universo, invoco a mis ángeles, guías, seres queridos fallecidos y todos los miembros de mi sociedad del alma, solo a los de la vibración más elevada, para que estén conmigo ahora. Estoy abierto, preparado y dispuesto a permitir el fluir de más dinero y abundancia en mi vida, y pido tu ayuda para hacerlo ahora.

Invoco a la diosa Abundantia y a la diosa Lakshmi para que me ayuden a crear más prosperidad y abundancia en todos los ámbitos de mi vida con facilidad y armonía. Por favor, trabajad con la diosa Fortuna para conseguir las oportunidades ideales, los encuentros fortuitos y las sincronicidades que me conduzcan a las personas, los recursos y las ideas perfectas para ayudarme ahora. También pido al arcángel Haniel que me ayude a abrirme para advertir las señales y sincronicidades que aparecen en mi vida, con el fin de guiarme en la dirección de crear y atraer más prosperidad.

Arcangelina Esperanza y arcángel Jofiel, por favor, ayudadme a mantener mi mentalidad, emociones y pensamientos positivos en torno al dinero y la abundancia, y guiadme hacia nuevas ideas que me lleven en la dirección correcta. También invoco a todos los autores y expertos que enseñaron acerca de los temas de la manifestación, el pensamiento positivo y la abundancia, que ahora están en el Otro Lado, entre ellos Andrew Carnegie, Bob Proctor, Charles F. Haanel, el doctor Wayne Dyer, Ernest Holmes, Florence Scovel Shinn, Geneviève Behrend, Napoleon Hill, Neville Goddard y W. Clement Stone. Pido su ayuda para que mi mentalidad y yo nos mantengamos alineados con el fluir de la abundancia y que me envíen todos los recursos y herramientas necesarios para ello.

Por último, invoco a Ganesha para que elimine cualquier obstáculo, conocido o desconocido por mí ahora, que se interponga en mi camino hacia la creación de más dinero y abundancia en este momento.

Gracias por toda la ayuda que me ofrecéis ahora y en el futuro. Amén.

Oración: Reducir mis gastos

Querido universo, invoco a mis ángeles, guías, seres queridos que han fallecido y todos los integrantes de mi sociedad de almas, solo a los de la vibración más elevada, para que estén conmigo ahora.

Os pido guía y ayuda con mi intención de gastar menos dinero en mi vida. También pido ayuda para eliminar cualquier patrón energético o creencia que me mantenga atrapado en un patrón de gasto excesivo.

Invoco al arcángel Haniel para que me ayude a crear este cambio positivo en mi vida y a mantenerme centrado, independientemente de lo que ocurra a mi alrededor o me perturbe. También invoco al arcángel Jofiel para que me ayude a transformar mi mentalidad negativa en positiva respecto al dinero, de modo que ahorre en lugar de gastar, y para que me ayude a mantener estos pensamientos positivos.

Diosa Kali y Sagrada Amatista, invoco vuestra ayuda conjunta para que me ayudéis a liberar cualquier cualidad adictiva relacionada con mis hábitos de gasto, y Sagrada Amatista, por favor, transmuta cualquier energía negativa que me mantenga atrapado en un ciclo de gasto excesivo para que pueda avanzar y empezar a ahorrar más dinero.

Pido a todos mis ángeles y guías que me ayuden con esto y me envíen cualquier señal, sincronicidad, recurso, persona y oportunidad que me sirvan para conseguirlo, y por favor ayudadme a reconocerlos y a actuar en consecuencia cuando lleguen.

Por último, invoco a Ganesha para que elimine cualquier obstáculo, conocido o desconocido por mí, que se interponga en mi camino hacia un cambio de mentalidad en torno al dinero y el gasto, para que ahora pueda gastar menos y ahorrar más. Gracias, gracias, gracias. Amén.

Oración: Incrementar mis ahorros

Querido universo, invoco a mis ángeles, guías, seres queridos ya fallecidos y todos los miembros de mi sociedad del alma, solo a los de la vibración más elevada, para que estén conmigo ahora que busco ayuda con mi objetivo no solo de ganar más dinero, sino también de ahorrar más. Te pido que me guíes para ayudarme a ahorrar este dinero, a elegir las opciones adecuadas para ahorrarlo y multiplicarlo, y a gastar menos donde sea necesario para lograr este objetivo.

Arcángel Haniel, oriéntame para que pueda realizar fácilmente este cambio positivo en mi vida y colabora con la diosa Fortuna para iluminar el camino que me llevará a ahorrar más dinero mes a mes. Arcangelina Esperanza, te pido que me ayudes a abrirme a nuevas ideas creativas para conseguir y ahorrar más dinero, y también le pido a la diosa Lakshmi que me ayude con esto. Diosa Abundantia y J. P. Morgan, os pido vuestra guía en torno a cualquier inversión financiera y formas de ahorrar y conseguir que aumente mi dinero, y que traigáis a mi consciencia las ideas, personas y oportunidades más beneficiosas para hacerlo ahora.

Por último, invoco a la diosa Kali para que me ayude a liberarme emocionalmente del miedo y del apego, así como de cualquier obstáculo que me impida ahorrar ahora, y a Ganesha para que elimine cualquier otro impedimento, conocido o desconocido por mí, que se interponga en mi camino ahora. Te ruego que me envíes las señales, sincronicidades, ideas, personas, oportunidades y recursos que me guíen para avanzar ahora, y por favor, ayúdame a reconocerlos y a actuar en consecuencia cuando lleguen.

Gracias de antemano por vuestra guía y ayuda en este asunto. Amén.

Oración: Alineación acelerada del dinero

Querido universo, invoco a mis ángeles, guías, seres queridos fallecidos y todos los miembros de mi sociedad de almas, solo a los de la vibración más elevada, para que estén conmigo ahora, mientras pido ayuda para crear dinero rápidamente con el fin de _____ [explica aquí la situación]. En concreto, invoco a la diosa Lakshmi para que me ayude a conseguir más dinero y alivie mi preocupación por las finanzas, así como a san Expedito, para que responda rápidamente a mi súplica e interceda en mi favor ante otros ayudantes supremos, a la vez que me envía a cualquier ángel de la Tierra que pueda ayudarme en este asunto ahora.

Diosa Fortuna, te pido ayuda para alinear las oportunidades, las personas y las situaciones que traen dinero rápidamente y de forma inesperada, y arcángel Haniel, por favor, ayúdame a reconocer las señales y sincronicidades que me conducen hacia esto cuando lleguen. También pido al arcángel Jofiel que me ayude a cambiar mi mentalidad, concretamente a pasar de los pensamientos negativos y el miedo en torno al dinero a pensamientos positivos y esperanzadores mientras espero que esta ayuda económica fluya hacia mi vida, y que me ayude a mantener estos pensamientos positivos. Asimismo, pido a Andrew Carnegie, Bob Proctor, Charles F. Haanel, el doctor Wayne Dyer, Ernest Holmes, Florence Scovel Shinn, Geneviève Behrend, Napoleon Hill, Neville Goddard y W. Clement Stone que me ayuden a mantenerme en sintonía con la energía de la abundancia y que me envíen cualquier recurso que pueda ayudarme a hacerlo durante este tiempo.

Por último, pido a Ganesha, que es el eliminador de obstáculos, que por favor suprima todos y cada uno de los obstáculos que me impiden manifestar este dinero rápidamente.

Gracias, gracias, gracias. Amén.

Oración: Eliminar deudas

Querido universo, invoco a mis ángeles, guías, seres queridos fallecidos y todos los miembros de mi sociedad de almas, solo a los de la vibración más elevada, para que estén conmigo ahora. Pido ayuda para pagar y saldar mi deuda.

Es mi intención ahorrar más dinero y gastar menos, y ruego tanto a san Mateo como a san Antonio que intercedan en mi favor ante otros ayudantes supremos y ante los del plano terrestre para que empleen su magia a la hora de ayudarme a aliviar mi deuda financiera. Ayudadme, por favor, a abrir puertas y a encontrar nuevas formas de afrontar y saldar esta deuda. También, por favor, colaborad con san Expedito para que entre más dinero en mi vida lo antes posible.

Asimismo, pido a la Sagrada Amatista que limpie y transmute cualquier energía negativa en torno al dinero y la deuda que pueda estar cargando o que me mantenga atrapado en un ciclo de deudas. Diosa Kali, por favor, ayúdame con esto también y a liberar cualquier miedo en torno al dinero, además de los hábitos insanos que me mantienen endeudado en estos momentos. Diosa Lakshmi y diosa Abundantia, os invoco a las dos para que me ayudéis a atraer más dinero a mi vida para que pueda pagar la deuda, y Ganesha, te ruego que elimines todos y cada uno de los obstáculos que se interponen en mi camino para atraer más dinero o pagar mi deuda rápidamente.

Gracias, gracias, gracias. Amén.

Oración: Superar el miedo en torno al dinero

Querido universo, invoco a mis ángeles, guías, seres queridos ya fallecidos y todos los integrantes de mi sociedad de almas, solo a los de la vibración más elevada, para que estén conmigo ahora que estoy buscando ayuda para superar y eliminar cualquier miedo que tenga en torno al dinero, tanto el temor a no tener suficiente como el miedo, los pensamientos negativos y las creencias que puedan estar bloqueándome.

Pido al arcángel Miguel, al arcángel Chamuel y al arcángel Rafael que trabajen juntos en mi nombre para limpiar cualquier energía de miedo o ansiedad sobre tener o crear más dinero, así como a no tener suficiente para pagar las facturas y vivir mi vida cómodamente. También pido a la Sagrada Amatista que trabaje con mi energía y transmute mi miedo en amor y positividad en torno al dinero, y que elimine también el ciclo energético del miedo que puede estar actuando en mi vida y manteniéndome estancado con respecto a la abundancia.

Arcángel Jofiel, te invoco para que me ayudes a cambiar mis pensamientos de negativos y temerosos a positivos y serenos en lo referente al dinero y la abundancia, y por favor ayúdame a mantener esta mentalidad tanto como sea posible. Diosa Kali, ayúdame a superar cualquier miedo que pueda tener a salir de mi zona de confort a la hora de crear o ganar más dinero, o cualquier temor a aceptar y asumir mi poder para hacerlo.

Por último, invoco a Ganesha para que elimine cualquier obstáculo conocido o desconocido que se interponga en mi camino y me impida liberar y eliminar ahora este miedo al dinero. Gracias, gracias, gracias. Amén.

RITUALES PARA EL DINERO Y LA ABUNDANCIA

Tanto si necesitas dinero rápidamente como si solo buscas activar un suministro constante de dinero en tu vida, estos dos rituales pueden ayudarte:

Ritual: Alineación acelerada del dinero

¿Necesitas dinero para algo concreto, y cuanto más rápido mejor? ¡Este es tu ritual! Invoca a san Expedito, conocido en la fe católica por ayudar a las personas a manifestar dinero rápidamente, y a la diosa Lakshmi, que es la diosa hindú de la riqueza y la prosperidad.

Si es posible, realiza este ritual en la sección de la riqueza y la prosperidad de tu casa, que es el extremo izquierdo si te sitúas a la entrada de la casa, según el *bagua* del *feng shui* (ver el capítulo dos). Todos los pasos deben realizarse el día 1, y luego repetir el paso 4 durante ocho días seguidos.

Elementos necesarios:

- Un manojo de salvia o incienso, madera de palo santo o incienso de olíbano para quemar, o tu espray favorito para limpiar la energía
- Una vela verde (para representar el dinero) o una vela eléctrica
- Un billete de uno, cinco, diez o veinte dólares[*]
- Un cristal de pirita (de cualquier tamaño o forma)

Paso 1. Limpia la energía

Quema la salvia, el palo santo o el incienso (o utiliza tu espray limpiador) para limpiar la energía de la habitación donde realices este ritual, así como para purificar la energía del cristal de pirita. Limpia el cristal pasándolo por el humo o rociándolo directamente con un espray limpiador.

---

[*] N. del T.: Esto puede adaptarse a los billetes en curso de cada país.

Paso 2. La preparación

Coloca la vela en una mesa dentro de la habitación que represente el rincón de la riqueza de tu casa y en una zona donde no la toquen durante los nueve días del ritual. Delante de la vela, coloca el dinero y después el cristal de pirita encima del dinero.

Paso 3. Programa el cristal

Coloca las manos sobre el cristal de pirita y repite esta oración en voz alta o en tu mente:

> Invoco la energía del universo para que limpie toda la energía no deseada y la programación anterior de este cristal. Ahora le ordeno –y lo programo para ello– que trabaje con mi energía y canalice la energía del universo a mi alrededor para atraer más dinero y prosperidad a mi vida de manera rápida y fácil.

Paso 4. Invoca la ayuda suprema

Enciende la vela y reza la siguiente oración en voz alta diariamente durante nueve días seguidos:

> Querido universo, invoco a mis ángeles, guías, seres queridos ya fallecidos y todos los miembros de mi sociedad de almas, solo a los de la vibración más elevada, para que estén conmigo ahora que necesito más dinero urgentemente. Pido a san Expedito y a la diosa Lakshmi que, por favor, utilicen su magia y me ayuden a conseguir este dinero lo antes posible, si es para mi bien más elevado y para el bien superior de todos los implicados. Por favor, enviadme a las personas, oportunidades e ideas adecuadas para crear este dinero ahora, y ayudadme a reconocer las señales que enviáis para guiarme. Os estoy muy agradecido de todo corazón por toda vuestra ayuda en este asunto. Estoy abierto a

lo inesperado y dejo ahora mis preocupaciones financieras en vuestras manos. Amén.

Reza esta oración durante nueve días seguidos. Si te saltas un día, empieza de nuevo por el día 1. Si utilizas una vela eléctrica, mantenla encendida todos los días hasta la hora de acostarte.

Ritual: El cuenco de la riqueza

Utiliza este ritual para activar el flujo de dinero en tu vida, y si quieres que el suministro continúe, repítelo periódicamente. Recomiendo hacerlo una vez al mes para recargar la energía. Yo tengo todo el año el cuenco de la riqueza en la mesilla de noche, que está en el rincón de la riqueza de mi dormitorio, así como en el rincón de la riqueza de mi casa.

Elementos necesarios:

- Un manojo de salvia o incienso, madera de palo santo o incienso para quemar, o tu espray favorito para limpiar la energía
- Un billete de uno, cinco, diez o veinte dólares[*]
- Uno de los siguientes cristales (de tamaño similar):
  » Cuarzo transparente
  » Jade
  » Amazonita
  » Aventurina verde
  » Citrino

Puedes cambiar cualquiera de los anteriores, excepto el cuarzo transparente, por pirita, ojo de tigre, peridoto o malaquita.
- Un cuenco pequeño (de cualquier forma o tamaño)

---

[*] Ver la nota de la página 149.

Paso 1. Limpia la energía

Quema la salvia, el palo santo o el incienso (o utiliza tu espray limpiador) para purificar la energía de la habitación, del cuenco y de cada cristal, haciéndolos pasar por el humo o rociándolos directamente.

Paso 2. Programa los cristales

Coloca todos los cristales delante de ti y pon las manos sobre ellos, repitiendo esta oración en voz alta o mentalmente:

> Pido a la energía del universo que limpie toda la energía no deseada y la programación anterior de estos cristales. Ordeno a estos cristales —y los programo para ello— que mantengan la intención de atraer más prosperidad, riqueza y abundancia a mi vida, así como nuevas oportunidades para crearlas en todos los ámbitos, y programo específicamente el cuarzo transparente para que amplifique la energía de los demás cristales que lo rodean y atraiga aún más abundancia.

Paso 3. La disposición

Coloca el dinero en el cuenco y dispón los cristales encima, con el cuarzo transparente en el centro y los demás a su alrededor. El cuarzo transparente se coloca en el centro porque amplifica la energía de las demás piedras. A continuación, sitúa el cuenco en el rincón de la riqueza. Si tu casa tiene varias plantas, puedes colocar un cuenco de la riqueza en cualquiera de ellas. Si por alguna razón esta zona de tu casa no está disponible, ponlo en el rincón de la riqueza de un espacio de meditación, un altar de meditación o un escritorio de tu casa u oficina.

Paso 4. Oración

Colócate delante del cuenco y reza la siguiente oración para invocar la ayuda suprema:

Querido universo, invoco a mis ángeles, guías, seres queridos ya fallecidos y todos los miembros de mi sociedad de almas, solo a los de la vibración más elevada, para que estén conmigo mientras establezco esta intención de atraer más riqueza y prosperidad a todas las áreas de mi vida. Invoco específicamente a la diosa Abundantia y a la diosa Lakshmi para que me ayuden a manifestar esto y me traigan cualquier solución creativa que me ayude a conseguirlo. San Expedito, se te conoce por proporcionar resultados rápidos cuando se trata de riqueza material, y te invoco para que me ayudes a manifestar el dinero tan rápido como sea posible para mi bien más elevado. Por favor, envíame señales, orientación, información e ideas que me apoyen, y ayúdame a reconocerlas cuando lleguen. Gracias de antemano por tu ayuda. Amén.

GRATITUD FOCALIZADA HACIA EL DINERO Y LA ABUNDANCIA

Aparte de rezar, transmitir conscientemente pensamientos y emociones al universo es otra forma de pedir ayuda para crear más dinero, y una de las mejores maneras de hacerlo es centrarte en lo que ya tienes en lugar de en lo que aún te falta. Ya eres abundante. Aunque no lo parezca, hay pruebas de abundancia a tu alrededor, y estos ejercicios te ayudan a ser más consciente de ello.

Ejercicio: Busca la abundancia

Ya tienes abundancia en tu vida, y es hora de que empieces a buscarla y reconocerla conscientemente. ¿No me crees? Ve a abrir la puerta de tu frigorífico o congelador y mira toda la comida que hay dentro. ¿Tienes más de un condimento? Yo no solo tengo kétchup, mayonesa y salsa picante, sino que tengo más de un tipo de mostaza. ¿Adivinas qué es eso? ¡Abundancia! Cada artículo representa el dinero que tuviste para comprarlo, así como lo que vale ahora mismo. Abre tu armario y mira tu ropa. ¿Tienes más de un par de pantalones o zapatos? ¡Solo tengo que mirar la cantidad de *leggings* que tengo (incluso solo los negros) para sentirme abundante! Elige cualquier habitación de tu casa para ver lo que ya tienes, ya sea la televisión de tu dormitorio, la manta del sofá del salón o los cristales que has coleccionado. Todo ello significa dinero y abundancia ya presentes en tu vida.

Paso 1. Pon una alarma

Programa una alarma para tres veces al día en tu teléfono móvil o reloj, o «combina» este ejercicio con algo que hagas tres veces al día, como el desayuno, el almuerzo y la cena. Cuando suene la alarma, ve al paso 2.

Paso 2. Detente y mira/imagina

Dedica de uno a tres minutos a buscar la abundancia a tu alrededor y a tomar nota de ella. Hazlo en la habitación en la que estés en ese momento o recorre las habitaciones de tu casa buscando en los cajones y los armarios e incluso en tu coche. También puedes recordar un espacio en el que no estés actualmente y pensar en los objetos y artículos que hay allí.

Paso 3. Enumera tres cosas

Toma nota de tres elementos presentes en ese espacio que representen abundancia y siente gratitud por tenerlos. Agradece al universo el dinero que te costó adquirirlos (o a la persona que te los regaló, que también representa abundancia). Di en voz alta o mentalmente: «Estoy muy agradecido por _____ [rellena el espacio en blanco]» o «Estoy muy agradecido a _____ [rellena el espacio en blanco]». Intenta pensar en cosas nuevas cada vez que hagas este ejercicio. Por ejemplo:

- Estoy muy agradecido por todos los cubiertos que tengo en la cocina.
- Estoy muy agradecido por todas las velas que tengo por toda la casa.
- Estoy muy agradecido por todas las mantas que tengo, que hacen que mi hogar esté precioso y me mantienen caliente cuando me relajo en casa.
- Estoy muy agradecido por el céntimo que encontré hoy junto a mi coche y su mensaje de abundancia que viene hacia mí.
- Estoy muy agradecido por todos los pares de zapatos que tengo en mi armario.
- Estoy muy agradecido por el cristal de selenita que me regaló mi hermana por mi cumpleaños.

Paso 4. Termina con una afirmación

Después de nombrar tres cosas, cierra los ojos, sonríe y pon las manos sobre el corazón, y dite a ti mismo en voz alta o mentalmente: «Estoy muy agradecido de todo corazón por la abundancia que me rodea y por la abundancia que estoy creando y que está en camino hacia mí ahora mismo». Repítelo tres veces.

Ejercicio: Tarro de gratitud por el dinero

Siguiendo con el tema de centrarte en la abundancia que ya existe en tu vida, en este ejercicio te centras en tu capacidad para comprar las cosas que necesitas y quieres, dentro de tu presupuesto, como la compra semanal, gasolina para el coche o un par de zapatos nuevos. Ya sea pagando en efectivo, con tarjeta de débito o con tarjeta de crédito, todo ello representa abundancia que ya está presente, puesto que las empresas de tarjetas de crédito te permiten pedir dinero prestado y poseer artículos antes de tener que pagarlos. Eso también es abundancia, siempre que no cargues con una gran deuda.

Paso 1. Crea un tarro de gratitud

Busca o fabrica algún tipo de recipiente que sea tu tarro de la gratitud por el dinero, a ser posible transparente para que puedas ver lo que hay dentro. Escribe estas palabras en él (o ponle una etiqueta): «Pruebas de abundancia». Puedes decorarlo como más te guste.

Paso 2. Añade tus recibos cada día

En el transcurso de tu vida cotidiana, guarda todos los recibos de tus compras, ya sean de correos, la tienda de comestibles, la farmacia, los grandes almacenes o un bazar. Cuando vuelvas a casa, saca cada recibo, escribe en él: «Gracias, universo, por el dinero», y colócalo en el tarro. Imprime los recibos de las compras *online* o escribe lo que has comprado y el importe en un papel, y añádelos también al tarro.

Paso 3. Vacía y repite

Una vez lleno el tarro, repasa los recibos de uno en uno y siéntete agradecido no solo por el hecho de tener esos artículos (o de comerlos si se trataba de comida), sino por haber tenido dinero para comprarlo todo. Después, ¡vuelve a empezar!

Ejercicio: Gracias por el ahorro

Otra señal de abundancia en tu vida es cuando ahorras dinero, y no me refiero solo a tu cuenta de ahorros o 401k.[*] También me refiero al dinero que ahorras en un artículo que necesitas o decides comprar, o cuando alguien te regala algo y no has tenido que gastar tu propio dinero en ello. Así es: la oferta de brócoli congelado que conseguiste en el supermercado porque estaba rebajado un euro, una señal de abundancia y de que el universo te devuelve dinero al bolsillo. El cupón adjunto al recibo de la farmacia que te da cinco euros de descuento en tu próxima compra también es una prueba de abundancia en tu vida. Y el par de zapatos nuevos que te compró tu tía por tu cumpleaños también representa abundancia.

Cada vez que ahorras dinero porque algo está en oferta o utilizas un cupón para comprar lo que necesitas o quieres, es motivo de celebración. Así es como hay que celebrar:

---

[*] N. del T.: El 401k es un plan de jubilación para empleados estadounidenses en activo.

Detente y expresa gratitud en el momento

Cada vez que añadas algo a tu cesta *online* con descuento, encuentres algo en oferta en la tienda, recibas o utilices un cupón, o ahorres dinero de alguna otra manera, tómate treinta segundos para sonreír y decir: «Gracias, universo, por esta abundancia. Estoy muy agradecido. ¡Que siga llegando!». Esto cambia inmediatamente tu energía hacia la gratitud por el dinero y la abundancia presentes en tu vida en este momento, y pide al universo más de ello.

Todo lo que hay en este capítulo está pensado para ayudarte a cambiar lo que le dices al universo sobre el dinero y la abundancia, a pedirle ayuda conscientemente y a aprovechar su energía para crear más en tu vida. En el próximo capítulo, descubrirás herramientas espirituales para hacer lo mismo con la salud física y la curación.

Capítulo 6

CURACIÓN FÍSICA

SI ESTÁS TRATANDO DE RECUPERARTE DE ALGUNA dolencia física en este momento, ten en cuenta que esto es más común de lo que piensas. La mayoría de la gente padece algún tipo de problema de salud, ya sea leve o grave. Afecciones crónicas como las enfermedades autoinmunes, los problemas digestivos, las migrañas, la diabetes, la fatiga crónica, la fibromialgia, la enfermedad de Lyme o la hipertensión arterial se han convertido en algo normal para muchos, y lo que empeora las cosas es que a menudo los médicos les dicen que la afección que padecen no puede curarse, sino solo controlarse. Al oír estas palabras, aceptan esa creencia y se preparan para bregar de por vida con la enfermedad, lo que hace que sea mucho más difícil curarse.

Esto mismo me dijo una doctora especializada en alergia e inmunología, graduada en la Universidad de Harvard, y recuerdo que salí de su consulta pensando: «No, gracias. No voy a aceptar esa creencia». Tú tampoco deberías aceptarlo. La curación adopta diversas formas. Para algunos es una ausencia total de síntomas y para otros es una mejoría de esos síntomas y de la calidad de vida en general. Yo sigo en mi proceso de curación y, aunque no estoy curada al cien por cien, me siento mucho mejor de lo que me sentí durante años. Si hubiera asumido la creencia de que lo único que podía hacer era tratar de controlar mis síntomas, quizá nunca habría buscado alternativas ni habría permitido que el universo me condujera a nuevas oportunidades para curarme. No te juzgues ni juzgues tu proceso de curación, porque cada persona tiene una trayectoria diferente. Pero espero que no asumas la creencia de que no puedes mejorar ni curarte. Existen infinidad de casos de personas que se han curado cuando no creían que fuera posible y estudios científicos que demuestran la capacidad milagrosa del cuerpo para sanarse a sí mismo. Me niego a creer que no es posible, y espero que tú también te niegues.

Ya se trate de un diagnóstico repentino, una dolencia con la que llevas años bregando o la aparición repentina de dolor, tienes a tu disposición una gran cantidad de ayuda suprema para asistirte en tu camino de curación, y cuando te tomas el tiempo de invocarla, ocurren milagros.

Cuando invoco la ayuda suprema para la curación física, le pido que me guíe hacia los sanadores, médicos, recursos, modalidades y soluciones adecuados para ayudarme en el proceso. Cuando lo enfocas de este modo, de repente te guía al libro adecuado, oyes hablar de una nueva terapia o modalidad alternativa, descubres al médico u otro profesional de la salud perfecto para proporcionarte el apoyo que necesitas o te cruzas con alguien que se curó del mismo problema y te encamina en la dirección correcta para tu propia curación. Esa es la magia de pedir ayuda al universo en lugar de intentar resolverlo todo por tu cuenta. Y este capítulo te ayuda a hacerlo en lo referente a tu salud física.

AYUDANTES SUPREMOS PARA LA CURACIÓN FÍSICA

Estos ayudantes supremos contribuyen a la curación física. Algunos ayudan a la sanación general, mientras que otros se especializan en dolencias concretas, como migrañas, cáncer o problemas menstruales.

Apolo

Este dios griego está asociado tanto con la curación como con la medicina, y ayuda en todos los aspectos de la curación física, por ejemplo guiándote hacia la modalidad de curación adecuada para tus síntomas.

Arcángel Ariel

El arcángel Ariel, conocido como el arcángel de la naturaleza y del mundo natural, trabaja con el arcángel Rafael para proporcionar curación tanto a los seres humanos como a los animales.

Arcángel Gabriel

El arcángel Gabriel, conocido como el ángel de la comunicación, ayuda en todo lo que tiene que ver con los niños, incluidos los problemas físicos relacionados con la concepción, el embarazo y el parto.

Arcángel Jofiel

Conocido como el ángel de la belleza, el arcángel Jofiel te ayuda a ver la belleza en todas las cosas y a equilibrar las emociones positivas y negativas. Asimismo, te ayuda a transformar rápidamente tu mentalidad pesimista con respecto a la salud en optimista, así como a mantener una energía más positiva y a apreciar las cosas buenas que están sucediendo.

Arcángel Rafael

El arcángel Rafael, haciendo honor al significado de su nombre, 'Dios sana', ayuda en la curación física, mental, emocional y espiritual. También te guía hacia los médicos y sanadores adecuados, los métodos de sanación, las modalidades y los tratamientos, y asiste a los sanadores en sus prácticas.

Arcángel Sandalfón

Como arcángel del mundo natural, o guardián de la Tierra, el arcángel Sandalfón está profundamente conectado con la energía de la Tierra y el mundo físico. Te ayuda a conectar con los poderes curativos de la naturaleza y a permanecer enraizado en el cuerpo físico para que pueda producirse la curación.

Arcangelina Esperanza

La arcangelina Esperanza, llama gemela del arcángel Gabriel, ofrece optimismo y alegría a través de los cambios de vida y la esperanza de que todo es posible, incluida la curación.

Arcangelina Fe

Junto con su llama gemela, el arcángel Miguel, la arcangelina Fe se encarga del desarrollo del chakra de la garganta y contribuye a sanarlo y equilibrarlo, a la vez que te ayuda a expresar abiertamente lo que sientes y a alzar la voz cuando es necesario. También ofrece protección y fortalece y blinda tu aura.

Asclepio

Es el dios griego de la medicina y los médicos, e hijo del dios griego Apolo, experto en cirugía, medicina y todo tipo de sanación. Invoca a Asclepio antes de cualquier intervención quirúrgica, no solo para que cuide al paciente, sino también a los médicos y enfermeras que participan en ella. También te orienta hacia las modalidades curativas o medicinas adecuadas para ayudar en la curación.

Diosa Aja

La diosa Aja de la tierra de África occidental, venerada en partes de Nigeria y en la tradición yoruba, es conocida como el espíritu o la dama del bosque y también se sabe que cura a los enfermos con hierbas y plantas. La invocan los curanderos y quienes buscan remedios curativos naturales.

Diosa Frigg

Esta diosa nórdica se asocia con el matrimonio y la fertilidad. Quienes desean quedarse embarazadas o quienes tienen problemas de fertilidad invocan a la diosa Frigg.

Diosa Gula

Esta diosa babilónica de la salud, la curación y el bienestar es también patrona de los médicos, las artes curativas y las prácticas médicas. Invoca a la diosa Gula para que te guíe en la curación y en la búsqueda del médico o sanador perfecto para ayudarte con tus problemas. También la invocan los propios médicos y sanadores para que guíe su trabajo y sus prácticas.

Diosa Kali

Esta diosa hindú asiste a quienes están atrapados en el miedo y el apego en torno a la salud, sobre todo cuando temen salir de su zona de confort, adentrarse en lo desconocido o asumir su poder. La diosa Kali ayuda a limpiar y sanar el plexo solar y a liberarse de adicciones o hábitos insanos.

Diosa Ostara

Quienes experimentan problemas de fertilidad o tienen dificultades para concebir pueden invocar a Ostara, la diosa germánica del amanecer, también conocida como diosa de la primavera.

Ganesha

Ganesha, dios hindú al que se conoce como el eliminador de obstáculos, se deshace de los que impiden o dificultan la curación física.

Hildegarda de Bingen

Hildegarda de Bingen, mística cristiana y herborista del siglo XII, sufría dolores de cabeza que acompañaban a su don de las visiones. Practicaba la curación holística utilizando remedios naturales y energía espiritual para curar enfermedades y mantener una buena salud. Alivia los padecimientos de migrañas y otros dolores de cabeza, y ayuda a encontrar remedios naturales o alternativos para las dolencias.

Jesús

Como maestro del amor incondicional, la dicha y el perdón, Jesús fue también un maestro sanador en vida, hasta el punto de ser llamado «médico divino» por los miembros de la primitiva Iglesia católica. Invócalo para que te ayude en todos los aspectos de la curación.

Louise Hay

Louise Hay, fundadora de la editorial Hay House, maestra y autora de muchos libros sobre la curación mente-cuerpo —entre ellos *Sana tu cuerpo*, que trata de las emociones y creencias que subyacen a la enfermedad—, se curó de un cáncer. Ofrece orientación sobre las modalidades de curación, los libros, los métodos y los sanadores adecuados.

Mama Quilla

Diosa inca de la luna, el matrimonio y el ciclo menstrual femenino, Mama Quilla ayuda a regular el ciclo menstrual, así como con cualquier otro problema o desequilibrio menstrual.

Padre Pío

Nacido Francesco Forgione en Pietrelcina (Italia) en 1887, se hizo sacerdote de la Iglesia católica romana y de la orden franciscana en 1903 y recibió el nombre de Fray Pío o Padre Pío. En su vida se produjeron numerosos sucesos inexplicables y realizó curaciones y sanaciones milagrosas. El Padre Pío, conocido como santo patrón del alivio del estrés y la curación, ayuda a la curación física y alivia el estrés provocado por la enfermedad o el propio proceso de curación.

Sagrada Amatista

La Sagrada Amatista, una de las guardianas de la llama violeta, purifica y transmuta la energía y te ayuda a liberarte de pensamientos y patrones de comportamiento negativos, incluidas las adicciones. También limpia tu aura y tu energía de las frecuencias más bajas que dificultan la curación.

San Expedito

Si bien se recurre a san Expedito para una intercesión rápida en torno al dinero y la abundancia, también hace lo mismo con la salud y la curación, y te guía hacia los médicos, sanadores y modalidades adecuados para que te cures plena y completamente.

San Francisco de Asís

Como patrón de los animales y del medioambiente en la fe católica, san Francisco de Asís ayuda a curar a las mascotas y a otros animales enviándoles energía curativa y guiando a la persona hacia las soluciones adecuadas. También ayuda a un animal a hacer su transición al Otro Lado en su muerte física.

San Gerardo

San Gerardo, a menudo llamado «el santo de las madres», es el patrón de los niños no nacidos y de las futuras madres en la fe católica. Se lo invoca para la preparación al parto, pero también para cualquier niño enfermo, angustiado y que necesite curación.

San Ignacio de Loyola

En su última vida, este maestro ascendido fue sacerdote y fundador de la orden jesuita. San Ignacio de Loyola ayuda a sanar tanto el cuerpo físico como el etérico, que es la primera capa del campo energético humano que rodea al cuerpo físico. Además, trabaja con médicos y sanadores para ayudarlos cuando atienden a sus pacientes.

San Judas

A san Judas, patrón católico de los casos desesperados o de las situaciones imposibles, lo puedes invocar para pedir intercesión y ayuda en cualquier ámbito de la vida, incluida la curación física, especialmente si te sientes desesperado e impotente.

San Maximiliano Kolbe

San Maximiliano Kolbe, fraile franciscano polaco, es el patrón de los adictos a sustancias químicas, así como de quienes sufren trastornos alimentarios y otros problemas de adicción. Se lo conoce por trabajar hasta su muerte con personas que tenían dificultades en estas áreas y se le puede invocar para ayudar a quienes se enfrentan con los aspectos físicos y emocionales de la adicción.

San Peregrino

San Peregrino, conocido como el santo patrón de los enfermos de cáncer, se curó milagrosamente de un cáncer en la pierna y proporciona ayuda para curarse de cualquier tipo de cáncer, entre otras enfermedades, así como orientación para encontrar los médicos, sanadores y tratamientos adecuados.

Santa Águeda

A santa Águeda, patrona católica de las enfermeras, el cáncer de mama, las víctimas de violación, el fuego y las catástrofes naturales, la invocan quienes han sido diagnosticadas de cáncer de mama o se están restableciendo después de sufrir una violación o una catástrofe natural, así como las enfermeras que trabajan con otras personas en el campo del bienestar.

Santa Ana

Como madre de la Virgen María en la fe católica, santa Ana es la patrona de la infertilidad, los abuelos y las madres. Invócala para que te ayude con los problemas de fertilidad y cuando desees quedarte embarazada.

Santa Dwynwen

A esta santa galesa se la conoce como la patrona de los enamorados, pero también es la patrona de los animales enfermos. Santa Dwynwen aporta sanación y orientación en todo lo relacionado con las mascotas u otros animales que tienen relación con los seres humanos.

Santa Filomena

Esta santa católica es la patrona de los bebés y los niños pequeños. Santa Filomena ofrece ayuda en la curación e intercede en tu favor ante otros sanadores superiores.

Santa Germana

No confundir con el maestro Saint Germain, guardián de la llama violeta; esta santa católica es la patrona de las personas que sufren abusos o algún tipo de discapacidad. Nació con una discapacidad en el brazo derecho y fue maltratada y abandonada por su padre y su madrastra, que la obligaban a vivir en el granero y apenas la alimentaban. Santa Germana murió a los veintidós años. Ayuda a los que están sanando de abusos, especialmente infantiles, y a los que sufren discapacidades físicas, no solo a curarse, sino a aceptarlas o superarlas.

Santa Lidwina

Si sufres dolores crónicos, pide ayuda a esta santa holandesa. Santa Lidwina se lesionó al caerse mientras patinaba sobre hielo. Este incidente la dejó postrada en cama y con dolores insoportables durante el resto de su vida. Esta santa proporciona fuerza y curación, así como orientación para encontrar los médicos, sanadores y remedios adecuados.

Santa Teresa de Ávila

Santa Teresa de Ávila, patrona de quienes padecen jaquecas y migrañas, ofrece alivio y te guía hacia los médicos, sanadores y modalidades adecuados para ayudarte.

Señor Dhanvantari

Conocido como médico o doctor de los seres celestiales, el señor Dhanvantari es también el padre del ayurveda, un sistema curativo holístico desarrollado hace más de tres mil años en la India. A menudo se lo conoce como el dios hindú de la medicina, y asiste en cualquier problema relacionado con la salud, ayuda a quienes practican o estudian ayurveda y te guía hacia los tratamientos adecuados.

Serapis Bey

El maestro ascendido Serapis Bey se asocia a menudo con la curación del cuerpo mental, pero los médicos y sanadores de todo tipo también lo invocan.

CRISTALES PARA LA CURACIÓN FÍSICA

Los cristales pueden atraer la energía del universo para sanar el cuerpo, tanto si se trata de una curación general como si es un síntoma concreto. Aquí tienes una lista de cristales para la curación general y para problemas habituales.

Amatista

Esta gema de cuarzo púrpura suele denominarse piedra universal porque ofrece muchas propiedades positivas. En lo que respecta a la curación, la amatista es una piedra de alta vibración que ayuda a conciliar el sueño –tanto a conciliarlo como a mantenerlo– y es útil para quienes desean superar una adicción.

Ámbar

Esta piedra es resina fosilizada de corteza de árbol, y ayuda a aliviar y absorber el dolor y la energía negativa, incluidos los dolores de cabeza, el dolor articular, la rigidez e incluso el dolor de la dentición en los niños pequeños. También se dice que refuerza la inmunidad y ayuda con la fatiga, además de alinear cuerpo, mente y espíritu para incidir en las capacidades curativas naturales del propio organismo.

Apofilita verde
Al igual que la piedra de sangre, puede utilizarse para aliviar el dolor (e incluso en combinación con la piedra de sangre) y también puede ayudar a conciliar un sueño reparador.

Cianita verde azulada
Como la selenita, la cianita verde azulada no acumula ni retiene energía y no hace falta limpiarla. Purifica la energía de otras piedras y se presenta en varios colores. Los cristales con una mezcla de azul y verde actúan para crear emociones equilibradas y armonización (azul) y curar las dolencias relacionadas con las hormonas y el sistema endocrino (verde).

Citrino
Esta gema ayuda a la salud intestinal general, facilitando la curación y el equilibrio del estómago, la vesícula biliar y los intestinos. El citrino alivia el dolor de estómago y el reflujo ácido y favorece la digestión.

Cuarzo faden
El cuarzo faden se utiliza para sellar orificios en el cuerpo etérico, que es el campo de energía exterior al cuerpo físico, y también ayuda en problemas de músculos y ligamentos desgarrados o huesos rotos.

Cuarzo sanador dorado
Esta piedra maestra de la sanación puede limpiar y reparar el cuerpo etérico, o campo de energía que rodea al cuerpo físico, junto

con los bloqueos físicos y emocionales. El cuarzo sanador dorado es una piedra ideal para sanadores, trabajadores energéticos, terapeutas y todos aquellos que trabajan para sanar a los demás, y aunque se asocia con el chakra corona, ayuda a limpiar todos los chakras.

Cuarzo transparente

Conocido como el maestro sanador, el cuarzo transparente abre los chakras bloqueados y los realinea, además de amplificar la energía de cualquier intención u otra gema que se coloque cerca de ella.

Granate

Piedra vigorizante y energizante, el granate tiene un efecto limpiador sobre el cuerpo y los chakras, ya que elimina toxinas y equilibra la energía. También es enraizante y te ancla en la energía de la Tierra.

Lapislázuli

Al tiempo que calma la inflamación, el lapislázuli equilibra los problemas de garganta y tiroides, así como los síntomas respiratorios. También ayuda a aliviar el dolor, sobre todo en la cabeza y el cuello.

Malaquita

Como sanadora de lo divino femenino, la malaquita equilibra el sistema reproductor de la mujer y alivia el dolor durante el parto. También equilibra los cambios de humor y alivia los dolores menstruales.

Peridoto

El peridoto se utiliza para aliviar el dolor de estómago y los problemas intestinales (incluidos los crónicos) y de digestión, ofreciendo equilibrio y curación.

Piedra de sangre

Puedes colocar esta piedra analgésica directamente sobre una zona dolorida y llevarla contigo para atraer energía curativa contra dolores y molestias.

Prehnita

Esta gema se utiliza para curar al sanador. Para los que trabajan en la curación, la prehnita impide la absorción empática de la energía y los trastornos de las personas con las que se trabaja, y es beneficiosa para los practicantes de reiki, los trabajadores de luz y los que trabajan con el cuerpo.

Selenita

Al igual que la cianita, la selenita no retiene la energía y limpia la energía de tu aura y la de otras piedras preciosas. También es beneficiosa para los problemas de postura, ya que abre el canal desde el chakra raíz hasta la base del cráneo, alineando la columna vertebral y ayudando a la flexibilidad.

Septaria

La septaria invita a la paz interior y a la conexión con los reinos superiores, al tiempo que equilibra las emociones. También es útil para quienes se esfuerzan por superar una adicción.

Shungita

La shungita se utiliza para conectarte a tierra y protegerte de las emisiones de campos electromagnéticos (CEM) y tiene un efecto general de conexión a tierra en el cuerpo.

Sugilita

Asociada al chakra de la coronilla, la sugilita ayuda con los dolores de cabeza y la tensión muscular, además de favorecer el sistema inmunitario en general.

Supersiete

Este cristal está formado por siete minerales diferentes, entre ellos amatista, cuarzo transparente y cuarzo ahumado. Como activador completo de los chakras, el supersiete se utiliza para abrir, equilibrar y sanar todos los chakras del cuerpo.

Turquesa

Otra piedra maestra sanadora, la turquesa beneficia a todo el cuerpo y abre todos los chakras. Se asocia especialmente con el chakra de la garganta y ayuda con cualquier problema en esa zona, así como con problemas de oídos y nariz, como alergias, migrañas y problemas respiratorios.

Vidrio del desierto de Libia

Descubierto cerca de la frontera entre Egipto y Libia, en el desierto del Sahara, este cristal se formó a partir del impacto de un meteorito que fundió la arena del desierto. Es útil para el estómago y el sistema digestivo y para quienes padecen úlceras, síndrome del intestino irritable, reflujo ácido, náuseas y dificultades para digerir los alimentos.

ORACIONES PARA LA CURACIÓN FÍSICA

Las nueve oraciones siguientes pueden usarse para pedir ayuda suprema para la curación de niños, mascotas, adicciones, fertilidad, dolor crónico, etc.

Oración: Curación para los niños

Queridos universo, ángeles, guías, seres queridos que han fallecido y todos los miembros de mi sociedad del alma, solo los de la vibración más elevada, os pido que estéis conmigo ahora. Estoy llamando a mi equipo de ayuda suprema y al equipo de ayuda suprema de _____ [nombre del niño] para que me ayuden a curarlo de _____ [compartir síntomas/diagnóstico].

Llamo específicamente a santa Filomena y a san Gerardo para que ayuden en la curación física de _____ [nombre del niño] y por favor intercedan en su nombre con otros ayudantes supremos que también puedan apoyar en esto. Asimismo, invoco colectivamente al arcángel Rafael, a Jesús, a san Ignacio y al Padre Pío para que ayuden en todos los aspectos de esta curación, entre ellos guiar a _____ [mí/nosotros, el nombre del niño o el nombre de la familia] a los médicos, sanadores, tratamientos y modalidades adecuados para proporcionar alivio y una curación completa rápida y fácilmente. También pido a Hildegarda de Bingen y a la diosa Aja que nos guíen hacia cualquier remedio natural o alternativo que pueda proporcionar la curación y a san Expedito que interceda en este asunto lo antes posible, por el mayor bien de todos los implicados.

Ganesha, te invoco para que elimines todos los obstáculos, conocidos o desconocidos, que se interpongan en el camino de la curación plena y completa de _____ [nombre del niño] ahora y te pido que envíes las señales y sincronicidades que guíen a _____ [mí/nosotros, nombre del niño o nombre de la familia] en este camino, y por favor, ayúdanos a que sean reconocidas y se actúe en consecuencia cuando lleguen.

Gracias por toda la guía y curación que enviáis ahora y que enviaréis en el futuro. Amén.

Oración: Curación física

Queridos universo, ángeles, guías, seres queridos que han fallecido y todos los miembros de mi sociedad de almas, solo los de la vibración más elevada, os pido que estéis conmigo ahora. Busco guía, asistencia y apoyo en mi camino actual para sanar físicamente mi cuerpo total y completamente, de la cabeza a los pies, en concreto_____ [comparte aquí tus síntomas/diagnóstico y aquello para lo que buscas ayuda curativa].

Invoco al arcángel Rafael, a los dioses griegos Apolo y Asclepio, a Jesús y al Padre Pío para que, por favor, me ayuden a crear milagros en mi salud física. Padre Pío, por favor, ayúdame a aliviar cualquier estrés que tenga ahora relacionado con la curación de mis síntomas. Asimismo, invoco al maestro ascendido san Ignacio para que me ayude no solo a sanar mi cuerpo físico, sino también a sanar y limpiar cualquier cosa en mi cuerpo etérico.

Señor Dhanvantari, Hildegarda de Bingen y diosa Aja, por favor, guiadme hacia cualquier terapia holística, natural o alternativa que me ayude a sanar. Arcángel Sandalfón, ayúdame a permanecer enraizado en mi cuerpo, de modo que esté centrado y equilibrado para contribuir a su curación.

[Añade lo siguiente si te sientes desesperanzado e impotente en relación con tu salud]. También pido la ayuda de san Judas, que es el patrón de los casos desesperados. Por favor, intercede en mi favor ante otros ayudantes supremos para que pueda sanar mi cuerpo y devolverlo a su perfecto estado de salud. Y te ruego que cambies mi energía en torno a esto, trabajando con la arcangelina Esperanza, para que pueda sentirme más esperanzado en general. Arcángel Jofiel, ayúdame a ver la belleza en todas las cosas que me rodean, a transformar en actitud positiva mi actitud negativa respecto a mi salud y a mantener esta actitud. También invoco a Louise Hay para que me guíe hacia los recursos, ejercicios y prácticas que pueden ayudarme a curarme completamente como ella se curó.

Por último, invoco a san Expedito para que me ayude a encontrar soluciones curativas lo antes posible para mi bien más elevado, y a Ganesha para que, por favor, elimine cualquier obstáculo, conocido o desconocido para mí, que se interponga en mi camino hacia la curación física que deseo.

Por favor, guíame en la dirección correcta hacia la curación ahora, incluso enviándome las señales, sincronicidades, ideas, oportunidades, personas, médicos, sanadores, tratamientos y modalidades que serían más beneficiosos, y por favor, ayúdame a reconocerlos cuando lleguen. Y diosa Gula, te pido específicamente que me guíes hacia los médicos o sanadores adecuados que puedan ayudarme ahora.

Gracias por la energía curativa y la guía que me llegan ahora. Amén.

Oración: Curación del cáncer

Queridos universo, ángeles, guías, seres queridos que han fallecido y todos los miembros de mi sociedad de almas, solo los de la vibración más elevada, os pido que estéis conmigo ahora. Pido ayuda curativa en mi diagnóstico de _____ [rellena el espacio en blanco con el tipo de cáncer]. Pido específicamente ayuda y asistencia a san Peregrino, que es el santo patrón de los enfermos de cáncer y que se curó milagrosamente de un cáncer cuando estaban a punto de amputarle una pierna, y a Louise Hay, que se curó de un cáncer de cuello de útero. Por favor, ayudadme a sanar rápida, fácil y completamente, devolviéndome la salud perfecta.

[En el caso de cáncer de mama]. Invoco a santa Águeda, que trabaja específicamente con las personas diagnosticadas de cáncer de mama, para que me ayude en este proceso de curación.

También pido ayuda al arcángel Rafael, a la diosa Gula, a Jesús, al Padre Pío, al Señor Dhanvantari y a san Ignacio. Por favor, enviad energía curativa y dirigidme también a los médicos, sanadores, tratamientos y modalidades adecuados que puedan ayudarme en la recuperación total.

Arcangelina Esperanza, infúndeme el optimismo necesario en este proceso de curación, y arcángel Jofiel, por favor, ayúdame a cambiar mi mentalidad de negativa a positiva en torno a este diagnóstico y a mi capacidad para curarme completamente, y ayúdame también a mantener esos pensamientos positivos.

Y Ganesha, eliminador de todos los obstáculos, te pido que quites todos y cada uno de los obstáculos que se interponen ahora en el camino de la curación total, tanto conocidos como desconocidos.

Estoy pidiendo orientación, señales, sincronicidades, ideas, oportunidades, etc., para ayudar en el camino hacia la curación total y la recuperación; por favor, ayudadme a reconocerlas y a actuar en consecuencia cuando lleguen.

Gracias por vuestra ayuda en este momento de gran necesidad. Amén.

Oración: Curación del dolor crónico

Queridos universo, ángeles, guías, seres queridos que han fallecido y todos aquellos que forman parte de mi sociedad de almas, solo los de la vibración más elevada, os pido que estéis conmigo ahora que estoy lidiando con un dolor crónico. [Explica aquí el tipo específico de padecimiento y acerca de qué te gustaría recibir ayuda y orientación].

Santa Lidwina, te pido que me envíes energía curativa ahora para aliviar y curar _____ [rellena el espacio en blanco con el dolor y los síntomas]. Asimismo, pido a san Judas, patrón de los casos desesperados, que interceda ante otros ayudantes supremos en mi favor para que me ayuden a curarme total y completamente de este dolor.

Arcángel Rafael, dioses griegos Apolo y Asclepio, Jesús, Padre Pío y san Ignacio, os pido que también me enviéis energía curativa y guía, y que por favor trabajéis con la diosa Gula para indicarme la dirección de los médicos, sanadores, tratamientos y modalidades adecuados para ayudarme a conseguirlo ahora. Por último, pido a Ganesha que elimine cualquier obstáculo, conocido o desconocido, que se interponga en mi camino hacia la curación.

Os pido a todos que me enviéis las señales y sincronicidades que me guíen hacia lo que está en mi bien más elevado para que pueda sanar rápida y fácilmente, y por favor, ayudadme a reconocerlas y a actuar en consecuencia cuando lleguen.

Gracias, gracias, gracias. Amén.

Oración: Curación de migrañas y otros dolores de cabeza

Queridos universo, ángeles, guías, seres queridos que han fallecido y todos los miembros de mi sociedad de almas, solo los de la vibración más elevada, os pido que estéis conmigo ahora. Busco ayuda para sanar mis dolores de cabeza/migrañas y su causa raíz plena y completamente ahora. Invoco a Hildegarda de Bingen para que, por favor, me ayude a descubrir cualquier tipo de curación holística, remedios naturales o soluciones que puedan servirme, y para que, por favor, trabaje con santa Teresa de Ávila y la diosa Gula no solo para que me curen, sino para que me guíen hacia los médicos, sanadores, tratamientos, modalidades y recursos adecuados para ayudarme ahora. [Si tus migrañas están relacionadas con tu ciclo menstrual]. También invoco a Mama Quilla para que me ayude a equilibrar mi ciclo y mis hormonas ahora para aliviar estos dolores de cabeza/migrañas.

Por favor, enviadme las señales y sincronicidades que me guíen hacia todo lo que me pueda ayudar a curarme plena y completamente de estos dolores de cabeza/migrañas ahora, y por favor, ayudadme a reconocerlas cuando lleguen.

Gracias, gracias, gracias. Amén.

Oración: Ayuda para los sanadores

Queridos universo, ángeles, guías, seres queridos que han fallecido y todos los miembros de mi sociedad de almas, solo los de la vibración más elevada, os pido que estéis conmigo ahora mientras trabajo para sanar a los demás a través de _____ [explica qué estás haciendo para sanarlos, como técnicas y especialidades].

Invoco al arcángel Miguel para que, por favor, me proteja a mí y a mi energía, y me rodee de luz blanca para evitar que tome cualquier energía que no sea mía hoy, y para que trabaje con su llama gemela, la arcangelina Fe, para ofrecer protección y fortalecer y blindar mi aura. También pido al arcángel Sandalfón que me ayude a enraizar mi energía para que pueda permanecer centrado, equilibrado y presente.

Mientras trabajo para curar a los demás, pido apoyo al arcángel Rafael, a san Ignacio, a Jesús [para las enfermeras: santa

Águeda] y a la diosa Gula. Por favor, ayudadme a proporcionar el conocimiento, la energía curativa, las ideas y la empatía para ayudar a los demás hoy, para que puedan sanar completamente en mente, cuerpo y espíritu.

También invoco a Ganesha para que, por favor, elimine cualquier obstáculo en mi camino y en los caminos de aquellos con los que trabajo hoy, conocidos o desconocidos, que se interponga en la senda de la curación completa y total.

Gracias, gracias, gracias. Amén.

Oración: Sanar el aspecto físico de la adicción

Queridos universo, ángeles, guías, seres queridos que han fallecido y todos los que forman parte de mi sociedad de almas, solo los de la vibración más elevada, os pido que estéis conmigo ahora mientras lucho por superar mi adicción a _____[rellena el espacio en blanco].

Pido la guía, la ayuda y el apoyo de san Maximiliano Kolbe para que me ayude a encontrar la fuerza necesaria para curarme física y emocionalmente. También pido a la Sagrada Amatista que me ayude a desprenderme de los pensamientos negativos y de los patrones de comportamiento que subyacen a esta adicción y que por favor limpie mi aura y mi energía de las frecuencias más bajas.

Invoco al arcángel Rafael y a Jesús para que me ayuden en la curación y me guíen hacia los médicos, sanadores, tratamientos, modalidades y otras personas adecuadas que puedan ayudarme. También invoco a san Judas para que esté conmigo ahora en este momento de necesidad en el que me siento desesperado e impotente. Por favor, intercede en mi favor ante otros ayudantes supremos para que me asistan ahora. Y arcangelina Esperanza, por favor, ayúdame a encontrar esperanza dentro de mí para atravesar este momento con buen talante y facilidad.

Por último, invoco a Ganesha para que, por favor, elimine cualquier obstáculo, conocido o desconocido, que me impida ahora una recuperación completa. Agradecido por todo tu apoyo para ayudarme a superar completamente esta adicción y volver a gozar de una salud física perfecta.

Amén.

Oración: Curación por medio de la cirugía

Queridos universo, ángeles, guías, seres queridos que han fallecido y todos los miembros de mi sociedad de almas, solo los de la vibración más elevada, os pido que estéis conmigo ahora que me preparo para la operación de _____ [rellena el espacio en blanco].

Pido que el arcángel Rafael esté conmigo y con los médicos, las enfermeras, el anestesista y cualquier otra persona implicada en esta operación ahora para ayudar a que transcurra sin problemas, solucione las dificultades que tengo y conduzca a una recuperación rápida, sin esfuerzo y completa. Padre Pío, te pido que me envíes hoy la energía de los milagros a la operación y me ayudes a mantener la calma durante todo el proceso. Arcángel Jofiel, por favor, ayúdame a transformar en pensamientos positivos mi mentalidad de pensamientos negativos y miedos relacionados con esta operación y a mantener esta actitud positiva durante todo el proceso.

También pido ayuda a san Ignacio y al dios griego Asclepio en nombre del equipo médico que trabaja hoy conmigo, para que den de sí todo lo posible al realizar esta cirugía, tomar las decisiones correctas y ayudarme a sanar. Por último, invoco a Ganesha para que, por favor, elimine cualquier obstáculo, conocido o desconocido, que impida una intervención quirúrgica fluida y satisfactoria, por mi bien más elevado y por el bien superior de todos los implicados.

Gracias, gracias, gracias. Amén.

Oración: Curación de mascotas y animales

Queridos universo, ángeles, guías, seres queridos que han fallecido y todos los miembros de mi sociedad de almas, solo los de la vibración más elevada, os pido que estéis conmigo y con [nombre del animal] ahora. Busco guía y asistencia para ayudar y curar a _____ [nombre del animal] de _____ [rellena el espacio en blanco] lo más rápida y fácilmente posible.

Llamo específicamente al arcángel Ariel y al arcángel Rafael para que trabajen juntos a fin de proporcionar energía curativa y guiarme hacia los veterinarios, sanadores, tratamientos y modalidades adecuados que puedan ayudar en esta sanación, y por favor, colaborad también con san Francisco de Asís y santa Dwynwen para que me ayuden.

Ganesha, por favor, elimina todos y cada uno de los obstáculos que se interponen en el camino de la curación total y completa de _____ [nombre del animal], por su bien más elevado y por el bien superior de todos los implicados.

Os pido que por favor me enviéis cualquier señal, sincronicidad, oportunidad, idea y recurso que pueda servirme ahora para asistir a _____ [nombre del animal], y por favor ayudadme a reconocerlos y a actuar en consecuencia cuando lleguen.

Gracias, gracias, gracias. Amén.

RITUALES PARA LA CURACIÓN FÍSICA

Estos rituales combinan cristales, intención y oración para atraer la energía de la curación, así como la guía y la dirección para avanzar hacia las oportunidades e ideas adecuadas que ayuden en el camino de la sanación.

Ritual: Sanación de orientación rápida

Hay momentos en la vida en los que solo necesitas respuestas y orientación rápidas y que los ayudantes supremos intercedan por ti rápidamente. Este ritual te ayudará tanto si te enfrentas a síntomas y no tienes ni idea de por qué o cómo curarlos, como si has probado distintos tratamientos y modalidades y nada parece funcionar, o has recibido un diagnóstico repentino y necesitas apoyo y orientación sobre qué hacer a continuación.

Invoca a san Expedito, conocido por su ayuda rápida tanto para la abundancia como para los problemas de salud, y al ángel de la curación, el arcángel Rafael, y pídeles que trabajen juntos durante este ritual de nueve días.

Si es posible, realiza este ritual en la sección de salud de tu casa, que es el centro, según el *bagua* del *feng shui* (consulta el capítulo dos, página 73). Todos los pasos deben realizarse el día 1 y luego repetir los pasos 4 y 5 durante otros ocho días seguidos.

Elementos necesarios:

- Un manojo de salvia/incienso, madera de palo santo o incienso para quemar, o tu espray favorito para limpiar la energía
- Una vela blanca o una vela eléctrica
- Dos cristales de gema turquesa, uno de los cuales debe ser plano

- Dos cristales de cuarzo transparente, uno de los cuales debe ser una punta de cristal de doble terminación (puntas en ambos extremos) para que la energía fluya en ambas direcciones

Como alternativa al segundo juego de cristales, que llevarás contigo durante nueve días como se explica a continuación, también puedes llevar algún tipo de joya, como una pulsera o un collar, con los cristales.

Paso 1. Limpia la energía

Quema la salvia, el palo santo o el incienso (o utiliza tu espray limpiador) para limpiar la energía de la habitación, así como la energía de los cristales de turquesa y cuarzo transparente. Limpia los cristales pasándolos a través del humo o rociándolos directamente con un espray limpiador.

Paso 2. Programa los cristales

Coloca las manos sobre los cristales y repite esta oración en voz alta o en tu mente:

Invoco la energía del universo para limpiar toda la energía no deseada y la programación anterior de estos cristales. Ahora les ordeno —y los programo para ello— que trabajen con mi energía y aprovechen la energía del universo que me rodea para atraer orientación y dirección sobre adónde ir y qué hacer a continuación para curarme, así como energía curativa para ayudar a mi cuerpo en el proceso de curación, así como para equilibrar y abrir todos mis chakras ahora. Amén.

Paso 3. La preparación

Pon la vela en una mesa dentro de la habitación que represente la zona de salud de tu casa y en un lugar en el que nadie la toque durante los nueve días del ritual. Frente a la vela, coloca un cristal turquesa plano y pon encima la punta de cuarzo transparente de doble terminación para amplificar su energía. Junto a ellos, coloca el otro cristal de turquesa y el otro cuarzo transparente (o ponte la joya, si la estás utilizando como accesorio).

Paso 4. Invoca la ayuda suprema

Enciende la vela y reza la siguiente oración en voz alta o mentalmente:

> Querido universo, invoco a mis ángeles, guías, seres queridos que han fallecido y todos los miembros de mi sociedad de almas, solo a los de la vibración más elevada, para que estén conmigo ahora que necesito una curación rápida y una guía que me ayude en mi camino. [Especifica aquí lo que deseas curar] _____ Pido a san Expedito y al arcángel Rafael que trabajen conmigo en esta hora trayéndome respuestas y resultados en este momento de necesidad.
>
> Pido que me envíen energía curativa y que me guíen hacia las personas, oportunidades, tratamientos, sanadores, médicos, modalidades y recursos adecuados que puedan asistirme ahora. También pido ayuda para reconocer las señales y respuestas que me enviáis. Os estoy muy agradecido de todo corazón por toda vuestra ayuda en este asunto. Estoy abierto a lo inesperado y dejo mi salud y mi curación en vuestras manos ahora, sabiendo que las respuestas y la guía llegarán. Amén.

Paso 5. Lleva los otros cristales

Toma el segundo conjunto de cristales y llévalo contigo, o si has elegido joyas con cristales, llévalas puestas, durante los nueve días de este ritual.

Paso 6. Repítelo durante nueve días

Realiza los pasos 4 y 5 durante nueve días seguidos, y si te saltas un día, empieza de nuevo por el día 1. Si utilizas una vela eléctrica, mantenla encendida todos los días hasta la hora de acostarte.

Ritual: Guía de curación física del Señor Dhanvantari

Adapta este ritual utilizando distintas piedras según el tipo de curación física que necesites. Emplea puntas de cristal de cuarzo transparente como piedras maestras de curación y para amplificar la energía de las demás piedras, dirigiéndola hacia el mundo y tu vida. Aunque este ritual utiliza cuarzo transparente, supersiete, cuarzo sanador dorado y turquesa, puedes sustituir los dos últimos por una combinación de cualquier otro cristal para trabajar con tus dolencias o síntomas específicos. Por ejemplo, si buscas superar una adicción, usa una combinación de amatista y septaria; para el dolor crónico, piedra de sangre y apofilita verde.

Los cristales se colocan en una rejilla para formar un merkaba (ver la ilustración 4). El merkaba se asocia con la ascensión, pero también eleva la vibración del cuerpo para acceder a la energía positiva del universo. Se lo ha llamado vehículo de la luz Divina, y estimula el flujo de energía por todo el cuerpo, al tiempo que equilibra los dos hemisferios cerebrales. El término hebreo *merkaba* procede de tres palabras: *mer*, que significa 'luz'; *ka*, que significa 'espíritu' y *ba,* que significa 'cuerpo'. Puedes programarlo con una intención del mismo modo que se programan los cristales. Puedes comprar una rejilla de cristal en forma de merkaba, imprimir una imagen o dibujarla en un papel para este ritual. Al igual que el ritual anterior, realízalo en la sección de salud de tu casa, según el *bagua* del *feng shui* (ver el capítulo dos, página 73), si es posible. Todos los pasos deben realizarse el día 1, y repite el paso 4 durante otros ocho días seguidos.

Elementos necesarios:

* Un manojo de salvia/incienso, madera de palo santo o incienso para quemar, o tu espray favorito para limpiar la energía
* Un merkaba (dibujado, impreso o comprado)
* Un cristal supersiete, en forma de esfera pequeña o tallado
* Tres pequeños cristales turquesa tallados
* Seis pequeños cristales de cuarzo sanador dorado tallados
* Seis pequeñas puntas de cristal de cuarzo transparente, con puntas en un extremo

Paso 1. Limpia la energía

Quema la salvia, el palo santo o el incienso (o utiliza tu espray limpiador) para purificar la energía de la habitación, así como la energía de todos los cristales y el merkaba. Simplemente pasa todos los objetos por el humo o rocíalos directamente con un espray limpiador.

Paso 2. Programa los cristales

Coloca las manos sobre los cristales y repite esta oración en voz alta o en tu mente:

Invoco la energía del universo para purificar toda la energía no deseada y la programación anterior de estos cristales y merkaba. Ahora les ordeno —y los programo para ello— para que trabajen con mi energía y aprovechen la energía del universo que me rodea para atraer orientación y dirección sobre adónde ir y qué hacer a continuación para sanar, junto con la atracción de energía curativa para ayudar a mi cuerpo físico y equilibrar y abrir todos mis chakras. Ordeno específicamente —y los programo para ello— a los cristales de cuarzo transparente para que amplifiquen la energía de las demás piedras aquí presentes y mi intención.

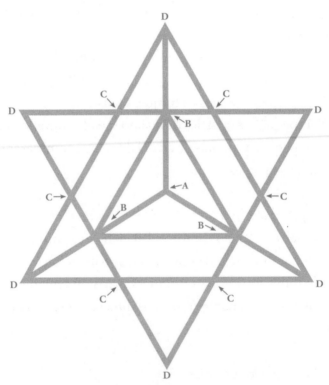

A. Supersiete, B. Turquesa, C. Sanador dorado,
D. Punta de cuarzo transparente

Ilustración 4. Merkaba.

Paso 3. La configuración

Coloca la rejilla merkaba sobre una mesa dentro de la habitación que represente la zona de salud de tu casa y en un área que no vaya a ser perturbada durante los nueve días del ritual. En el centro de la rejilla merkaba (A en la figura 4) coloca el cristal supersiete. En los tres puntos triangulares que salen directamente del centro (B), sitúa los cristales de turquesa tallados. Moviéndote de nuevo hacia fuera, en los seis puntos siguientes (C), coloca el cuarzo sanador dorado tallado. Por último, en las seis puntas exteriores, coloca los cristales de cuarzo transparente (D) con las puntas hacia fuera.

Paso 4. Invoca la ayuda suprema

Sentado frente a la rejilla de cristal, invoca al Señor Dhanvantari, conocido como el médico divino y dios hindú de la medicina, para que te ayude a descubrir las señales, sincronicidades, orientación y respuestas que necesitas en tu camino hacia la curación física. Primero, reza la breve oración que aparece a continuación, y luego canta el mantra de Dhanvantari ciento ocho veces. Este es uno de los mantras para la curación que invoca la ayuda del Señor Dhanvantari. Es una buena idea utilizar una ristra de ciento ocho cuentas *mala* para seguir tus mantras. El número ciento ocho tiene un profundo significado en diversas filosofías y religiones, y en la tradición hindú, ciento ocho es el número de la creación y representa el universo.

La oración:

Señor Dhanvantari, te invoco ahora como médico divino y dios de la medicina para que me ayudes en mi camino de curación al tiempo que te pido dirección y guía en la curación de _____[rellena el espacio en blanco]. Por favor, envíame energía curativa, así como las señales, sincronicidades e ideas que me guíen hacia los médicos, sanadores y modalidades ideales que puedan ayudarme en este camino ahora, para que me cure plena y completamente. Gracias, gracias, gracias. Amén.

El mantra sánscrito hindú *Om Shree Dhanvantre Namaha*[*] se traduce como 'Oh Señor Shri Dhanvantari, me inclino humildemente ante ti con mis oraciones'. Utiliza este mantra para conservar la salud, así como para eliminar cualquier forma de trastorno mental o físico.

Paso 5. Repite

Realiza el paso 4 durante nueve días seguidos, y si te saltas un día, vuelve a empezar desde el día 1.

GRATITUD FOCALIZADA EN ALINEAR TU ENERGÍA PARA LA CURACIÓN

Cuando estás físicamente enfermo, sobre todo si hay dolor u otros síntomas molestos, a menudo es difícil centrarse en algo más. A quienes han padecido una afección o enfermedad durante mucho tiempo a menudo les resulta prácticamente imposible imaginarse a sí mismos sanos y curados. Pero en esta situación, es más importante que nunca que te centres en pensamientos que te hagan sentir mejor, porque cambian tu estado de ánimo y tu vibración, y permiten a tu cuerpo liberarse del estrés y salir del sistema nervioso simpático de lucha o huida para pasar al sistema nervioso parasimpático, que es cuando entran en acción los mecanismos autocurativos del organismo.

---

[*] N. del T.: Se pronuncia *oum shrii danvantrí namajá*.

Ejercicio: Agradecimiento por la salud y la curación

Te recomiendo que añadas este ejercicio a tu rutina diaria dos veces al día para cambiar tu energía y tu enfoque y enviar señales al universo de que estás preparado para crear un estado físico diferente.

Paso 1. Pon una alarma

Programa una alarma en tu teléfono móvil o reloj para que suene dos veces al día, o acostúmbrate a hacerlo con tu rutina matutina y vespertina. Vas a utilizar estos momentos para fijarte en lo que va bien, concretamente en lo relacionado con tu salud y tu bienestar general. Si te cuesta encontrar algo, piensa en el pasado y agradece algún momento en el que te sintieras bien; recuérdalo con el mayor detalle posible.

Paso 2. Enumera tres cosas

Cada vez que suene la alarma, piensa en tres cosas por las que estés agradecido en relación con tu salud y tu bienestar, sonríe y siente la gratitud. Aquí tienes algunos ejemplos:

- Estoy muy agradecido de que mi médico dedique tiempo a responder a mis preguntas.
- Doy gracias por haberme levantado hoy sintiéndome menos cansado.
- Agradezco tener buena vista y no necesitar gafas.
- Estoy muy agradecido de que mi cuerpo me pida descanso, y le hago caso.
- Estoy muy agradecido por no haber tenido _____ [rellena el espacio en blanco con el síntoma] hoy.

Paso 3. Termina con una afirmación

Después de nombrar tres cosas, cierra los ojos, inspira y espira profundamente, esbozando una sonrisa, y di: «¡Estoy muy agradecido de que el universo se asocie conmigo para crear salud y bienestar en mi vida en este momento! Ahora puedo avanzar hacia la salud con facilidad». Repítelo tres veces.

Ejercicio: Agradecimiento por la visualización curativa

Tu mente es un recurso muy poderoso y tiene una conexión directa con el universo y su energía creativa, que todo lo ama y todo lo sabe. En este ejercicio vas a aprovechar esa energía para visualizarte totalmente curado, sintiendo al mismo tiempo una inmensa gratitud por ello.

Esto no solo mejora tu estado de ánimo y la vibración en torno a tu salud; la neurociencia ha demostrado que el cerebro no distingue lo que es real de lo que es imaginado. En su exitoso libro *Cambia tu mente, sana tu cuerpo*, el doctor David Hamilton[1] explica este resultado y cómo la visualización crea cambios físicos en el cerebro. Cita estudios sobre atletas y otras personas que se recuperaron de un ictus y que visualizaron, o imaginaron, que sus músculos se movían, y cómo esto por sí solo contribuyó a «mejorías significativas en sus músculos».[2] Este ejercicio utiliza esa conexión mente-cuerpo para ayudarte con tu estado de ánimo y tu curación general. Debe hacerse una o dos veces al día durante tres o cinco minutos cada vez.

Paso 1. Relájate y sonríe

Una o dos veces al día, ponte en una posición cómoda, en una silla o tumbado, relájate y sonríe.

Paso 2. Imagínate curado

Imagínate agitando una varita mágica en el aire (sí, como el hada madrina de Cenicienta) y visualízate entrando en una escena en la que estás completamente curado y feliz. ¿Qué eres capaz de hacer en este escenario que no podías hacer antes? Imagínate haciéndolo y siente la enorme gratitud de ser feliz y estar curado y poder hacer lo que desees. Por ejemplo, si tienes alergias alimentarias, imagínate comiendo los alimentos que ahora no puedes, digiriéndolos con facilidad y sin ninguna reacción negativa. Si tienes dolor crónico, visualízate haciendo ejercicio o corriendo por la playa y sintiendo una dicha y una felicidad absolutas, sin dolor alguno.

La primera vez que lo hagas, intenta imaginar al menos tres situaciones distintas en las que te veas curado y haciendo lo que ahora no puedes hacer. O bien vuelve a un momento del pasado en el que podías hacer esas cosas e imagínatelo con todo detalle. Luego, cuando vuelvas a hacer este ejercicio, puedes repasar fácilmente las distintas escenas en tu mente o centrarte en la que te parezca mejor entre tres y cinco minutos. Es importante que la imagines y sientas esa gratitud por haberlo conseguido.

Si por alguna razón tu mente divaga hacia una visión negativa mientras haces este ejercicio, simplemente inspira y espira profundamente, dite a ti mismo: «Suelta, suelta, suelta», y vuelve a la visualización que te hace sentir bien.

Paso 3. Afirma tu salud

Al final de la visualización, repite esta afirmación tres veces: «Estoy generando salud, bienestar y equilibrio completos en mi mente y mi cuerpo, de la cabeza a los pies, ahora mismo. Y así es».

En el capítulo siguiente, pasamos a las herramientas de ayuda para la curación emocional, que también puedes combinar con las de este capítulo cuando trabajes en ambas áreas.

Capítulo 7

CURACIÓN EMOCIONAL

SI NO TE SIENTES CONTENTO, TRANQUILO O FELIZ del todo, ya sea porque llevas toda una vida sufriendo de ansiedad o depresión, o por el dolor profundo de la pérdida de un ser querido o el final de una relación, no creas que tu caso es único. En 2022, el veinte por ciento de los adultos de Estados Unidos –casi cincuenta millones de personas– padecieron enfermedades mentales, según Mental Health America.[1] Las enfermedades mentales son trastornos que afectan al comportamiento, al estado de ánimo o al pensamiento, y se deben a factores biológicos, a experiencias vitales traumáticas o a la herencia genética, según la Substance Abuse and Mental Health Services Administration ('administración de servicios de salud mental y abuso de sustancias'), que forma parte del Health and Human Services Department ('departamento de salud y servicios humanos') estadounidense.[2] Tanto la depresión como la ansiedad entran dentro de esta categoría, y afectan a individuos de todo el mundo, incluidos niños y adolescentes.

Este capítulo se centra en las herramientas espirituales para pedir ayuda al universo a fin de sanar y equilibrarte emocionalmente, sea cual sea el problema al que te enfrentes ahora, de modo que empieces a sentir cada vez más alegría, felicidad, paz y amor.

AYUDANTES SUPREMOS PARA LA CURACIÓN EMOCIONAL

A continuación, encontrarás una lista de ayudantes supremos que te asistirán a la hora de superar diversas aflicciones emocionales, como el desamor, el dolor por la pérdida de un ser querido, la adicción, la ansiedad y la depresión.

Arcángel Azrael

El arcángel Azrael, conocido como el ángel de la muerte, asiste a tus seres queridos a la hora de cruzar al más allá. Asimismo, ayuda a aliviar la aflicción y la ansiedad producidos por una pérdida, transformando estas emociones en serenidad y paz interior.

Arcángel Chamuel

El arcángel Chamuel no solo ayuda a sanar los vínculos rotos o los malentendidos en las relaciones, sino que también proporciona una sensación de paz a quienes sufren ansiedad.

Arcángel Haniel

El arcángel Haniel, conocido como el ángel de la alegría y la comunicación divina, ayuda a permanecer centrado, independientemente de lo que ocurra a tu alrededor, conectándote con la energía de la vitalidad y la pasión. También utiliza su esfera azul de luz sanadora para atravesar cualquier energía y emoción pesadas, y limpiar y transmutar estas vibraciones de baja energía y preocupación en amor.

Arcángel Jeremiel

Se lo ha llamado el ángel del cambio, el ángel del perdón, el ángel de la esperanza y el ángel de las visiones divinas. El arcángel Jeremiel ayuda en la transición del alma al Otro Lado, y se lo invoca para que nos ayude a descubrir las pautas de la vida que nos llevaron a nuestro estado emocional actual, para adquirir perspectiva y comprensión, y también para que veamos las bendiciones de las experiencias pasadas. Además, nos ayuda a perdonar y comprender, tanto a nosotros mismos como a los demás.

Arcángel Jofiel

El arcángel Jofiel, conocido como el ángel de la belleza, equilibra las emociones negativas y positivas y transforma rápidamente tu mentalidad negativa en positiva —ayudándote a tener pensamientos más constructivos a lo largo del día— y también a encontrar la belleza y la alegría a tu alrededor, incluso en medio de las dificultades.

Arcángel Metatrón

El arcángel Metatrón, a menudo asociado con la conexión espiritual y la ascensión, limpia y purifica tu energía para liberar lo que ya no te sirve ni a ti ni a tu bien más elevado, y además, equilibra el aura.

Arcángel Zadkiel

El arcángel Zadkiel, como ángel de la misericordia, te ayuda a perdonarte a ti mismo y a los demás y a liberarte del dolor emocional. Como regente del rayo violeta, utiliza la llama del mismo color para transmutar cualquier emoción negativa hacia ti o hacia los demás en amor puro, luz y positividad.

Arcangelina Caridad

La labor de la arcangelina Caridad, como llama gemela del arcángel Chamuel, se centra en el amor, tanto hacia los demás como hacia uno mismo. Como encarna el amor divino, te ayuda a sanar el chakra del corazón y a cultivar el amor propio.

Buda

Siddhartha Gautama, conocido en el mundo como Buda, es invocado por quienes buscan encontrar y mantener el equilibrio emocional y la paz en medio del caos y las dificultades. Conocido como el despierto o iluminado, enseñó cómo alcanzar este estado de paz interior y ayuda a superar los apegos enfermizos a personas o cosas que ya no te ayudan.

Diosa Aurora

Esta diosa romana, cuyo nombre significa 'amanecer' o 'alba', te conduce a días mejores y más luminosos y también te ayuda a ver las cosas con más claridad. Simboliza los nuevos comienzos y te anima a probar algo nuevo y empezar de cero, ya se trate de un trabajo, una relación o un lugar donde vivir.

Diosa Frigg

Esta diosa germánica del matrimonio, la maternidad y la fertilidad es invocada por quienes desean quedarse embarazadas, pero también por las madres que lloran la muerte de un hijo, ya que se dice que perdió a su propio hijo.

Diosa Kali

La diosa Kali es una diosa hindú a la que puedes invocar cuando estás bloqueado por el miedo y el apego y temes salir de una zona de comodidad o adentrarte en lo desconocido. Es conocida por convertir la oscuridad en luz y ayuda a las personas que luchan por liberarse de adicciones u otros hábitos poco saludables. También se la conoce como diosa de los finales y los nuevos comienzos, y proporciona fuerza para afrontar las situaciones conflictivas que no podemos evitar.

Diosa Ma'at

Diosa egipcia de la verdad, el equilibrio y la justicia, se puede recurrir a ella para encontrar la armonía, el equilibrio y el orden cuando la vida es caótica y desordenada.

Ganesha

El dios hindú Ganesha es el eliminador de obstáculos. Invócalo para que te libre de cualquier obstáculo que se interponga en tu camino hacia el equilibrio emocional y la curación.

Jesús

Dado que Jesús fue un maestro sanador durante su vida física, puedes invocarlo tanto para la curación física como para la emocional, ya sea para liberarte de la pena como del dolor, la ansiedad, la depresión, la ira, la preocupación o el miedo.

Louise Hay

Louise Hay, autora de numerosos *bestsellers* sobre sanación y amor propio, enseñó el poder de las afirmaciones, el trabajo con espejos, la autoestima y otros temas. Pídele ayuda y orientación para cambiar emocionalmente y abrirte más al amor propio y a la sanación, así como orientación sobre los recursos y las personas que pueden ayudarte.

Maestro Saint Germain

Saint Germain, guardián de la llama violeta, una extensión de la energía del corazón de Dios, ayuda a transformar la energía negativa en amor y luz, y permite superar cualquier obstáculo que esté creando discordia emocional en la vida de una persona.

Padre Pío

Aunque este santo italiano puede ayudar en todos los aspectos de la curación, el Padre Pío es también el patrón del alivio del estrés. Invócalo para aliviar la ansiedad, el miedo, las preocupaciones y el estrés.

Quan Yin

Quan Yin, una *bodhisattva*, término que significa 'despierta' o 'iluminada' en la cultura budista[*] —también conocida como Kwan Yin o Guanyin en Asia oriental—, es una maestra del amor incondicional, la compasión y la misericordia que te consuela cuando lo necesitas y te ayuda a perdonar y a liberarte de las cargas emocionales.

Sagrada Amatista

Como llama gemela del arcángel Zadkiel, la Sagrada Amatista es uno de los arcángeles del séptimo rayo y la llama violeta, que utiliza para transmutar energías negativas o situaciones que ya no te sirven. Te ayuda a liberar el dolor y la negatividad y apoya a quienes se esfuerzan por liberarse de las adicciones.

San Juan Bautista

Se puede recurrir a san Juan Bautista, conocido como santo en la Iglesia católica y como maestro ascendido, para que te ayude a alcanzar el equilibrio emocional y mental. Este santo puede alinear tu mente con la mente divina y ayudarte a encontrar el equilibrio en todos los niveles: físico, emocional y mental.

---

[*] N. del T.: En el budismo *mahayana*, el término sanscrito *bodhisattva* también hace referencia a cualquier ser humano que experimente, desde una profunda compasión, un anhelo espontáneo de buscar la iluminación en beneficio de todos los seres sintientes.

San Juan de Dios

Nacido en Portugal en 1495, san Juan de Dios es el patrón de las personas con enfermedades mentales y físicas, y ayuda a quienes padecen cualquier aflicción mental, como la ansiedad y la depresión.

San Judas

San Judas, patrón de los casos desesperados o de las situaciones imposibles, ayuda con cualquier situación de la vida, especialmente cuando te sientes desesperado e impotente a nivel emocional. Intercede en tu favor ante los ayudantes superiores para avanzar hacia la esperanza, la paz y la curación.

San Maximiliano Kolbe

San Maximiliano Kolbe, patrón católico de las adicciones, fue conocido por trabajar durante toda su vida con adictos. Pídele consejo, guía y curación cuando sufras algún tipo de adicción o comportamiento adictivo.

Santa Dwynwen

Esta santa galesa es la patrona de los enamorados, el equivalente al san Valentín de la Iglesia católica romana. Invoca a santa Dwynwen para que te ayude a encontrar el amor verdadero, a mejorar una relación sentimental o cuando sufras un desengaño amoroso y necesites recuperarte.

Santa Dymphna

Santa irlandesa que padeció aflicciones nerviosas y mentales durante su vida, es la patrona de la depresión y otros trastornos mentales, como la ansiedad. Invócala para que te ayude con todas las aflicciones mentales y los problemas de desequilibrio emocional.

Virgen María

Conocida en el cristianismo como la madre de Jesús, la Virgen María aporta una energía protectora, amorosa, tolerante y compasiva a todos los que la necesitan. También ayuda a quienes sufren la pérdida de un hijo.

Vishnu

El dios hindú Vishnu te ayuda cuando necesitas energía serena y paciencia ante el miedo y las preocupaciones. Interviene para impedir que el miedo te domine y perturbe tu paz.

CRISTALES PARA LA SANACIÓN EMOCIONAL

Estos cristales se utilizan cuando buscas atraer la curación y el equilibrio emocional para una serie de asuntos, como eliminar bloqueos emocionales, sanar un corazón afligido o superar la ansiedad, la depresión y el estrés.

Aguamarina

Esta piedra de color azul claro ayuda en momentos de duelo y elimina los apegos a la presencia física de otra persona. La aguamarina también equilibra las emociones y cura los traumas emocionales. Al alinearse con los chakras del corazón y de la garganta, es útil durante las conversaciones emocionales, ya que te permite expresar la verdad con amor y compasión.

Angelita

La angelita, calmante para el cuerpo emocional, mental y etérico, alivia las emociones abrumadoras, aporta vibraciones tranquilizadoras y te conecta con el reino angélico y sus mensajes.

Aventurina verde

La energía calmante de la aventurina verde, una piedra del chakra del corazón, es ideal para quienes sufren angustia, pues ayuda a cicatrizar y superar viejas heridas emocionales. También equilibra el cuerpo emocional para crear armonía interior.

Celestita

La celestita, piedra tranquilizadora y favorecedora del equilibrio, proporciona claridad y paz a cualquier entorno en el que se coloque, te conecta con el reino angélico y alivia el miedo y la preocupación.

Cianita azul

La cianita azul, una piedra del chakra de la garganta, ayuda a superar el miedo a ser sincero y a expresarse.

Crisoprasa

La crisoprasa aplaca la energía de tus miedos, fobias y pesadillas, y trabaja con tu mente subconsciente para descubrir el origen de los miedos irracionales y restablecer la paz y el equilibrio.

Cuarzo hematoide

El cuarzo hematoide, con propiedades tanto del cuarzo como de la hematita, es ideal para quienes sufren de baja autoestima. Favorece el equilibrio emocional, el optimismo y el valor, y te ayuda a sentirte enraizado, equilibrado y centrado. También sintoniza todo el sistema de chakras, desde la coronilla hasta la raíz.

Cuarzo ahumado

Como piedra enraizadora y relajante, el cuarzo ahumado aumenta la capacidad de gestionar el estrés y calma el sistema nervioso.

Asimismo, es útil para quienes sufren temor, ansiedad y depresión, y ayuda a disipar las pesadillas.

Cuarzo de litio

Es un cristal de cuarzo transparente con pequeñas inclusiones de litio, que favorece la paz emocional, el alivio del estrés y la relajación. Se dice que equilibra el cerebro y las emociones, por lo que ayuda a quienes sufren ansiedad, ataques de pánico y depresión, ya que calma el sistema nervioso y alivia la preocupación y el miedo.

Cuarzo mandarina

El cuarzo mandarina, una piedra que estimula la felicidad, la alegría y la pasión, inspira entusiasmo y te proporciona energía, además de mejorar tu salud física, emocional, mental y espiritual creando armonía y equilibrio.

Cuarzo rosa

Esta piedra del chakra del corazón sana el corazón del dolor, la decepción y el trauma, y libera los bloqueos emocionales. Como piedra del amor universal, el cuarzo rosa también fomenta el amor propio y el equilibrio, y armoniza el cuerpo, la mente y el espíritu.

Cuarzo sanador dorado

Esta piedra maestra de la sanación limpia y restaura el cuerpo etérico, también llamado aura o campo energético, que rodea al cuerpo físico, y elimina los bloqueos físicos y emocionales. Como piedra del chakra corona, el cuarzo sanador dorado también promueve la paz y calma la mente.

Cuarzo transparente

El cuarzo transparente es una piedra maestra sanadora que es universal y amplifica cualquier intención con la que se programe, además de potenciar la energía de cualquier piedra sobre la que se coloque o que se encuentre cerca.

Danburita

Esta piedra del chakra del corazón alivia el dolor emocional y aumenta la aceptación de ti mismo y de los demás. Cuando la llevas contigo, la danburita alivia el estrés y suaviza las situaciones problemáticas.

Dioptasa

La dioptasa, piedra curativa del corazón, ayuda a dejar atrás el pasado y a abrirse a la compasión y el perdón. A menudo se la llama piedra del perdón, pues ayuda a dejar atrás los errores y la ira del pasado.

Fluorita arcoíris

Esta piedra te libera del exceso de pensamiento, el hiperanálisis y la sobrecarga mental y, asimismo, aporta claridad a la mente, estabiliza las emociones y equilibra el cerebro y el cuerpo energético.

Hematita

La hematita, a menudo denominada piedra de la mente, alivia la ansiedad y el estrés. Como piedra del chakra raíz, promueve una sensación de enraizamiento, seguridad y protección, y ayuda a la concentración y el enfoque.

Howlita

¿Tienes problemas de ansiedad, estrés y preocupación? La howlita es la gema que alivia todas estas emociones, incluidas la ira y el pánico. Es una piedra calmante y resulta útil para quienes padecen insomnio por tener una mente hiperactiva.

Kunzita

Esta piedra del chakra del corazón, eficaz para eliminar los bloqueos emocionales, aporta la energía del amor incondicional, la autocompasión y el equilibrio emocional. La kunzita también es una piedra calmante que reduce el estrés y la ansiedad, y ayuda a liberar la negatividad y los traumas emocionales.

Lágrima apache

La lágrima apache, un fuerte sanador emocional, es una piedra de obsidiana que reconforta en momentos de pena y sufrimiento y absorbe el dolor para una profunda curación emocional.

Larimar

Esta piedra calmante, que estimula los chakras del corazón, la garganta, el tercer ojo y la coronilla, se asemeja al mar con sus suaves tonos azules y elimina la energía de la ansiedad para fomentar la paz, la claridad y la quietud.

Lepidolita

Al contener el mineral litio, la lepidolita ejerce un efecto calmante sobre la mente y el cuerpo, y es útil para quienes sufren ansiedad y depresión. Relaja el sistema nervioso estresado y crispado, la mente sobrecargada y la tensión corporal.

Malaquita

Esta piedra desbloquea viejos traumas y heridas o patrones energéticos almacenados en la mente y el cuerpo, y además ayuda a sanar el corazón en momentos de angustia y pérdida.

Mineral de pavo real

El mineral de pavo real, piedra de la felicidad y la alegría, te impulsa a avanzar en una dirección positiva, ya que irradia la energía del optimismo y te ayuda a encontrar la alegría en cada momento.

Obsidiana copo de nieve

Conocida como piedra de la pureza, la obsidiana copo de nieve equilibra el cuerpo, la mente y el espíritu, y te ayuda a mantenerte centrado y estable independientemente de lo que ocurra a tu alrededor. Es una piedra de enraizamiento con una energía calmante y tranquilizadora.

Ópalo rosa

Conectado al chakra del corazón, el ópalo rosa sana las emociones y abre el corazón al amor. También cultiva la compasión hacia uno mismo y hacia los demás y, debido a que emana vibraciones de paz y tranquilidad, ayuda a restablecer el equilibrio tras el dolor y la pérdida. Asimismo, es útil para disipar el estrés, la preocupación y la ansiedad.

Piedra lunar

La piedra lunar se utiliza para calmar y equilibrar las emociones y el estrés, y para tranquilizar el sistema nervioso cuando este se reactiva emocionalmente.

Rodocrosita

La rodocrosita, un cristal que nos ayuda a perdonarnos a nosotros mismos, nos sirve para liberarnos del autojuicio, la autocrítica, la culpa y la vergüenza, y contribuye al equilibrio emocional general. Abre el corazón, alivia la depresión, cultiva una perspectiva positiva y es útil para quienes se recuperan de malos tratos o de desengaños amorosos.

Selenita

La selenita es una piedra calmante que crea una sensación de paz en tu interior, limpia la energía y las emociones de tu aura y te ayuda durante la meditación.

Sugilita

Esta poderosa piedra fortalece y calma el sistema nervioso, además de liberar la preocupación y el estrés.

Turmalina rosa

La turmalina rosa, una piedra del chakra del corazón con propiedades de amor y compasión, es útil cuando se intenta curar heridas emocionales, incluidas las de la infancia, y puede liberar el dolor emocional. También estimula los sentimientos de amor, alegría, felicidad y paz.

ORACIONES PARA LA CURACIÓN EMOCIONAL

Para cuando necesites sanación emocional y orientación que te permitan avanzar hacia la alegría, la felicidad y la paz en este ámbito de la vida, he incluido seis oraciones que pueden utilizarse en diversos asuntos, como superar el desamor, desprenderse del equipaje emocional y sanar la ansiedad y la depresión.

Oración: Superar el desamor

Querido universo, invoco a mis ángeles, guías, seres queridos que han fallecido y todos los miembros de mi sociedad de almas, solo a los de la vibración más elevada, para que estén conmigo ahora que intento sanar mi corazón de _____ [rellena el espacio en blanco].

Pido ayuda para liberarme del dolor y la tristeza que llevo conmigo, y para sustituirlos por la satisfacción y la capacidad de volver a sentir alegría y felicidad con facilidad.

Invoco a la arcangelina Caridad y a santa Dwynwen, y les pido que me envuelvan en la energía del amor divino y me ayuden a sanar mi corazón durante estos momentos difíciles. Diosa Aurora, te pido ayuda para poder ver mi situación actual con mayor claridad y que me asistas con un nuevo comienzo lleno de más alegría en mi vida.

Arcángel Haniel, te pido que utilices tu orbe de luz azul curativa para sumergirte en cualquier emoción pesada o negativa que esté cargando ahora en mi interior y transfórmala en amor y paz, y maestro Saint Germain, te ruego que emplees la llama violeta para transformar mi angustia, dolor y pena en amor y luz.

También invoco al arcángel Jeremiel y al arcángel Zadkiel para que me ayuden a encontrar el perdón para _____ [nombra a la persona o situación causante de la angustia], que desencadenó esta angustia y dolor, y de esta manera poder liberarme de esta aflicción. Arcángel Jofiel, ayúdame a transformar mi mentalidad para que pase de ser negativa a positiva en todos los ámbitos de mi vida y a tener pensamientos más positivos a lo largo del día de hoy.

Por último, invoco a Ganesha para que elimine cualquier obstáculo, conocido o desconocido, que se interponga en mi camino hacia la curación emocional y la liberación de este dolor, pena y aflicción. Os pido a todos que me enviéis señales y sincronicidades para mostrarme que estáis junto a mí, de modo que sepa que no estoy solo en esta pena, y que las mandéis también para enseñarme el camino de salida y hacia la curación. Estoy abierto y preparado para recibirlas ahora y os pido que me ayudéis a reconocerlas cuando lleguen y a actuar en consecuencia cuando sea necesario.

Gracias por vuestro apoyo, guía y amor durante este momento difícil de mi vida. Amén.

Oración: Sanación por la pérdida de un ser querido

Querido universo, invoco a mis ángeles, guías, seres queridos que han fallecido y todos los miembros de mi sociedad de almas, solo a los de la vibración más elevada, para que estén conmigo ahora.

Busco ayuda, apoyo y guía para sanar mi corazón de la devastadora pérdida de _____ [rellena el espacio en blanco]. Aunque sé y creo que _____ [rellena el espacio en blanco] sigue conmigo, echo mucho de menos su presencia física.

Arcángel Azrael y arcangelina Caridad, os ruego que me ayudéis a sanar mi corazón afligido por esta pérdida para que pueda encontrar una sensación de paz y calma durante esta época difícil y descubrir cómo seguir adelante en medio de esta pérdida.

También invoco al arcángel Haniel para que utilice su orbe de luz azul curativa y limpie cualquier emoción pesada que lleve conmigo ahora, transformándola en amor y paz, y a Saint Germain, le ruego que emplee la llama violeta para transformar mi pena en paz y amor.

[Si se trata de la pérdida de un hijo]. Invoco a la diosa Frigg y a la Virgen María para que me ayuden a llorar la pérdida de mi hijo, ya que nunca antes había sentido un dolor así y necesito su apoyo y ayuda para superarlo ahora.

Diosa Aurora, te pido que me guíes hacia días más ilusionantes para que pueda curarme y seguir adelante con mi vida, y Ganesha, te ruego que elimines cualquier obstáculo que se interponga en mi camino para hacerlo con facilidad, gracia, apoyo y amor.

Os pido a todos mis ayudantes superiores que me enviéis las señales, sincronicidades, recursos, oportunidades y personas que puedan ayudarme a hacer esto ahora, y por favor ayudadme a reconocerlos y a actuar en consecuencia cuando lleguen. Muchas gracias por vuestro apoyo, guía y amor durante este momento difícil de mi vida. Amén.

Oración: Sanar la ansiedad y el miedo

Querido universo, invoco a mis ángeles, guías, seres queridos que han fallecido y todos los miembros de mi sociedad de almas, solo a los de la vibración más elevada, para que estén conmigo ahora, mientras invoco su guía y ayuda para liberar y sanar la ansiedad y el miedo que arrastro ahora.

Pido específicamente a Buda que me apoye con el equilibrio emocional y la paz, sin importar lo que ocurra a mi alrededor, y que me ayude a encontrar formas de cultivar esa paz interior. Padre Pío, por favor, ayúdame a liberarme del estrés, la ansiedad, el miedo y la preocupación, y colabora con santa Dymphna y san Juan de Dios para que me envíen las modalidades de curación, recursos, sanadores y demás elementos adecuados para que pueda conseguirlo. Os ruego que me ayudéis a reconocer la orientación cuando llegue.

Arcángel Haniel, te pido que me ayudes a mantenerme centrado y equilibrado pase lo que pase en mi vida, y utiliza tu orbe de luz azul sanadora para transformar en una vibración más elevada de amor y paz cualquier emoción pesada o negativa que haya en mí ahora. Te ruego que trabajes también con Saint Germain y la llama violeta para limpiar esta ansiedad y cualquier emoción o energía que la desencadene ahora.

Vishnu, te pido que me ayudes a liberarme de las preocupaciones y a abrir paso a una sensación de paz y calma, y arcángel Jofiel, por favor, transforma mi mentalidad negativa en positiva en todas las áreas de mi vida, especialmente en los pensamientos que contribuyen a la ansiedad y al miedo, y ayúdame a mantener pensamientos más positivos a lo largo del día.

Por último, invoco a san Judas para que interceda en mi favor ante otros ayudantes supremos, a fin de que pueda encontrar la liberación total de la ansiedad y el miedo que me acosan ahora, y a Ganesha, para que elimine todos y cada uno de los obstáculos que bloquean mi camino hacia la paz.

Estoy abierto a todas las señales y sincronicidades que enviéis para guiarme ahora hacia una situación mejor, con más facilidad, paz y alegría. Gracias de antemano por toda vuestra ayuda en este asunto urgente. Amén.

Oración: Sanar la depresión y la tristeza

Querido universo, invoco a mis ángeles, guías, seres queridos que han fallecido y todos los miembros de mi sociedad de almas, solo a los de la vibración más elevada, para que estén conmigo ahora, mientras lucho por levantar esta nube de depresión y tristeza de mi corazón, mente y alma.

Pido específicamente la ayuda de santa Dymphna, patrona de la depresión y las enfermedades mentales, y de san Juan de Dios, patrón de los enfermos mentales y físicos, junto con san Judas, para que me ayuden y me guíen ahora mientras busco alivio del estado emocional y sin esperanza en el que me encuentro actualmente.

Arcangelina Caridad, te ruego que me envuelvas en tu energía de amor divino para que pueda sanar mi corazón durante este tiempo difícil, y arcángel Jofiel, ayúdame a transformar mi mentalidad negativa en positiva en todas las áreas de mi vida para que pueda percibir el bien y la alegría que me rodean, y tenga pensamientos más positivos a lo largo del día.

También pido al arcángel Haniel que utilice su orbe de luz azul curativa para transmutar cualquier emoción pesada o negativa que lleve conmigo ahora en las vibraciones positivas del amor y la paz, y a Saint Germain, le ruego que utilice la llama violeta para hacer lo mismo.

Además, invoco a la diosa Aurora para que me ayude a ver las cosas de mi vida con más claridad y autenticidad, y facilite un nuevo comienzo en el que pueda advertir, encontrar y sentir la alegría en mi vida con más facilidad. Por último, Ganesha, te pido que elimines todos y cada uno de los obstáculos que hay ahora mismo en mi camino y que me impiden sentir más alegría o encontrar las respuestas que busco para ello.

Pido a todos mis ayudantes supremos que me envíen las señales y sincronicidades que me guíen hacia los sanadores, recursos, modalidades, oportunidades y personas adecuados que puedan servirme y que me ayuden también a reconocerlos y a actuar en consecuencia cuando lleguen.

Gracias de antemano por toda vuestra ayuda y guía en el pasado y por lo que sé que vendrá en el futuro. Amén.

Oración: Superar los comportamientos adictivos

Querido universo, invoco a mis ángeles, guías, seres queridos que han fallecido y todos los miembros de mi sociedad de almas, solo a los de la vibración más elevada, para que estén conmigo ahora, y pido ayuda para liberarme de mi adicción a _____ [rellena el espacio en blanco]. Invoco específicamente a la diosa Kali, a la Sagrada Amatista, a san Maximiliano Kolbe y a Buda para que me ayuden a liberarme de esta lucha y a sustituirla por formas más sanas de afrontar mi vida, la incertidumbre y el estrés, y para que me permitan conectar ahora con la paz interior y la plenitud. Invoco también a la diosa Aurora para que me ayude a ver con más claridad y autenticidad, contribuyendo a mi recuperación y a un nuevo comienzo. Que me permita descubrir y sentir más alegría en mi vida, ayudándome a superar esta adicción. También te pido, Ganesha, que elimines todos los obstáculos que están en mi camino para liberarme de esta adicción y avanzar en mi vida sin ella.

Por favor, enviadme todas las señales, sincronicidades, recursos, oportunidades y personas que puedan asistirme con esto ahora y ayudadme a reconocerlos cuando lleguen. También te pido la fuerza que necesito para actuar en consecuencia cuando lleguen para que pueda soltar y sanar.

Gracias, gracias, gracias. Amén.

Oración: Amor propio y aceptación

Querido universo, invoco a mis ángeles, guías, seres queridos que han fallecido y todos los miembros de mi sociedad de almas, solo a los de la vibración más elevada, para que estén conmigo ahora. Pido ayuda para desprenderme de cualquier comportamiento y pensamiento autosaboteador, de modo que pueda avanzar hacia el amor incondicional y la aceptación de mí mismo tal y como soy ahora, un alma que ya está entera, completa y perfecta, tal y como fue creada.

Llamo específicamente a la arcangelina Caridad y le pido que me envuelva en la energía del amor divino y sane mi corazón como sea necesario para que me ame a mí mismo incondicionalmente. Arcángel Jeremiel y arcángel Zadkiel, os ruego que me ayudéis a perdonarme por cómo me he tratado en el pasado, por permitir cosas que no debería haber permitido en mi vida y por cualquier otro aspecto por el que me esté castigando actualmente. También pido al arcángel Jeremiel que me ayude a ver cualquier pauta que me haya llevado adonde estoy actualmente y a encontrar las bendiciones en mis experiencias pasadas en lugar de centrarme en lo negativo.

Arcángel Jofiel, te pido que me ayudes a transformar mi mentalidad negativa en positiva con respecto a mí mismo, mi cuerpo, mi mente, mis capacidades y mi vida, y a tener pensamientos más positivos con respecto a esto a lo largo del día.

También invoco a Louise Hay, que enseñó a tanta gente cómo conectarse con el amor propio mientras están en este mundo físico, no solo para que me ayude a conectarme con este amor, sino para que me envíe a las personas, los recursos y las oportunidades que puedan ayudarme. Quan Yin, maestra del amor incondicional, por favor, ayúdame a cultivar el amor propio incondicional y a encontrar más compasión hacia mí mismo. Y Ganesha, te ruego que elimines todos y cada uno de los obstáculos que bloquean mi camino hacia la aceptación total y completa y la autoestima.

Estoy dispuesto a amarme y aceptarme, y os agradezco de antemano cualquier guía que puedas enviarme para ayudarme a conseguirlo ahora. Estoy abierto a todas las señales y sincronicidades que enviéis para guiarme a seguir avanzando, y os pido que me ayudes a advertirlas y a actuar en consecuencia cuando lleguen. Gracias, gracias, gracias. Amén.

RITUALES PARA LA SANACIÓN EMOCIONAL

Aquí tienes dos rituales que te sirven para equilibrar las emociones y sanar el corazón. Combinan la intención, los cristales y la oración para ayudarte a sanar e invocar la ayuda superior con el fin de que te asista.

Ritual: Armonía y equilibrio infinitos

Este ritual es una combinación de oración y cristales para pedir ayuda suprema y aprovechar la energía del universo, pero va un paso más allá y coloca los cristales en tu cuerpo físico. También incorpora el poder curativo y de equilibrio emocional de la meditación.

Al elegir los cristales, recomiendo poner siempre selenita sobre la cabeza para limpiar y abrir el chakra de la coronilla, y cuarzo ahumado en la base de los pies para enraizar y calmar el sistema nervioso. En cambio, el cristal que vayas a colocar sobre el corazón elígelo de la lista de cristales de las páginas 202 y siguientes en función de lo que intentes conseguir desde el punto de vista emocional. Si hay varios que se ajustan a la descripción, elige el que más te resuene.

Por ejemplo, si quieres cultivar más amor y aceptación hacia ti mismo, puedes utilizar cuarzo rosa, rodocrosita o kunzita. Si buscas calmar tu sistema nervioso y equilibrar la ansiedad, podrías elegir howlita, larimar o celestita.

Material que necesitas:

- Un manojo de salvia, madera de palo santo o incienso para quemar; o tu espray favorito para limpiar la energía
- Un cristal de selenita (de cualquier forma o tamaño)
- Un cristal de un chakra de curación del corazón (de cualquier forma o tamaño)
- Un cristal de cuarzo ahumado (de cualquier forma o tamaño)

Paso 1. Limpia la energía

Quema la salvia, el palo santo o el incienso (o bien utiliza tu espray limpiador) para limpiar la energía de la habitación, así como la piedra del chakra del corazón que elegiste y el cuarzo ahumado. La selenita no contiene energía y no es necesario limpiarla. Basta con pasar los cristales por el humo o rociarlos directamente con un espray limpiador.

Asegúrate de limpiar también tu propia energía, utilizando el humo, el aerosol o el cristal de selenita. Para usar la selenita, mantenla a una distancia aproximada de cinco a diez centímetros de tu cuerpo, haz un movimiento de barrido alrededor de las piernas, los brazos, el torso y la cabeza, y di en voz alta: «Limpia cualquier energía negativa o que no me pertenezca y sustitúyela por amor y luz. Y así es».

Paso 2. Programa los cristales

Coloca las manos sobre los tres cristales y repite esta oración en voz alta o mentalmente:

Invoco a la energía del universo para que limpie toda la energía no deseada y la programación anterior de estos cristales. Ahora les ordeno —y los programo para ello— que trabajen con mi energía y aprovechen la del universo que me rodea para atraer orientación y dirección sobre adónde ir y qué hacer a continuación para sanar. También les ordeno que equilibren mis emociones y me ayuden a curarme de _____ [rellena el espacio en blanco]. Programo específicamente la selenita para que limpie la energía y las emociones negativas de mi cuerpo y me ayude a equilibrarme energéticamente desde el chakra de la coronilla hasta el chakra raíz; el _____ [inserta aquí la piedra curativa] para que _____ [inserta aquí lo que pretendes que haga] y el cuarzo ahumado para que enraíce mi energía en el cuerpo y me sienta centrado y equilibrado.

Paso 3. Invoca la ayuda suprema

NOTA: Para esta oración puedes invocar a ayudantes supremos específicos que se especialicen en aquello que estás intentando sanar emocionalmente donde describes tus «intenciones especiales». Repite la siguiente oración en voz alta o mentalmente:

Querido universo, invoco a mis ángeles, guías, seres queridos que han fallecido y todos los miembros de mi sociedad del alma, solo a los de la vibración más elevada, para que estén conmigo ahora que busco la curación emocional. Invoco al espíritu de Buda, al arcángel Azrael y al arcángel Haniel, y les ruego que me ayuden a mantener la calma, el equilibrio y el centro, independientemente de lo que ocurra a mi alrededor. Buda y arcángel Metatrón, por favor, ayudadme a liberarme de cualquier apego y energía que ya no me sirva y que no sea saludable para mi mente y mi cuerpo. También pido al arcángel Haniel que utilice su esfera azul de luz sanadora y que trabaje con la Sagrada Amatista y Saint Germain con la llama violeta para eliminar cualquier emoción pesada y energía negativa que esté cargando y transmutarlas en amor.

Arcangelina Caridad, te ruego que cures mi corazón de cualquier dolor o pena que esté sintiendo, y arcángel Jeremiel, arcángel Zadkiel y Quan Yin, os suplico que me ayudéis a abrir mi corazón al perdón y a la compasión, tanto hacia mí como hacia los demás. _____ [Añade aquí tus intenciones especiales e invoca otra ayuda especializada].

Por último, invoco a Ganesha para que, por favor, elimine cualquier obstáculo que se interponga o bloquee mi camino hacia la sanación, el equilibrio de mis emociones y la búsqueda de la alegría. Gracias, gracias, gracias. Amén.

Paso 4. La preparación

Este ritual crea esencialmente una rejilla cristalina utilizando tu cuerpo y trazándola con la forma del símbolo del infinito para abrir el fluir de cualquier energía y emociones bloqueadas.

1. Túmbate en posición horizontal con espacio suficiente por encima de la cabeza y por debajo de los pies para los cristales.
2. Coloca el cristal de selenita unos centímetros por encima de la cabeza.
3. Coloca el cristal de cuarzo ahumado unos centímetros por debajo de los pies.
4. Coloca el cristal de curación del corazón en el centro del pecho.

Paso 5. Mantra de meditación

Inspira profundamente tres veces por la nariz y espira por la boca. Durante diez minutos o más (puedes poner un temporizador), repite el siguiente mantra mientras imaginas que la energía fluye en forma de ocho sobre tu cuerpo: «Suelta, suelta. Todo va bien. Estoy a salvo». Repite este ritual durante nueve días seguidos.

Ritual: Cristal para curar el corazón

Cuando alguien dice «me han roto el corazón», está hablando de algo real. Existe incluso un diagnóstico médico llamado síndrome del corazón roto, conocido asimismo como cardiomiopatía por estrés,* en el que el estrés y las hormonas del estrés debilitan rápidamente el corazón y puede parecer que se trata de un infarto. Tanto si sufres continuamente de ansiedad y depresión como si se acaba una relación, muere un ser querido o te traiciona alguien que te importa, el resultado es el mismo: un corazón (y un chakra del corazón) que necesita sanar.

Este ritual puede realizarse una vez cada siete días, cuando sea necesario. Utiliza el poder de la oración y la energía de los cristales para encontrar soluciones, así como para sanar y equilibrar el chakra del corazón.

Elementos necesarios:

- Un manojo de salvia, madera de palo santo o incienso para quemar, o tu espray favorito para quemar la energía
- Una varita de selenita (opcional)
- Un colgante o collar de cristal (elige cualquier cristal sanador del corazón o una combinación de ellos de las páginas 202 y siguientes)
- Una pulsera de cristal con cualquier cristal sanador del corazón o una combinación de ellos de las páginas 202 y siguientes (opcional)

Paso 1. Limpia la energía
Quema la salvia, el palo santo o el incienso (o utiliza tu espray limpiador) para purificar el collar o el colgante (y la pulsera si la utilizas) pasándolo por el humo o rocíalo directamente con un espray limpiador.

---

* N. del T.: También se lo conoce por el término japonés *takotsubo* porque el corazón muestra una forma abultada que se asemeja a una trampa (*tsubo*) de pulpo (*tako*) japonesa.

Asegúrate de limpiar también tu propia energía con el humo, el espray u, opcionalmente, una varita de cristal de selenita. Para utilizar la selenita, mantenla a una distancia aproximada de cinco a diez centímetros de tu cuerpo, realiza un movimiento de barrido alrededor de las piernas, los brazos, el torso y la cabeza, y di en voz alta: «Limpio cualquier energía negativa o que no me pertenece y la sustituyo por amor y luz. Y así es».

Paso 2. Programa los cristales
Coloca las manos sobre las gemas y repite esta oración en voz alta o mentalmente:

Pido a la energía del universo que limpie toda la energía no deseada y la programación anterior de este cristal. Ahora le ordeno —y lo programo para ello— que sane y equilibre mi corazón y mi chakra del corazón de _____ [rellena el espacio en blanco] y que me ayude a liberar cualquier emoción negativa o bloqueada y a abrir mi corazón a más alegría y amor.

Paso 3. Invoca la ayuda suprema
Con la mano sobre el cristal o los cristales, repite lo siguiente en voz alta o mentalmente:

Querido universo, invoco a mis ángeles, guías, seres queridos que han fallecido y todos los miembros de mi sociedad de almas, solo a los de la vibración más elevada, para que me acompañen en este momento. Busco ayuda para sanar mi corazón y mi chakra del corazón, liberar la negatividad y las emociones negativas, y abrirme al amor en todas sus formas.
Arcangelina Caridad y santa Dwynwen, os pido que me ayudéis a sentir el amor divino y a sanar mi chakra del corazón, así como

a crear más amor propio. Arcángel Jeremiel y arcángel Zadkiel, por favor, ayudadme a perdonarme a mí mismo y perdonar también a los demás para que mi corazón pueda abrirse y sanarse. También pido al arcángel Haniel que utilice su orbe de luz azul sanadora para iluminar cualquier emoción pesada o negativa de mi chakra del corazón ahora y transmutarla en amor, y le ruego que colabore con el arcángel Metatrón, Saint Germain y Jesús para disipar cualquier energía y emoción de mi corazón que ya no me sirva. [Si estás sufriendo la pérdida de un ser querido] Arcángel Azrael, ayúdame a sanar mi corazón de la pérdida de _____ [rellena el espacio en blanco].

Por último, invoco a Ganesha y le ruego que elimine cualquier obstáculo que impida a mi corazón sanar y abrirse al amor ahora. Por favor, envíame la sanación, las señales, las sincronicidades y demás para hacerme avanzar ahora, y ayúdame a reconocerlas y a actuar en consecuencia cuando lleguen. Gracias, gracias, gracias. Amén.

Paso 4. Ponte los cristales

Colócate el collar (y la pulsera si usas una) y llévalo durante los próximos siete días. Si prefieres quitártelo para dormir o ducharte, puedes hacerlo y volver a ponértelo inmediatamente después. Repite este ritual cada siete días, si es necesario.

GRATITUD FOCALIZADA PARA LA SANACIÓN EMOCIONAL

A menudo, cuando sientes ansiedad o estás deprimido, desconsolado u ofuscado por el dolor, no es fácil encontrar ni sentir la gratitud. Sin embargo, es fundamental alcanzar un sentimiento más positivo para transformar tu energía y llevarla a un estado vibratorio más elevado, de modo que empieces a ver cambios, percibas la orientación que recibes y cambies lo que fluye por tu vida. Estos dos ejercicios te ayudarán a conseguirlo; puedes hacerlos por separado o juntos para conseguir un impacto más contundente.

Ejercicio: Explora el pasado para encontrar la alegría de la gratitud

En este ejercicio, centras la gratitud en el pasado, concretamente en recordar situaciones y personas que te alegraron, y para ello las evocas con el mayor detalle posible, a la vez que te enfocas en sentir esa gratitud en el corazón. Puedes rememorar cualquier momento del pasado, ya sea de hace una semana o veinte años. El objetivo es que descubras acontecimientos que ocurrieron antes de que te sintieras infeliz y perdieras la esperanza, para conjurar ese sentimiento de gratitud y llevarlo al presente.

Si te estás recuperando emocionalmente de una circunstancia específica o en un área determinada, no dudes en focalizar precisamente ahí la gratitud. Por ejemplo, si has terminado una relación con una persona importante para ti, centra tu gratitud en todas las relaciones a lo largo de tu vida. Si de lo que se trata es de superar la ansiedad, recuerda tu infancia y la sensación de gratitud por momentos o acontecimientos concretos en los que te sentías despreocupado y relajado.

Te recomiendo que añadas este ejercicio a tu rutina diaria al menos tres veces al día para transformar tu energía y tu enfoque; así le enviarás una señal al universo de que estás preparado para crear y mantener un estado emocional más positivo e inspirador.

Paso 1. Pon una alarma

Programa una alarma en tu móvil o reloj para tres veces al día. También puedes añadir este ejercicio a una rutina establecida, como el desayuno, el almuerzo y la cena.

Paso 2. Enumera tres cosas

Piensa en un momento de tu pasado en el que fuiste feliz. Recuerda la escena, imaginándola con el mayor detalle posible, y siente la gratitud en tu corazón. ¿Con quién estás? ¿Qué ocurre? ¿Por qué eres tan feliz? ¿A qué puedes estar agradecido? Céntrate en las emociones positivas que sentiste durante ese momento o acontecimiento, y disfrútalas como si lo estuvieras viviendo ahora mismo con una sonrisa en los labios.

Concretamente, piensa en tres momentos, circunstancias o personas del pasado por los que sientas agradecimiento, en el área específica que estás sanando o en general. Puedes repetirlos cada vez que realices este ejercicio, si te siguen haciendo sentir bien.

Por ejemplo:

- Estoy muy agradecida por las vacaciones en Disneylandia con mis padres cuando tenía diez años. Me lo pasé en grande en las atracciones, haciéndome fotos con los personajes y comiendo helado.
- Estoy muy agradecido por los veranos que pasé nadando en la piscina de mi mejor amigo y relajándome al sol en la época en que estaba en secundaria.
- Agradezco de todo corazón todos los regalos navideños que recibía cada año de mis padres y la ilusión que sentía al abrirlos.

- Estoy muy agradecida por la vez que me quedé a dormir en casa de mi mejor amiga, cuando comimos golosinas y vimos películas toda la noche.
- Estoy muy agradecido al profesor que me ayudó con clases particulares extra en sexto curso para que pudiera sacar mejores notas en los exámenes.

Paso 3. Termina con una afirmación

Cierra los ojos, inspira y espira profundamente y, con una sonrisa en los labios, di: «Estoy muy agradecido al universo por todos los momentos felices, despreocupados y llenos de amor de mi vida, y agradezco inmensamente que el universo se asocie conmigo para crear más de estos momentos en mi vida ahora mismo». Repítelo tres veces.

Ejercicio: Encuentra lo bueno en la hora de la gratitud

Cuando estás en un proceso de sanación emocional de algún tipo, puede haber muchos altibajos en tus emociones y en tu vibración general a lo largo del día. Este ejercicio ayuda a elevar tu estado de ánimo y a transformar tu energía en positiva, de modo que superes los sentimientos y las emociones negativos y los sustituyas por otros positivos. Además, adiestra tu cerebro para que busque lo bueno a lo largo del día, de modo que sea más probable que lo percibas en el futuro.

Paso 1. Pon una alarma

Programa una alarma en tu móvil o reloj para que suene cada hora, desde que te levantas por la mañana hasta que te vas a dormir por la noche. También puedes descargarte una aplicación de *mindfulness-bell** para que suene cada hora.

Paso 2. Fíjate en lo bueno

Cuando suene la alarma, detente y piensa en al menos una cosa buena que haya sucedido en la última hora. Si no se te ocurre nada, puedes pensar en algún acontecimiento pasado, pero intenta buscar algo lo más cercano posible al presente. Por ejemplo:

- Estoy muy agradecido por haber dormido bien anoche (o por no haberme despertado tantas veces como de costumbre).
- Doy las gracias por el desayuno que he tomado hoy y por el dinero que me permite pagarlo.
- Agradezco mucho haber conseguido una plaza de aparcamiento en la consulta del médico tan cerca de la puerta.
- Estoy muy agradecida de que mi amiga me llamara para invitarme a comer este fin de semana.
- Estoy muy agradecido por no haber tenido ansiedad en la última hora.

Paso 3. Afirmación final

Cierra los ojos, inspira y espira profundamente y, sonriendo, di: «Doy las gracias porque el universo me proporciona continuamente motivos para estar agradecido y porque puedo reconocerlos fácilmente cuando se presentan». Repítelo tres veces.

---

* N. del T.: También llamada *campanita de atención plena.*

Sea cual sea el conflicto emocional que estés atravesando, este capítulo te ofrece soluciones para guiarte a un estado mejor. En el próximo capítulo, nos adentramos en las relaciones. Tanto si quieres crear una nueva relación como si simplemente deseas mejorar la que tienes, aquí encontrarás herramientas que te ayudarán.

Ya sea que busques una nueva o quieras reparar una existente, hallarás herramientas que te ayudarán.

Capítulo 8

RELACIONES

TODAS LAS RELACIONES SON VEHÍCULOS de crecimiento, tanto las que nos producen alegría como las que nos causan dolor. Todas sirven a un propósito y, en muchos casos, están planeadas de antemano, incluso antes de que nuestras almas se encarnen en un cuerpo físico. Cada alma toma la decisión de venir a este mundo físico y elige a sus padres, las lecciones que aprenderá y las personas que la ayudarán y le harán daño durante su vida. Es cierto que tienes libre albedrío y, una vez aquí, puedes ir en la dirección que elijas; pero siempre hay un plan y un propósito subyacentes a todo.

Mucha gente piensa que el propósito es una carrera o un trabajo, y eso sin duda desempeña un papel en su propósito general. Parte de mi propósito consiste en enseñar a los demás a conectar con la línea de ayuda suprema divina y a comunicarse con el universo para que los guíe y dirija en la creación de una vida que les apasione. Puedes ser ama de casa, enfermero, médico, profesora, contable o piloto de avión. Sea cual sea el papel que desempeñes, forma parte de tu propósito. Sin embargo, el plan mayor —un verdadero propósito que todos compartimos— es crecer y evolucionar como ser espiritual. Esto lo consigues aprendiendo a amarte, perdonarte y curarte física, emocional y espiritualmente, y el caos, la adversidad y el dolor que encuentras en el camino te ayudan a hacerlo. ¿Qué mejor manera de aprenderlo que relacionándote con otros que están en la misma senda?

Tus padres, hermanos, profesores, amigos, abusones del patio del colegio, vecinos, compañeros de trabajo, jefes y parejas sentimentales desempeñan un papel a la hora de ayudarte a trabajar para alcanzar ese propósito de crecimiento, y este capítulo te da herramientas para sortear las alegrías y los desengaños que conllevan todas las relaciones y, por supuesto, para asociarte con el universo a fin de crear un cambio positivo, sanar tu corazón y encontrar más felicidad y amor.

AYUDANTES SUPREMOS PARA LAS RELACIONES

Tanto si buscas una nueva relación amorosa o una amistad, como si quieres recuperar una relación o superar un desengaño, hay ayudantes superiores preparados para asistirte. A continuación, encontrarás una lista de ayudantes superiores para las relaciones.

Arcángel Chamuel

El arcángel Chamuel ayuda a encontrar nuevas relaciones amorosas y amistades solidarias, así como a reparar relaciones y malentendidos entre las personas.

Arcángel Gabriel

El mensajero de Dios, el arcángel Gabriel, ayuda en todas las formas de comunicación y a superar el miedo y la indecisión relacionados con ella. Pídele ayuda para hablar con sinceridad, claridad y amor divino.

Arcángel Haniel

Invoca al arcángel Haniel para que te ayude a crear nuevos comienzos y cambios positivos, y a percibir las señales y sincronicidades enviadas para guiarte hacia un nuevo amor o amistad. También te ayuda a mantenerte centrado y equilibrado, independientemente de lo que ocurra en una relación, y hace uso de su orbe azul de luz sanadora para transmutar la negatividad y las preocupaciones que disminuyen tu energía.

Arcángel Jeremiel

Como ángel de las visiones y los sueños, el arcángel Jeremiel te ayuda a ver a través de los ojos de otro para obtener una nueva perspectiva, mostrándote el efecto que tienes en los demás para obtener una mayor claridad y compasión.

Arcángel Jofiel

Como arcángel de la belleza, el arcángel Jofiel cambia rápidamente tu mentalidad de negativa a positiva y te ayuda a tener pensamientos más constructivos. También te ayudará a resolver los malentendidos que surjan en las relaciones personales.

Arcángel Metatrón

En las relaciones, el arcángel Metatrón te ayuda a limpiar tu energía y a desprenderte de lo que ya no te sirve ni le sirve a tu bien más elevado. Invócalo al final de una relación o cuando cortes cualquier lazo o vínculo negativo.

Arcángel Rafael

El arcángel Rafael, que es el arcángel al que invocar en cualquier momento de sanación, sana los lazos rotos y el dolor del corazón, y ofrece alivio cuando se rompe un vínculo.

Arcángel Raguel

Raguel, arcángel de la armonía y la justicia, pone fin a las discusiones y aporta armonía a cualquier problema de relación, además de ayudar a crear amistades nuevas, positivas y armoniosas.

Arcángel Raziel

Invoca al arcángel Raziel para sanar recuerdos dolorosos o traumas en el ámbito de las relaciones y adquirir conocimientos de vidas anteriores, especialmente votos hechos en otra vida que afectan a tu vida actual, como un voto de lealtad. Rompe o anula estos votos y cualquier contrato kármico que afecte negativamente a las relaciones actuales.

Arcángel Zadkiel

El arcángel Zadkiel, el ángel de la libertad, la benevolencia y la misericordia, refuerza la autoestima y te ayuda a desprenderte de lo que ya no te sirve, incluida una relación. Pídele ayuda para perdonar y para desprenderte del resentimiento, la ira y otras emociones negativas hacia otra persona, así como para las relaciones tóxicas.

Arcangelina Aurora

En las relaciones, la arcangelina Aurora cura y equilibra el chakra del plexo solar, especialmente cuando has cedido tu poder a otro. Puede ayudarte a recuperar tu poder, a desarrollar el poder personal interior para defenderte y a establecer límites sanos con los demás.

Arcangelina Caridad

Como llama gemela del arcángel Chamuel, la arcangelina Caridad también te ayuda a encontrar un nuevo amor y nuevas amistades, así como a sanar relaciones y reparar vínculos rotos. Asimismo, ayuda a sanar el chakra del corazón y a cultivar el amor propio.

Arcangelina Cristina

Invoca a la arcangelina Cristina para que abra el chakra de la coronilla y permita que entre en tu consciencia una sabiduría superior en torno a las relaciones y las decisiones relacionadas con ellas. También te ayuda a permanecer presente en el momento y a dejar de juzgarte y de juzgar a otros.

Arcangelina Fe

Como llama gemela del arcángel Miguel, la arcangelina Fe ayuda a desarrollar y despertar la fe interior, así como a recuperarla cuando se pierde. También ayuda a desarrollar la confianza en uno mismo, en los demás y en el universo en su conjunto. Invócala para sanar y equilibrar el chakra de la garganta y para que te ayude a decir lo que de verdad sientes.

Diosa Afrodita

La diosa griega Afrodita te guía en todos los aspectos del romance y el amor, tanto si quieres atraer a una nueva pareja como si deseas intensificar la pasión en tu relación actual.

Diosa Hera

Como diosa griega del matrimonio, la diosa Hera te ayuda con la infidelidad o los celos y te proporciona la fuerza y la determinación necesarias para defenderte. También te ayuda a mantener tu compromiso cuando estás a punto de rendirte y a hacer justicia ante cualquier tipo de traición.

Diosa Parvati

Como diosa hindú de la fertilidad, el amor y la devoción, la diosa Parvati aporta más alegría, paz o comprensión a tu relación romántica y te ayuda cada vez que el amor se tuerce. Ayuda a comprender el valor de la paciencia y la devoción sin sacrificar tus propias necesidades, dignidad y poder.

Diosa Sofía

Invoca a la diosa griega Sofía para que aporte sabiduría, conocimiento y claridad en cualquier situación difícil, para que separe la verdad de la ilusión y para que ilumine un camino que guíe tu relación a un lugar mejor.

Diosa Venus

Esta diosa romana del amor, el sexo, la fertilidad y la belleza es la equivalente de la diosa griega Afrodita. La diosa Venus enciende la pasión en tu relación y ayuda a atraer una nueva relación amorosa.

Eros

Eros, el dios griego del amor y el sexo, abre y cura el chakra del corazón y enciende las llamas de la pasión en una relación, además de ayudar a encontrar una relación nueva, apasionada y amorosa.

Ganesha

El dios hindú Ganesha es el eliminador de obstáculos y trabaja para allanar cualquier escollo que impida reparar una relación, salir de una relación tóxica o encontrar una nueva relación.

Jesús

Durante su vida, Jesús demostró su capacidad para perdonar e invocó a Dios para que perdonara a los demás por las malas acciones cometidas contra él, incluida su muerte. Pídele ayuda para perdonar cuando te sientas enfadado, herido o traicionado.

Lady Nada

Miembro del Consejo de la Luz, Lady Nada fue una gran sacerdotisa en la Atlántida y es una de las líderes del Consejo Kármico, un grupo de seres espirituales que ponen en práctica la causa y el efecto. Despeja los bloqueos kármicos si tienes dificultades para encontrar una pareja romántica o para acercarte a los demás y establecer vínculos.

Quan Yin

Quan Yin, una *bodhisattva*, término que significa 'despierta' o 'iluminada' en la cultura budista —también conocida como Kwan Yin o Guanyin en Asia oriental—, es una maestra del amor incondicional, la compasión y la misericordia. Te ayuda a liberarte de la culpabilidad y a dejar de juzgarte a ti mismo, a la vez que abre tu corazón al perdón hacia alguien que haya hecho algo para herir o traicionar una relación.

San Antonio de Padua

Se lo conoce como el patrón de las causas perdidas; por eso, la mayoría de la gente reza a san Antonio cuando ha perdido algo. Cuando sientes que una relación es un caso perdido, él intercede para ayudar a mejorarla o para encontrar la forma de salir de ella y entablar una relación más sana.

Saint Germain

Este maestro ascendido es el guardián de la llama violeta, que es una extensión de la energía del corazón de Dios. Saint Germain la utiliza para transmutar la energía negativa y todo lo que crea discordia en una vibración de amor.

San Juan

San Juan, uno de los doce apóstoles de Jesús, es el patrón del amor, la lealtad y las amistades. Ayuda a encontrar amistades leales y afines, así como a mejorar las ya existentes.

San Valentín

San Valentín, patrón del amor, de los novios y de los matrimonios felices, en su nombre se celebra el día de los enamorados el 14 de febrero. Como sacerdote católico de la antigua Roma, fue encarcelado por celebrar bodas cuando los nuevos matrimonios estaban prohibidos. Te ayuda a encontrar y experimentar el amor verdadero; además, te asiste en tu boda y en la construcción de un matrimonio feliz.

Santa Dwynwen

Esta santa galesa es la patrona de los enamorados y es el equivalente del san Valentín de la Iglesia católica romana. Santa Dwynwen ayuda a encontrar el amor verdadero, a mejorar una relación romántica o a curar el desamor.

Serapis Bey

Como maestro ascendido, cura el cuerpo mental y te ayuda en tu camino hacia la ascensión y la iluminación espiritual. En las relaciones, ayuda a mantener y reparar las conexiones con los demás y aporta armonía cuando se enfrenta algún conflicto.

Tara Blanca

Tara Blanca, figura clave de la rama tibetana del budismo, es una *bodhisattva* conocida por su compasión, y expande el chakra del corazón dirigiéndolo hacia la comprensión. También te ayuda a alcanzar la amplitud de miras y la visión clara necesarias para ver la verdad en cualquier situación.

CRISTALES PARA LAS RELACIONES

Hay muchos cristales para ayudarnos con las relaciones. Los hay para ayudar a atraer el amor, curar un corazón roto, mejorar la comunicación, fortalecer los vínculos y encender la pasión. Aquí tienes una lista de piedras para ayudar en todos los aspectos e intenciones en esta área de la vida.

Ágata de fuego
El ágata de fuego se asocia con los chakras inferiores y enciende la pasión en las relaciones de pareja, fomentando la intimidad sexual y la conexión mutua.

Ágata encaje azul
El ágata encaje azul sirve para neutralizar la ira y otras emociones intensas, al tiempo que calma la mente en las luchas de pareja. Asimismo, potencia la paz, el amor y la felicidad, y facilita la comunicación y la compasión.

Aguamarina
El aguamarina es una piedra azul claro que ayuda en momentos de duelo, libera el apego a la presencia física de otra persona, equilibra las emociones y cura los traumas emocionales. Al alinearse con los chakras del corazón y de la garganta, se utiliza cuando mantenemos conversaciones delicadas, ya que nos permite ser sinceros con amor y compasión.

Apatita verde
La apatita verde abre el chakra del corazón para ayudar a sanar una experiencia o situación traumática en una relación, y potencia la compasión, la empatía y el amor incondicional.

Aventurina verde

La aventurina verde, excelente piedra curativa del chakra del corazón para las relaciones duraderas, ofrece energía positiva y reaviva el amor. También calma la ira y las discusiones e incrementa la armonía y la felicidad en una relación.

Cornalina

Esta piedra del chakra sacro se denomina «piedra de la seducción» y favorece la energía sexual en una relación. La cornalina te pone en contacto con tu propia sensualidad y aumenta la vitalidad.

Cuarzo rosa

Piedra del amor incondicional, el amor propio y la armonía, el cuarzo rosa abre el corazón y ayuda a atraer a un alma gemela romántica. Restablece la confianza, la armonía y la paz en cualquier relación.

Danburita

Piedra de la armonía, el matrimonio y las relaciones beneficiosas, la danburita se utiliza para atraer relaciones fuertes y sanas en todos los ámbitos de la vida. Los cristales gemelos de danburita formados por dos piedras que crecen juntas son especialmente útiles para solventar las discusiones que se producen en una relación.

Dioptasa

La dioptasa es una piedra sanadora, a menudo denominada piedra del perdón, que te ayuda a dejar atrás el pasado y desprenderte de la ira, así como a olvidar las malas acciones que hayas sufrido, y te abre a la compasión y el perdón.

Esmeralda

Piedra del chakra del corazón asociada al amor y la fidelidad, la esmeralda es el cristal de la diosa Venus y se utiliza para atraer nuevos amores o amistades. Se la ha llamado «piedra del éxito en el amor», y también mejora las relaciones ya establecidas, abre el corazón y potencia el amor incondicional.

Jaspe unakita

El jaspe unakita, al que se suele llamar la piedra de las parejas, contiene colores rosa y verde, conectados con el chakra del corazón, y elimina la energía bloqueada en esta zona, incluidos los viejos resentimientos y la ira. Te ayuda a renacer, equilibra el cuerpo emocional y proporciona equilibrio en las relaciones, además de favorecer la liberación de los hábitos insanos o tóxicos que causan problemas.

Lágrima apache

Esta piedra de curación emocional es útil en situaciones en las que se necesita el perdón y en la asimilación del dolor y la pérdida. La lágrima apache también ofrece una poderosa protección psíquica y estabilidad al tratar con personas exigentes o controladoras.

Lapislázuli

Piedra de la verdad y la amistad, el lapislázuli no solo crea vínculos fuertes y aumenta la armonía en las relaciones amorosas y las amistades, sino que también, como piedra del chakra de la garganta, mejora la comunicación para ayudarte a expresar tus sentimientos y emociones con honestidad y claridad.

Peridoto

El peridoto es una piedra verde del chakra del corazón que estabiliza tu estado de ánimo y te ayuda a superar los celos, el resentimiento, los rencores y las cargas emocionales que drenan tu energía en una relación.

Prasiolita

La prasiolita, también conocida como amatista verde o cuarzo verde, ayuda a dos personas a comprenderse mejor y a ver con más claridad el punto de vista del otro. Como piedra del chakra del corazón, elimina la falta de armonía y abre al amor y la compasión. Unifica el corazón y la mente y abre y cura el chakra del corazón, ayudando a crear relaciones positivas.

Rodocrosita

Esta piedra te conecta con el amor divino del universo, abriendo tu corazón al amor propio y a la aceptación, así como a la aceptación de los demás. La rodocrosita equilibra el dar y el recibir y cura las heridas emocionales y los traumas del pasado. También elimina energéticamente los muros construidos alrededor de tu corazón a causa de heridas pasadas.

Rodonita

La rodonita, otra piedra del chakra del corazón, fomenta la comprensión mutua y la capacidad de compromiso en una relación y ayuda a las que están en desorden, permitiendo crear más armonía y felicidad. También facilita el perdón y la compasión, y se la ha llamado la «piedra de rescate», que desentierra el amor incondicional.

Rubí

Si deseas profundizar en una relación romántica y crear un vínculo más fuerte, el rubí intensifica las emociones y estimula la pasión, la sensualidad, la energía y el entusiasmo.

Sardónice

La sardónice, compuesta por cristales de ónice y cornalina, ayuda a recomponer los vínculos rotos o solucionar las discusiones en el matrimonio, así como las disputas entre padres e hijos, y fomenta la felicidad.

Selenita naranja

Al resonar con el chakra sacro, la selenita naranja potencia la pasión, el deseo y la energía sexual en una relación romántica.

Sugilita

Una gran piedra a la que recurrir cuando tienes apegos negativos o lazos que cortar en las relaciones. La energía purificadora de la sugilita libera apegos y traumas pasados y aporta una sensación de calma y curación emocional.

Topacio rosa

El topacio rosa abre el corazón a la curación y al amor para que pueda atraer una conexión amorosa genuina y una pareja. También favorece las relaciones amorosas y restaura la esperanza y el amor en una relación.

ORACIONES PARA LAS RELACIONES

Hay muchos tipos de relaciones, y formas de experimentarlas, con las que puedes tener problemas o que, de algún modo, deseas cambiar. Aquí tienes siete oraciones para abordar algunos de los temas más comunes que se incluyen en las relaciones.

Oración: Atraer un nuevo amor

Querido universo, invoco a mis ángeles, guías, seres queridos que han fallecido y todos los miembros de mi sociedad de almas, solo a los de la vibración más elevada, para que estén conmigo ahora.

Pido ayuda para atraer un nuevo amor a mi vida. Me gustaría recibir ayuda para abrir mi corazón y sanar cualquier herida que impida que mi próxima alma gemela entre en mi vida ahora.

Invoco específicamente al arcángel Chamuel, a la arcangelina Caridad, al arcángel Haniel, a la diosa Afrodita, a la diosa Venus, a santa Dwynwen y a san Valentín para que trabajen juntos en equipo y me guíen hacia una nueva pareja amorosa en mi vida y me ayuden a facilitar este encuentro ahora.

Arcangelina Caridad y dios griego Eros, os pido que trabajéis conmigo y sanéis mi corazón para que esté preparado y abierto a mi nuevo amor cuando llegue, y arcángel Raziel, te ruego que me ayudes a sanar de cualquier recuerdo doloroso que me impida atraer a esta persona fácilmente y sin esfuerzo cuando sea el momento adecuado. Asimismo, te imploro que me ayudes a liberarme de cualquier voto hecho en vidas pasadas que siga afectándome negativamente y no me deje encontrar a mi alma gemela. Y Lady Nada, te pido que elimines cualquier bloqueo kármico que me impida atraer un nuevo amor.

También invoco a la arcangelina Fe para que me ayude a creer en mí y a aumentar mi confianza, de modo que atraiga a alguien maravilloso, amable, cariñoso y respetuoso, que me admire y ame incondicionalmente. Y arcángel Jofiel, te ruego que me ayudes a mantener una actitud positiva en la búsqueda de un nuevo amor mientras espero su llegada, especialmente en los momentos en que caigo en el pesimismo.

Pido a todos mis ayudantes superiores, especialmente al arcángel Haniel, que me asistan en este nuevo comienzo y me envíen las señales, sincronicidades, ideas, oportunidades y personas que me conduzcan a esta persona ahora, y que me ayuden a reconocer las señales y a mi nuevo amor cuando lleguen. Por último, invoco a Ganesha para que, por favor, elimine todos y cada uno de los obstáculos que se interpongan en mi camino con el fin de atraer a esta persona a mi vida ahora. En agradecimiento por toda tu ayuda, ahora y en el futuro. Gracias, gracias, gracias. Amén.

Oración: Invocación de amistades afines

Querido universo, invoco a mis ángeles, guías, seres queridos que han fallecido y todos los miembros de mi sociedad de almas, solo a los de la vibración más elevada, para que estén conmigo ahora.

Pido ayuda para traer a mi vida nuevas amistades, afines, solidarias, leales y cariñosas, y pido al arcángel Chamuel, a la arcangelina Caridad, al arcángel Raguel y a san Juan que me ayuden en esta búsqueda ahora.

Asimismo, invoco al arcángel Jofiel para que influya en mi mentalidad, ayudándome a transformar en pensamientos positivos los pensamientos negativos en torno a mi capacidad para hacer nuevas amistades y a mantener esta mentalidad positiva. Por último, invoco al dios hindú Ganesha y le ruego que elimine todos los obstáculos que se interpongan en mi camino para atraer nuevas amistades a mi vida ahora.

Al crear este nuevo comienzo en mi vida, arcángel Haniel, te pido que me ayudes y te ruego que trabajes con los demás ayudantes supremos para dirigirme hacia estas nuevas amistades a través de señales, sincronicidades, ideas, oportunidades y personas. Ayúdame a reconocer las señales y a los amigos cuando lleguen. Ahora estoy preparado y abierto a recibir.

Gracias por toda tu ayuda en este asunto. Amén.

Oración: Encuentra el perdón

Querido universo, invoco a mis ángeles, guías, seres queridos que han fallecido y todos los miembros de mi sociedad de almas, solo a los de la vibración más elevada, para que estén conmigo ahora que estoy esforzándome por perdonar a _____ [nombre] por _____ [rellena el espacio en blanco].

Sé que el perdón es necesario, no solo por el bien de _____ _____ [nombre], sino por mi propia paz, felicidad y salud, y ahora estoy dispuesto y abierto a recibir ayuda para hacerlo.

Arcangelina Cristina, te ruego que me ayudes a obtener orientación de los reinos superiores y a liberarme de cualquier juicio hacia mí o hacia _____ [nombre].

También pido al arcángel Zadkiel que me ayude a liberarme de cualquier resentimiento, ira u otras emociones negativas que guardo hacia _____ [nombre], que sé que solo me perjudican a mí.

Arcángel Raziel, te pido ayuda para sanar cualquier recuerdo doloroso o trauma relacionado con _____ [nombre] o con cualquier otra relación del pasado que siga afectando a mi vida, y te ruego que me liberes de cualquier voto de una vida anterior que influya negativamente en esta situación. Asimismo, pido a la arcangelina Caridad y al dios griego Eros que sanen mi corazón de cualquier dolor que esté reteniendo que tenga que ver con _____ [nombre] y nuestra relación, para que pueda sentirme más libre y tranquilo. Arcángel Jeremiel, te pido ayuda para ver a través de los ojos de _____ [nombre], de modo que pueda comprender sus acciones y su perspectiva –así como mis propias acciones si es necesario– para obtener más claridad y compasión en esta situación. Y diosa Sofía, te ruego que me ayudes a separar la verdad de la ilusión, al tiempo que iluminas el camino hacia un lugar mejor.

Jesús, te pido ayuda para perdonar a _____ [nombre], no solo para liberarlo, sino también para liberarme a mí mismo, e invoco a Quan Yin para que me brinde su sabiduría y su energía a fin de que pueda encontrar más compasión y perdón. Ganesha, te ruego que elimines todos y cada uno de los obstáculos que me impiden perdonar a _____ [nombre] ahora.

Te pido que todos mis ayudantes supremos me envíen la orientación, las respuestas, las señales y demás para ayudarme a atravesar esta situación con facilidad y buen talante, y que me ayudes a reconocerlas y a actuar en consecuencia cuando lleguen.

En gratitud por vuestra ayuda en esta situación y por la curación que sé que está en camino. Gracias, gracias, gracias. Amén.

Oración: Sanar la traición

Querido universo, invoco a mis ángeles, guías, seres queridos que han fallecido y todos los miembros de mi sociedad de almas, solo a los de la vibración más elevada, para que me acompañen ahora que estoy sufriendo la conmoción y el dolor de la traición de _____ [rellena el espacio en blanco].

Anhelo sanar y superar esto para liberarme de esta energía que me arrastra y me impide avanzar en la vida, pues me siento muy perdido y herido en este momento. Llamo específicamente a la arcangelina Caridad, al arcángel Rafael, al dios griego Eros y a santa Dwynwen con el fin de que me ayuden a sanar mi corazón y me envíen todos los recursos, personas y demás que puedan ayudarme a hacerlo.

También pido a la arcangelina Aurora que me asista para que pueda recuperar el poder que, a sabiendas o sin saberlo, le entregué a _____ [nombre] y que me ayude a crear los límites saludables necesarios para sanar y seguir adelante. Arcángel Raziel, te ruego que me ayudes a superar cualquier dolor o trauma que arrastre de esta situación o de mi relación general con _____ [nombre], así como cualquier situación desencadenada por mi historia pasada, tanto en esta vida como en alguna existencia anterior. Y que me apoyes para liberarme de cualquier voto relacionado con _____ [nombre] que me impida avanzar y sanar.

También pido ayuda para desprenderme de cualquier enfado, resentimiento u otras emociones negativas hacia _____ [nombre] que mermen mi energía y mi vibración, y pido la ayuda del arcángel Zadkiel para ello. Asimismo, pido ayuda a la arcangelina Cristina para que libere cualquier juicio hacia mí o hacia _____ [nombre].

Jesús, Quan Yin y Tara Blanca, os ruego que me ayudéis a encontrar la fuerza dentro de mí para perdonar a _____ [nombre] y desprenderme de este dolor para liberarme y superar esta traición. Y Ganesha, te ruego que elimines ahora cualquier obstáculo en mi camino hacia la curación y el perdón. Pido a todos mis ayudantes supremos que me envíen cualquier señal, sincronicidad, guía, idea o recurso para atravesar este momento y sanar de verdad mi corazón y mi alma. Os agradezco de antemano vuestra ayuda. Amén.

Oración: Mejorar la comunicación

Querido universo, invoco a mis ángeles, guías, seres queridos ya fallecidos y todos los miembros de mi sociedad de almas, solo a los de la vibración más elevada, para que me acompañen ahora, ya que deseo mejorar la comunicación entre _____ [nombre] y yo para comprendernos mejor el uno al otro a través de los ojos del amor y avanzar. Pido a la arcangelina Fe que equilibre tanto el chakra de la garganta de _____ [nombre] como el mío para que podamos sincerarnos amorosamente y con confianza. Arcángel Gabriel, te pido que guíes nuestras conversaciones para que nos escuchemos de verdad con el corazón abierto y nos proporciones sabiduría y fuerza para hablar con honestidad, claridad y amor, sin miedo ni vacilación.

Arcángel Jeremiel, te ruego que trabajes con nosotros dos para que partamos de un punto de compasión y veamos cada discusión y situación desde el punto de vista del otro, para facilitar una mayor comprensión y compasión mutuas. Y Ganesha, te pido que elimines ahora cualquier obstáculo que bloquee nuestro camino para conversar de manera abierta, sana y curativa.

Te ruego que guíes nuestras palabras y nuestros corazones, que me envíes las señales que me lleven a cualquier persona o recurso que pueda mejorar la comunicación entre nosotros, y que me ayudes a reconocerlos y a actuar en consecuencia cuando lleguen.

Gracias, gracias, gracias. Amén.

Oración: Restablecer la relación

Querido universo, invoco a mis ángeles, guías, seres queridos que han fallecido y todos los miembros de mi sociedad de almas, solo a los de la vibración más elevada, para que estén conmigo ahora que busco orientación y ayuda en mi relación con _____ [nombre].

_____ [Explica aquí la situación y para qué quieres ayuda específicamente].

Invoco al arcángel Chamuel, a la arcangelina Caridad, al arcángel Jofiel, al arcángel Raguel [y a la diosa Parvati para las relaciones amorosas] para que subsanen ahora cualquier malentendido y vínculo roto entre _____ [nombre] y yo, de modo que podamos avanzar hacia una situación de mayor armonía, paz, respeto, amor y comprensión.

Arcángel Raziel y arcángel Rafael, os invoco para que sanéis cualquier dolor o trauma del pasado de nuestros corazones y nos liberéis de cualquier voto que cualquiera de los dos haya hecho en una vida pasada, o de contratos kármicos que nos afecten negativamente y perjudiquen nuestra relación en este momento. También invoco a Saint Germain para que utilice la llama violeta y transmute cualquier energía que cree desarmonía entre nosotros en la vibración superior del amor.

Busco orientación y comprensión de los reinos superiores y pido a la arcangelina Cristina que me ayude a abrir mi chakra de la coronilla para recibir esto ahora y que me ayude a desechar cualquier juicio hacia mí o hacia _____ [nombre]. Y arcángel Zadkiel, te ruego que nos ayudes a ambos a desprendernos ahora de cualquier ira y resentimiento que podamos guardar el uno hacia el otro. También invoco a Jesús, Quan Yin y Tara Blanca para que trabajen juntos y nos ayuden a encontrar más compasión y perdón por cualquier agravio recibido por ambas partes.

Arcangelina Fe, te ruego que me ayudes a restablecer mi fe en la capacidad de recuperar esta relación y me ayudes a decir la verdad cuando sea necesario de forma cariñosa y respetuosa. Y arcángel Gabriel, ten la bondad de ayudarme con nuestra comunicación para que podamos hablar de forma honesta, clara y amorosa sin miedo. Asimismo, invoco al arcángel Jeremiel y a la diosa Sofía para que nos ayuden a ambos a ver el punto de vista del otro.

[Si tienes la sensación de haber cedido tu poder a alguien o de necesitar establecer límites] Arcangelina Aurora, te pido ayuda para recuperar mi poder y afirmarme en mi poder en lo que se refiere a mi relación con _____ [nombre] y te ruego que me ayudes a establecer límites saludables para avanzar de una manera más positiva.

[Si se trata de una relación romántica o un matrimonio, incluye esta sección] Diosa Afrodita y diosa Venus, os pido ayuda para intensificar la pasión en mi relación con _____ [nombre].

Por último, invoco a Ganesha para que despeje y elimine cualquier obstáculo que siga haciéndonos tropezar en esta relación en estos momentos. Pido a todos mis ayudantes supremos que me envíen orientación, señales y sincronicidades que me asistan para avanzar y reparar esta relación ahora, y os ruego que me ayudéis a reconocerlas y a actuar en consecuencia cuando lleguen.

Si lo mejor para mí y para _____ [nombre] es terminar esta relación, que pueda recibir la orientación necesaria para entenderlo, aceptarlo y seguir adelante. Gracias, gracias, gracias. Amén.

Oración: Recuperar mi poder

Querido universo, invoco a mis ángeles, guías, seres queridos que han fallecido y todos los miembros de mi sociedad del alma, solo a los de la vibración más elevada, para que estén conmigo ahora que pido ayuda para recuperar mi poder y mantenerme con confianza en ese poder en mi relación con _____ [nombre].

Estoy preparado para sanar mi plexo solar y liberar cualquier cosa que lo bloquee o que me impida mantenerme en mi poder, establecer límites sanos y decir no cuando sea necesario, y pido ahora la ayuda de la ancargelina Aurora para ello. Te ruego que me brindes la fuerza que necesito para hacerlo. Asimismo, pido la ayuda de la diosa Parvati para equilibrar mi capacidad de dar y recibir en esta relación, para que no siga sacrificando mis necesidades, mi dignidad o mi poder en el futuro.

También invoco a la arcangelina Cristina para que me ayude a liberarme de cualquier juicio hacia mí o hacia _____ [nombre] en torno a este asunto y al arcángel Raziel para que me sane de cualquier dolor o trauma del pasado que me impida reconocer mi poder y asumirlo con facilidad, así como defenderme y establecer límites saludables. También te pido que elimines o deshagas cualquier voto o contrato kármico de otra vida que esté afectando negativamente a esta área ahora. Y Jesús, Quan Yin y Tara Blanca, os ruego que me ayudéis a encontrar compasión por mí mismo y por _____ [nombre] para que pueda perdonar y pasar ahora a una energía nueva, sana y empoderadora.

Además, pido la ayuda de la arcangelina Fe y del arcángel Gabriel para que me permitan decir la verdad con confianza cuando sea necesario y de forma clara, honesta y cariñosa, sin miedo ni vacilación. También pido a Ganesha que elimine cualquier obstáculo que me impida asumir quién soy y reconocer mi poder y mi verdad.

Pido a todos mis ayudantes supremos que me envíen la fuerza y la energía que necesito para lograr esto ahora y les ruego que me dirijan a través de señales, sincronicidades e ideas a cualquier elemento y persona que pueda ayudarme.

Gracias, gracias, gracias. Amén.

RITUALES PARA LAS RELACIONES

A continuación, encontrarás tres rituales que combinan la intención, los cristales, las oraciones y mucho más para ayudar en el ámbito de las relaciones: uno para reparar una relación, uno para atraer una nueva y uno para cortar y sanar un vínculo tóxico.

Ritual: Reparación de relaciones

Si necesitas reparar o sanar una relación, este ritual atrae y activa la energía armoniosa y llama a los ayudantes supremos para que te asistan. La forma de la rejilla de cristal utilizada se denomina *vesica piscis*, que es una figura geométrica formada por dos círculos entrelazados. En la mitología griega y en la romana, esta forma resuena con las diosas Venus y Afrodita, lo que la hace perfecta para el trabajo con las relacones. La semilla de la vida, símbolo universal de la creación, está formada por varias *vesica piscis* colocadas juntas, al igual que la flor de la vida, que representa todo el proceso de la creación.

Las piedras preciosas de este ritual se emplean para la sanación y la armonía general de las relaciones. Sin embargo, puedes cambiar los dos cristales principales para adaptarlos mejor a las cuestiones e intenciones concretas en las que estés trabajando. Por ejemplo, si lo que quieres es encender la pasión y la energía sexual entre tú y tu pareja, podrías elegir ágata de fuego y cornalina. En cambio, si deseas fomentar el perdón y liberar heridas pasadas, la dioptasa y la rodonita son ideales. Y para mejorar la comunicación, podrías combinar la sodalita y la cianita azul.

Recomiendo llevar a cabo este ritual en la sección de relaciones de tu casa según el *bagua* del *feng shui* (ver el capítulo dos), que es el extremo derecho cuando entras por la puerta principal, en una zona en la que nadie te moleste.

Elementos necesarios:

- Un manojo de salvia, madera de palo santo o incienso para quemar, o tu espray favorito para limpiar la energía
- Una *vesica piscis* (dibujada, impresa o comprada)
- Ocho esmeraldas, pequeñas piedras talladas (o la piedra que prefieras entre las indicadas para las relaciones)
- Ocho cristales de cuarzo rosa, pequeñas piedras talladas (o la piedra que prefieras entre las indicadas para las relaciones)
- Una piedra de aventurina verde (a ser posible, plana, para colocar encima el cuarzo transparente)
- Un cristal de cuarzo transparente (tallado o de doble terminación con puntas en ambos extremos)

Paso 1. Limpia la energía

Quema la salvia, el palo santo o el incienso (o utiliza tu espray limpiador) para limpiar la energía de la habitación, así como la de todos los cristales y la rejilla *vesica piscis*. Simplemente pasa todos los objetos por el humo o rocíalos directamente con el espray limpiador.

Paso 2. Programa los cristales
Coloca las manos sobre los cristales y repite esta oración en voz alta o en tu mente:

Pido a la energía del universo que limpie toda la energía no deseada y la programación anterior de estos cristales y de la rejilla. Ahora les ordeno –y los programo para ello– que trabajen con mi energía y la de _____ [rellena el espacio en blanco] y que aprovechen la energía del universo a mi alrededor para crear más armonía, equilibrio, paz y curación en nuestra relación. Y ordeno al cristal de cuarzo transparente que amplifique la energía de estas otras piedras y la proyecte hacia el universo para atraer la energía que repare y renueve esta relación.

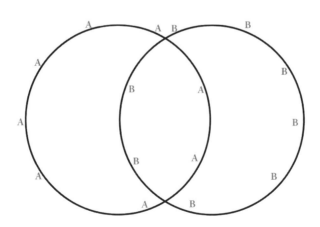

A Piedra 1; B Piedra 2

Ilustración 5. Rejilla *vesica piscis*.

Paso 3. La preparación

Observando la rejilla *vesica piscis*, empieza por el círculo de la izquierda (ver la ilustración 5) y coloca las ocho esmeraldas (u otra piedra de tu elección) a su alrededor para completar el círculo. Pasa al lado derecho y haz lo mismo con el cuarzo rosa (u otra piedra de tu elección) alrededor de este círculo. En el centro, hay una forma de almendra donde se unen los dos círculos. Pon aquí el cristal de aventurina verde con el cristal de cuarzo transparente encima. Si utilizas un cristal de doble terminación, coloca las puntas horizontales de modo que queden orientadas a cada lado de los dos círculos.

Paso 4. Invocar la ayuda suprema

Esta oración es para la restauración, la curación y la armonía en general, pero si estás trabajando en un tema específico dentro de una relación, puedes llamar a otros ayudantes supremos especializados y añadirlos a la declaración de intenciones en medio de la oración.

Querido universo, invoco a mis ángeles, guías, seres queridos que han fallecido y todos los miembros de mi sociedad de almas, solo a los de la vibración más elevada, para que me acompañen en este momento. Busco ayuda para reparar, sanar y cambiar la energía de mi relación con _____ [nombre]. Por favor, sanad nuestros corazones, haced que se dé el perdón cuando sea necesario y ayudadnos a olvidarnos ahora de toda la ira y todo el resentimiento hacia el otro, así como de nuestras heridas.

Invoco específicamente al arcángel Chamuel, a la arcangelina Caridad, al arcángel Raguel y a Serapis Bey para que me asistan en la creación de más armonía, paz y comprensión entre

_____ [nombre] y yo, y nos ayuden a ambos a dejar atrás el conflicto o malentendido actual.

Diosa Sofía, te ruego que nos brindes sabiduría y conocimiento para que ambos podamos ver nuestra responsabilidad en esto y afrontar la verdad con el fin de mejorar esta relación, y que trabajes con Tara Blanca para ayudarnos. Asimismo, pido a Saint Germain que utilice la llama violeta y transmute cualquier discordia, desarmonía o sentimiento negativo que exista entre nosotros ahora, sustituyéndolos por la vibración del amor. [Añade aquí otros ayudantes supremos para tus asuntos específicos].

Por último, invoco a Ganesha para que elimine cualquier obstáculo que se interponga en el camino hacia la reparación de esta relación y el fortalecimiento del vínculo entre _____ [nombre] y yo ahora, siempre que sea por nuestro bien más elevado.

Os pido que me enviéis señales, sincronicidades, ideas y oportunidades para sanar esta relación y que me ayudéis a reconocerlas cuando lleguen para que pueda actuar en consecuencia. Y si esta relación está destinada a terminar, ruego que me mandéis también las señales y sincronicidades para reconocerlo y aceptarlo.

En agradecimiento por vuestra ayuda y asistencia en este asunto. Gracias, gracias, gracias. Amén.

Repite este ritual cada treinta días, según sea necesario.

Ritual: Atraer un nuevo amor

Hace muchos años, leí el libro *El secreto del amor: encuentra a tu alma gemela gracias a la ley de la atracción*, de Arielle Ford, que enseña a manifestar el amor en tu vida. Poco después de cumplir treinta y siete años, adapté un ejercicio del libro y creé un ritual para mí misma que debía hacer la noche de luna nueva. Al cabo de ocho meses, conocí a mi marido.

He compartido este ritual con muchas personas que han tenido resultados similares, algunos antes de los ocho meses y otros que tardaron más. Debes saber que el momento divino siempre interviene y que has de confiar en que el universo te traerá a la persona adecuada en el momento oportuno. Además, recomiendo realizar este ritual al aire libre la noche de luna nueva, que es algo que ocurre una vez al mes.

Elementos necesarios:

- Un trozo de papel
- Un bolígrafo
- Un manojo de salvia, madera de palo santo o incienso para quemar, o bien tu espray favorito para limpiar la energía
- Un cristal de cuarzo rosa (de cualquier forma o tamaño, aunque a mí me gusta utilizar uno con forma de corazón)
- Una vela (roja, a ser posible)
- Un cuenco de cerámica o un cubo ignífugo
- Un mechero o cerillas
- Un vaso de agua

Paso 1. Limpia y programa tu cristal

Quema la salvia, el palo santo o el incienso (o utiliza tu espray limpiador) para limpiar el cristal de cuarzo rosa. Simplemente pásalo por el humo o rocíalo directamente con el espray.

Tras la limpieza, coloca las manos sobre el cristal y pronuncia las siguientes palabras:

Invoco la energía del universo para limpiar toda la energía no deseada y la programación anterior de este cristal. Ahora le ordeno

—y lo programo para ello— que abra mi corazón al amor, me ayude a cultivar el amor incondicional por mí mismo y atraiga hacia mí un nuevo amor que también sea incondicional y beneficioso.

Paso 2. Haz una lista de amor

Enciende la vela, siéntate con el bolígrafo y el papel, y coloca el cristal de cuarzo rosa al lado de donde estés escribiendo o en tu regazo. Cierra los ojos y haz dos respiraciones profundas y conscientes. Ahora escribe todas las cualidades que te gustaría que tuviera tu pareja. Asegúrate de enumerar algo más que características físicas; céntrate en las cosas que te importan. Por ejemplo, le deben encantar los perros (o los gatos, en mi caso) y debe tener una familia que te quiera y te acepte como parte de ella, que le guste cocinar, que comprenda tu necesidad de pasar tiempo a solas, que disfrute haciendo senderismo, que te ame incondicionalmente, que le guste sorprenderte con flores, que tenga seguridad económica y que esté abierto a tus creencias espirituales. Esto lo aprendí del libro de Ford, junto con el siguiente paso.

Paso 3. Haz una copia de la lista

Tras elaborar la lista, haz una copia para guardarla en algún sitio. Cuando conozcas a tu nueva pareja, será divertido volver a ver la lista para comprobar cuánto encaja con ella. Cuando revisé la mía, mi marido encajaba en casi todos los puntos.

Paso 4. Déjalo en manos del universo

Ahora es el momento de entregar la lista al universo y permitirle que empiece a trabajar contigo para reuniros a los dos en el lugar y el momento adecuados.

Saca al exterior tu cuenco o cubo (yo utilicé el recipiente de cerámica de mi olla de cocción lenta), la lista, el mechero o las cerillas y el agua. Vas a quemar la lista en el cuenco o cubo y a utilizar el agua para apagarla, si no se apaga sola. Sin embargo, antes de quemar la lista, sostén el cuarzo rosa sobre tu corazón y reza en voz alta esta oración:

> Querido universo, invoco a mis ángeles, guías, seres queridos que han fallecido y todos los miembros de mi sociedad del alma, solo a los de la vibración más elevada, para que estén conmigo ahora y me ayuden a atraer a una nueva pareja a mi vida. Te entrego esta lista y las intenciones que contiene, y te pido que atraiga a alguien que redunde en mi bien más elevado.
>
> Arcángel Chamuel y arcangelina Caridad, os invoco para que me ayudéis a encontrar a esta persona. Dios griego Eros, te pido que abras mi corazón y sanes cualquier herida que pueda bloquear o impedir que esta persona entre en mi vida. Y Ganesha, te ruego que elimines cualquier obstáculo que se interponga en este momento.
>
> Os pido que me enviéis las señales, sincronicidades, oportunidades y personas que me ayuden con esto, y que me ayudéis a reconocer tanto las señales como a la persona cuando lleguen a mi vida.
>
> Gracias, gracias, gracias. Amén.

Ahora puedes quemar la lista y dejarlo todo en manos del universo, sabiendo que el amor está en camino.

Paso 5. Mantén el cuarzo rosa junto a tu cama

Después del ritual, coloca el cuarzo rosa junto a tu cama, en una mesilla de noche, y límpialo y reprográmalo de vez en cuando para que la energía siga fluyendo.

Ritual: Rompe los vínculos tóxicos

Cuando estableces una relación con alguien se crea una conexión, o vínculo energético, que os une. Este vínculo existe aunque la relación haya terminado y la persona ya no esté en tu vida, y eso significa que la energía puede seguir fluyendo en ambos sentidos entre vosotros dos.

Cuando una relación es negativa, tóxica, hiriente, abusiva o agotadora, es importante detener el flujo de energía negativa entre tú y el otro. Si este ya no está en tu vida, este ritual corta para siempre los lazos entre vosotros. Sin embargo, también lo puedes utilizar para alguien que sigue en tu vida, pero con quien deseas romper el vínculo tóxico de la negatividad. Este ritual limpia y libera la energía y los vínculos negativos con el fin de favorecer la curación. Aunque la otra persona no sepa conscientemente que lo has hecho, sentirá un cambio a nivel subconsciente o del alma. Puede que incluso notes un cambio en su actitud, si seguís en contacto.

Elemento necesario:

* Una varita de selenita, de cualquier tamaño

Paso 1. Tiéndete

Tiéndete en una postura cómoda y coloca la varita de selenita sobre tu chakra del plexo solar (zona del ombligo).

Paso 2. Visualiza

Esta visualización es una adaptación de una meditación para cortar el cordón umbilical creada por la terapeuta energética Amy B. Scher.[1] El propósito de este ritual es eliminar cualquier energía negativa o tóxica que fluya entre tú y otra persona. Durante esta visualización, invocarás a tu yo superior o alma para conectar e interactuar con el yo superior o alma del otro.

Cierra los ojos. Empieza con un ejercicio respiratorio llamado respiración en caja. Inspira por la nariz contando hasta cuatro, aguanta la respiración contando hasta cuatro, espira por la nariz contando hasta cuatro y aguanta sin aire contando hasta cuatro. Hazlo durante tres ciclos completos.

Ahora piensa en la persona con la que quieres romper el vínculo negativo, visualízala de pie frente a ti. Imagina una cuerda conectada desde tu plexo solar (el área del ombligo) a su plexo solar y observa qué aspecto tiene para ti. ¿Es de alguna manera gris, negra, turbia u oscura? Esta es la energía negativa y los apegos que vamos a limpiar ahora.

Invoca a tu yo superior o alma para que hable ahora. Imagina que te miras a los ojos y empiezas a contarle todo lo que te molesta, o te ha molestado alguna vez, de la otra persona, de cómo te ha tratado y de vuestra relación en general.

Continúa así durante el tiempo necesario hasta que te sientas pleno, sin olvidarte de respirar.

Ahora vas a permitir que el yo superior de esta persona te responda. Deja que las respuestas surjan en tu mente y recuerda que es su yo superior o alma quien habla, no el ser humano. No cuestiones ni fuerces la información. Tan solo permite que se despliegue ante ti. Si te sientes bloqueado en algún punto, simplemente vuelve a centrarte en tu respiración, inspirando por la nariz y espirando por la boca, y pídele que continúe.

Escucha hasta que sientas que la información está completa.

Ahora llama al arcángel Rafael, y pídele que os envíe energía curativa a los dos, y al arcángel Metatrón para que te ayude a soltar lo que ya no te sirve de esta relación, incluida cualquier energía, emoción o pensamiento negativos. Permíteles que lo hagan ahora.

Invoca al arcángel Raziel para que te ayude a sanar cualquier recuerdo doloroso o trauma del pasado relacionado con esta persona y a liberarte de cualquier voto que, de alguna manera, te mantenga atado a esta relación. Permite que lo haga ahora.

A continuación, toma la varita de selenita que tienes sobre el plexo solar y, con los ojos cerrados, inspira hondo por la nariz, espira por la boca y agita la varita horizontalmente y luego en vertical por el centro de tu cuerpo para cortar el cordón de negatividad que fluye entre vosotros dos. Di al universo, en voz alta o mentalmente: «Libero y purifico cualquier energía negativa que ya no me sirva en esta relación y la disuelvo en amor y luz puros. Ahora conecto con mi yo superior y mi propia energía, y así es». A continuación, vuelve a colocar la varita de selenita sobre tu plexo solar.

Inspira profundamente otra vez por la nariz y espira por la boca.

Estás protegido. Estás a salvo.

La imagen de la otra persona empieza a desaparecer lentamente, y te sientes centrado y equilibrado. Cuando estés preparado, abre los ojos.

Paso 3. Repítelo dos veces más
Recomiendo hacer este ejercicio tres veces, con dos días de intervalo entre cada sesión.

GRATITUD FOCALIZADA PARA ALINEAR TU ENERGÍA

Como en cualquier ámbito de la vida, la gratitud puede impulsar el cambio en las relaciones. Los siguientes ejercicios te ayudarán a utilizar la gratitud focalizada para reparar un vínculo roto con alguien o crear una nueva conexión.

Ejercicio: Gratitud para reparar relaciones

Recurre a este ejercicio cada vez que una relación atraviese algún tipo de dificultad. Tanto si estás peleado con alguien como si no os habláis, o simplemente os cuesta conectar o encontrar la paz, este ejercicio puede cambiar la energía entre tú y la otra persona para crear más armonía y disipar la negatividad. Lo mejor es que la otra persona no tiene por qué saber que lo estás haciendo, pero a nivel energético y del alma, siente un cambio. ¡Y tú también lo sentirás!

Es importante tener en cuenta que, en algunos casos, una relación puede haber llegado a su fin. Puede que las lecciones se hayan aprendido y completado, y que la relación, tal como la conoces, nunca vuelva a ser la misma o se termine. Deja eso en manos del universo y de lo que se corresponde con el bien más elevado, y utiliza este ejercicio con la intención de sanarte a ti mismo para que pases a un estado de paz y aceptación.

Te recomiendo que hagas este ejercicio al menos dos veces al día hasta que veas un cambio en la relación o te encuentres más en paz y contento con la persona, aunque no volváis a hablar nunca.

Paso 1. Imagínate a la persona

Busca una foto –digital o física– de la persona que es el centro de este ejercicio. También puedes imaginártela delante de ti si no tienes una foto.

Paso 2. Expresa gratitud

Mira la foto, o imagina que tienes delante a esa persona, y di en voz alta tres cosas, pasadas o presentes, por las que le estás agradecido. Procura pensar en algo distinto cada vez que hagas el ejercicio.

Por ejemplo:

- Muchas gracias _____ [nombre] por la vez que me sorprendiste regalándome flores.
- Muchas gracias _____ [nombre] por acompañarme al médico cuando estuve enfermo.
- Muchas gracias _____ [nombre] por hablar conmigo aquella vez que estaba disgustado por [rellena el espacio en blanco].
- _____ [Nombre], te estoy muy agradecido por la vez que me recogiste del trabajo para que no tuviera que conducir en la nieve.

Paso 3. Envíale muestras de benevolencia

Se cree que la práctica budista tradicional conocida como benevolencia, o *metta*, se originó en la India antes de la época de Buda. Se ha demostrado que esta práctica cultiva la compasión, la aceptación y el amor por ti y por tus semejantes, ya que envía intencionadamente positividad y bondad a uno mismo y a los demás. Puede resultar difícil enviarle a alguien bondad amorosa cuando estás enfadado o herido, y si es así, te recomiendo que lo imagines como un niño en lugar de como el adulto que te hizo daño.

Contempla su foto, o recuerda su imagen, y recita las siguientes frases:

Igual que yo, quieres ser feliz.

Igual que yo, quieres liberarte del dolor.

Igual que yo, has sentido tristeza y pena en tu mente y en tu corazón.

Igual que yo, puedes enfadarte y actuar.

Igual que yo, amas y quieres que te amen.

De nuevo, mira la foto, o recuerda su imagen, y recita lo siguiente, haciendo una pausa después de cada afirmación para enviar la energía de tu corazón a su corazón. Incluso puedes imaginar que una energía verde y curativa sale de tu corazón y entra en el suyo.

Que seas feliz.

Que estés sano.

Que estés tranquilo.

Que estés y te sientas seguro.

Que ames y seas amado.

Paso 4. Envíate a ti mismo benevolencia

Coloca las manos sobre el corazón y envíate la misma benevolencia. Recita lo siguiente:

Que sea feliz.

Que esté sano.

Que esté tranquilo.

Que esté y me sienta seguro.

Que ame y me amen.

Ejercicio: Gratitud por encontrar un nuevo amor

Cuando deseamos encontrar un nuevo amor o una pareja con la que compartir la vida, a menudo nos centramos más en el hecho de que esa persona todavía no está con nosotros que en la emoción de cómo será la vida cuando llegue. Hay impaciencia, anhelo y tristeza cuando tu mente se centra en lo que no tienes, pero no puedes crear un nuevo amor si te centras en el vacío que sientes ahora mismo. ¡Ahí es donde entra en juego este ejercicio!

Este ejercicio te ayuda a cultivar la emoción y la alegría en torno a la nueva relación que se está cocreando con el universo, y te recomiendo que lo practiques al menos tres veces al día, así como cada vez que te encuentres triste o solo mientras esperas la llegada de tu nuevo amor.

Paso 1. Imagina la vida con tu amor

Tres veces al día, piensa en una actividad que hagas a diario o semanalmente, como preparar el desayuno, ir al trabajo, ver tus programas de televisión favoritos, leer en la cama o hacer la compra. Luego imagina que la realizas con tu nuevo amor, que ya forma parte de tu vida. Imagina cómo es y cómo te sientes. Imagínatelo incluso mientras estés llevando a cabo esa actividad.

Por ejemplo:

- Imagínate haciendo el desayuno para los dos... ¡o a tu pareja haciéndote el desayuno! Imagínate charlando con ella mientras tanto y lo que sentirás al estar a su lado por la mañana.
- Mientras te diriges al trabajo, imagina que recibes un mensaje de texto de tu pareja en el que te dice: «Te quiero y ya te echo de menos», y experimenta qué se siente y cómo le respondes.
- Cuando estés leyendo en la cama, imagina a tu amor leyendo a tu lado, ¡porque también ama los libros!

- Imagínate haciendo la compra con tu pareja y siente la felicidad de estar con ella durante esta actividad.

Paso 2. Imagina algo que haréis juntos

Piensa en una afición, o en algo que te guste hacer, que quieras que tu amor disfrute o experimente contigo. Podría ser una clase de yoga, salir a cenar, ver una película, hacer senderismo por un lugar nuevo o ir de vacaciones a Italia. Luego imagínate haciéndolo con tu amor y cómo te sientes al estar a su lado. Imagínate en el avión juntos o yendo en coche a un restaurante en una cita nocturna. Siente la gratitud en tu corazón por esos momentos y por el hecho de que el universo os haya reunido a los dos.

Paso 3. Termina con una afirmación

Siente gratitud por la presencia de esta persona en tu vida. Pon una gran sonrisa en los labios y di en voz alta o mentalmente a ti y al universo: «Ahora mismo estoy creando con alegría esta relación de amor incondicional en mi vida».

BONUS: A medida que transcurre tu día, piensa en cómo cambiará todo cuando tu nuevo amor esté en tu vida, imaginándotelo como si ya estuviera contigo.

El siguiente capítulo se centra en la trayectoria profesional y el propósito. Si quieres embarcarte en una carrera totalmente diferente, encontrar una nueva oportunidad de empleo, conseguir un ascenso, crear o hacer crecer un negocio, o descubrir tu pasión y tu propósito, existen herramientas espirituales que te ayudarán a conseguirlo.

Capítulo 9

CARRERA PROFESIONAL Y PROPÓSITO

POR REGLA GENERAL, LA GENTE PASA UNA tercera parte de su vida en el trabajo y, desgraciadamente, la mayoría trabaja solo para ganar un sueldo, en lugar de dedicarse a una actividad que les guste y por la que además les paguen. También hay muchísima gente que, aunque le encante lo que hace, no está contenta con su empleo o empresa actual, de manera que decide quedarse por miedo: miedo al cambio, miedo a no poder pagar las facturas si deja el trabajo, o miedo a que un nuevo empleo o empresa la ponga en una situación peor. En lugar de atreverse a cambiar, se quedan en situaciones en las que no se sienten contentos, y con el tiempo eso empieza a minar su alegría, les roba la paz y les impide hacer lo que aman o lo que están destinados a hacer en esta vida.

¿Te resulta familiar esta situación? A mí, sin duda, sí; esto es lo que me pasaba cuando trabajaba a tiempo completo como editora de una revista en Nueva York, pero lo que quería de verdad era centrarme únicamente en mi propio negocio. Hablé de esta experiencia en la introducción y conté cómo el universo me ayudó a salir adelante de una forma sorprendente. Lo mismo te puede pasar a ti. La idea de negocio que tienes, tu anhelo de cambiar de profesión o la sensación de que te gusta lo que haces pero no la empresa o la persona para la que trabajas son señales de que hay otras opciones esperándote. Es posible hacer un cambio, y cuando el universo te guía, siempre es más fácil conseguirlo. Puede que ahora mismo no veas la senda, pero existe. Y cuando pidas ayuda, se iluminará ante ti. El propósito de este capítulo es ayudar a iluminar esa senda.

Además, quienes busquéis crecimiento y expansión en una carrera actual, o en vuestro propio negocio, podéis utilizar las mismas herramientas. Yo utilizo las herramientas de este capítulo cada vez que me siento estancada en mi negocio, necesito una solución, busco nuevas ideas e inspiración, o quiero llevar a cabo un cambio. Mis ayudantes superiores nunca me han defraudado, y los tuyos tampoco lo harán.

AYUDANTES SUPREMOS PARA LA CARRERA PROFESIONAL Y EL PROPÓSITO

Independientemente de la solución o el cambio que busques en tu carrera y tu propósito, existen ayudantes superiores que te asistirán. Recurre a ellos para obtener nuevas ideas de negocio, más confianza y crecimiento profesional, así como para descubrir el mejor camino que te aporte más alegría.

Albert Einstein

Albert Einstein, ganador del Premio Nobel de Física, hizo muchos descubrimientos y revolucionó el pensamiento científico. A él recurren los empresarios o cualquiera que busque resolver problemas, crear nuevos productos o tener ideas empresariales novedosas.

Andrew Carnegie

Andrew Carnegie fue un líder en la expansión de la industria siderúrgica y se convirtió en uno de los estadounidenses más ricos de la historia. Invócalo para generar nuevas ideas, para que te guíe en la toma de decisiones empresariales (especialmente como empresario), para que te ayude a mantener una mentalidad en consonancia con la prosperidad y el éxito, y para que dirija a alguien hacia recursos que puedan ser de ayuda.

Arcángel Chamuel

El arcángel Chamuel, asociado a menudo con la búsqueda del amor y de nuevas relaciones, también puede ser invocado para encontrar el propósito de tu vida, una nueva trayectoria profesional o un nuevo trabajo.

Arcángel Gabriel

Como ángel de la comunicación, el arcángel Gabriel ayuda en todos los aspectos de esta, especialmente a escritores, profesores y artistas que desean transmitir sus mensajes con claridad y amor. También te ayuda a superar el miedo y la postergación a la hora de comunicarte.

Arcángel Haniel

Invoca al arcángel Haniel para que te ayude a crear nuevos comienzos en tu carrera o propósito vital y a alinearte con las señales y sincronicidades, ayudándote a reconocer la guía enviada.

Arcángel Jofiel

El arcángel Jofiel, conocido como el ángel de la belleza, contribuye a equilibrar las emociones negativas y positivas y te ayuda a pasar rápidamente de una mentalidad negativa a una positiva. También te impulsa a tener pensamientos más positivos y a descubrir la belleza y la alegría a tu alrededor, incluso en medio de las dificultades.

Arcangelina Aurora

Como llama gemela del arcángel Uriel, facilita un nuevo comienzo o renacimiento, y además enciende la pasión en la carrera o el propósito. La arcangelina Aurora gobierna el chakra del plexo solar y se recurre a ella para que te ayude a mantenerte en tu poder y a asumir quién eres y lo que deseas, conservando al mismo tiempo tu paz interior.

Arcangelina Esperanza

A la arcangelina Esperanza, la llama gemela del arcángel Gabriel, se la invoca para aprovechar las ideas creativas o la inspiración en torno al trabajo. La arcangelina Esperanza te ayuda a dar a luz nuevas ideas, a potenciar la creatividad y a mantener las vibraciones de esperanza y optimismo para dar forma a los deseos en el mundo físico.

Benjamin Franklin

Padre fundador de Estados Unidos que ayudó a redactar y firmar la Declaración de Independencia, también fue científico, inventor, escritor, impresor y editor. Se recurre a él para generar nuevas ideas de éxito y resolver problemas. Ayuda a escritores, a quienes se dedican a la política y a cualquier emprendedor que desee hacer prosperar su negocio.

Bob Proctor

Autor superventas y maestro de la ley de la atracción, la manifestación y el éxito, también creó una empresa de éxito llamada Proctor Gallagher Institute ('instituto Proctor Gallagher'), que ofrece cursos y asesoramiento a quienes están lanzando un emprendimiento y desean aumentar su riqueza. A Bob Proctor lo invocan emprendedores que quieren crear o hacer crecer un negocio, así como cualquiera que desee aumentar su riqueza y cambiar su mentalidad en este ámbito con el fin de hacerla más positiva.

C. J. Walker (Sara Breedlove)

C. J. Walker, la primera mujer millonaria hecha a sí misma en Estados Unidos, según el *Libro Guinness de los récords*, fue empresaria, activista y filántropa. Desarrolló una línea de cosméticos y productos para el cuidado del cabello destinados específicamente a las mujeres afroamericanas. A ella recurren los emprendedores que quieren crear nuevos productos o servicios y ser perseverantes.

Charles F. Haanel

Charles F. Haanel, maestro del Nuevo Pensamiento, empresario de éxito y autor de *El sistema de la llave maestra* (publicado en 1912), impartió clases sobre diversos temas metafísicos, como la ley de la atracción, el poder de la mente y la consecución del éxito y la prosperidad. Acude a él si buscas ayuda con la manifestación, el mantenimiento de una mentalidad positiva, la abundancia y el éxito profesional.

Diosa Atenea

Invoca a esta diosa griega para que te ayude en cualquier actividad intelectual, ya sea hacer un examen, aprender una nueva habilidad o tomar una decisión profesional importante. La diosa Atenea también asiste a las mujeres que buscan la igualdad en el lugar de trabajo y te ayuda a defenderte y a confiar en tus habilidades y capacidades.

Diosa Brígida

Deidad irlandesa de la primavera, la fertilidad, el fuego y el agua, la diosa Brígida despierta la imaginación, la inspiración, la creatividad y un nuevo caudal de ideas en la carrera y los negocios, y ayuda a cualquiera que se sienta bloqueado creativamente a conseguir que las ideas vuelvan a fluir. También aporta claridad, valor y confianza en tus capacidades y talentos.

Diosa Deméter

Diosa griega de la cosecha, el grano y la fertilidad de la Tierra, la diosa Deméter alimenta los esfuerzos en el crecimiento de un negocio o un nuevo proyecto, proporcionando perseverancia para ayudar a alcanzar los objetivos.

Diosa Ostara

Esta diosa germánica del amanecer y la primavera ayuda a impulsar nuevos comienzos y a alumbrar nuevas ideas. La diosa Ostara es ideal para invocarla al inicio de una nueva empresa, ya que proporciona inspiración y guía, además de aumentar la confianza en uno mismo.

Diosa Saraswati

Saraswati, diosa hindú del conocimiento, la sabiduría y la educación, proporciona orientación en cualquier búsqueda intelectual y también es patrona de los artistas. Invócala para que disuelva los bloqueos creativos o te ayude con un nuevo proyecto creativo. Asimismo, es la diosa de la música y apoya a los músicos y a quienes trabajan en el ámbito musical.

Djwal Khul

Djwal Khul, un maestro ascendido que fue seguidor de Buda y maestro budista tibetano durante su vida, también conocido como

Djwahl Khul, Djwal Kul, el Maestro D. K., o simplemente DK, ayuda a quienes buscan un propósito más profundo en la vida a encontrar y seguir su *dharma*, o camino del alma, en esta existencia.

Dr. Wayne Dyer

Autor superventas y maestro espiritual, enseñó sobre la manifestación y la autorrealización, y también fue un autor de éxito, que empezó vendiendo libros que llevaba en el maletero de su coche. Cualquiera que desee emprender una carrera en un campo espiritual, seguir una carrera como escritor o hacer *marketing* de sí mismo o de un negocio puede recurrir al Dr. Wayne Dyer en busca de orientación y apoyo.

Elizabeth Arden

Nacida como Florence Nightingale Graham, fue pionera y empresaria de la industria cosmética, que abrió su primer salón en 1910 en la Quinta Avenida de Nueva York. Tras un viaje a París, fue la primera persona en introducir el maquillaje de ojos en el mercado estadounidense, y en 1929 poseía ciento cincuenta salones tanto en Estados Unidos como en Europa. Los emprendedores la invocan para que los ayude con ideas de negocios, perseverancia y asistencia en la toma de decisiones empresariales clave.

Florence Scovel Shinn

Artista y maestra metafísica estadounidense, Florence Scovel Shinn escribió varios libros sobre la prosperidad, el éxito y el uso de afirmaciones, entre ellos *El juego de la vida y cómo jugarlo* y *La palabra es tu varita mágica*. Acude a ella para que te ayude con el dinero, la abundancia y el éxito, y a desarrollar una mentalidad positiva.

Ganesha

Dios hindú conocido como el eliminador de obstáculos, Ganesha ayuda a suprimir y despejar cualquier obstáculo que te impida avanzar en tu carrera o propósito.

Geneviève Behrend

Maestra del Nuevo Pensamiento y las ciencias mentales, es autora de varios libros, entre ellos *Tu poder invisible* y *Alcanzar el deseo de tu corazón*. Geneviève Behrend dio conferencias sobre el poder de la mente y el uso de la visualización para el éxito, y fundó escuelas del Nuevo Pensamiento en Nueva York y Los Ángeles. Invócala para que te ayude a cambiar tu mentalidad y tu energía con el fin de mantenerte en sintonía con lo que quieres crear en torno a tu carrera y tus negocios.

Napoleon Hill

Autor del libro *Piense y hágase rico*, maestro de la ley de la atracción y la manifestación, y mentor de Andrew Carnegie, Napoleon Hill pasó años entrevistando a empresarios para descubrir los principios comunes del éxito. Acude a él para que te ayude a cambiar tu mentalidad de negativa a positiva y, en concreto, a crear una mentalidad de crecimiento y éxito.

Steve Jobs

Steve Jobs fue el cofundador, presidente y consejero delegado de Apple. Como tal, los empresarios y los directivos de empresas recurren a él para que los ayude a tener nuevas ideas, inspiración y crecimiento.

W. Clement Stone

Creó una exitosa compañía de seguros y también practicó y enseñó la ley de la atracción y la manifestación, además de escribir libros sobre el tema, entre ellos *El sistema que nunca falla para alcanzar el éxito*. Recurre a W. Clement Stone para todo lo relativo a los negocios, las ventas y el cambio de mentalidad para centrarte en el éxito.

CRISTALES PARA LA CARRERA PROFESIONAL Y EL PROPÓSITO

Aquí tienes una lista de cristales que ayudan con la confianza, la comunicación, la resolución de problemas, la creatividad y el propósito.

Ágata de fuego
Esta piedra altamente creativa enciende la pasión y la energía alegre para seguir tus sueños y tu dicha y encontrar la carrera o el trabajo adecuados. El ágata de fuego enciende tu deseo de pasar a la acción y es útil para cualquier persona en un campo creativo, como artistas, escritores y actores, ya que fomenta la expresión de la creatividad y elimina los bloqueos creativos. Asimismo, es una piedra protectora y enraizadora.

Ágata musgosa
Otra piedra asociada a la riqueza, la abundancia, el crecimiento, la expansión y los nuevos comienzos, el ágata musgosa es ideal para los empresarios y quienes buscan atraer nuevos negocios.

Aragonita marrón
La aragonita marrón es útil para la multitarea y la resolución de problemas, ya que te ayuda a llegar a la raíz de los mismos para encontrar una solución y superar los bloqueos creativos.

Citrino

Aunque a menudo se considera una piedra de la abundancia, el citrino también aumenta la confianza y la productividad, ayuda a atraer la atención hacia tu trabajo y aumenta el éxito profesional.

Cornalina

La cornalina, una excelente piedra para el éxito en el trabajo, aumenta la motivación, la creatividad, la confianza y el liderazgo. Si se guarda en una oficina, incrementa la productividad y ayuda a encontrar un nuevo trabajo, a conseguir un ascenso o a crecer profesionalmente.

Cuarzo transparente

Esta piedra maestra sanadora es universal, amplifica cualquier intención con la que se programe y aumenta la energía de cualquier piedra que se coloque cerca o encima de ella.

Estilbita

El nombre de esta gema procede de la palabra griega que significa 'brillar', y eso es lo que te ayuda a hacer. La estilbita aumenta la confianza en ti mismo y la paz interior, y te libera del juicio de los demás, por lo que ayuda a aumentar la consciencia del amor y la alegría. También es útil para los emprendedores que buscan formar un equipo eficaz y fuerte.

Fluorita

La fluorita es una piedra perfecta para buscar claridad y concentración, así como equilibrio emocional, y ayuda a tomar decisiones importantes en la carrera o los negocios.

Jaspe Kambaba (o jaspe cocodrilo)

Esta gema aumenta la prosperidad y el flujo de dinero, mejora una carrera ya establecida y desvía los cambios no deseados o innecesarios en los negocios para atraer nuevos comienzos y la energía de la expansión. El jaspe Kambaba es ideal para utilizarlo cuando se inicia un nuevo proyecto con la intención de generar beneficios.

Jaspe mookaita

Esta piedra aumenta la confianza en ti mismo y la autoestima, y te ayuda a desarrollar todo tu potencial, al tiempo que activa el chakra del plexo solar para que interiorices tu poder y lo asumas. El jaspe mookaita es una piedra enraizadora y útil para superar la procrastinación, a la vez que fomenta la motivación para alcanzar los objetivos.

Jaspe policromado

Esta piedra preciosa conecta con tu imaginación y tus canales creativos y te ayuda a resolver problemas o a hallar soluciones e ideas creativas. El jaspe policromo es útil para encontrar un nuevo trabajo, cambiar de carrera o hacer crecer una empresa. También es una poderosa piedra de manifestación, asociada con la pasión y el movimiento.

Lapislázuli

Coloca lapislázuli en tu casa u oficina para dar la bienvenida a la prosperidad, la abundancia, la fortuna y la buena suerte, y cuando busques éxito empresarial y progreso profesional.

Ojo de halcón (también conocido como ojo de tigre azul)

Como piedra de protección y fuerza, el ojo de halcón proporciona claridad y te ayuda a encontrar la dirección y el propósito en la vida y en la carrera para tener claro tu mensaje y la labor que quieres desempeñar en el mundo. También ayuda a liberar el miedo y los bloqueos.

Ojo de tigre

Conocida a menudo como la piedra del coraje, el ojo de tigre aumenta la confianza y la fuerza y, como piedra de los chakras sacro y raíz, es muy enraizadora y protectora. Ayuda a construir unos cimientos sólidos en un negocio o carrera y proporciona claridad al activar el intelecto y agudizar las facultades mentales.

Piedra solar

Esta piedra del liderazgo te ayuda a encontrar y abrazar tu poder personal, a superar las dudas sobre ti mismo y a defender tus intereses cuando se trata de un ascenso laboral o del crecimiento de tu carrera. La piedra solar se asocia con el éxito profesional en general y está vinculada a la alegría, la buena suerte, la prosperidad y la fortuna. Equilibra las energías masculina y femenina, fomenta el optimismo y es útil a la hora de sopesar opciones y tomar decisiones profesionales importantes.

Pirita

Aunque esta piedra es conocida como imán del dinero, la pirita también ayuda a atraer oportunidades profesionales y los recursos y personas adecuados para el crecimiento y el éxito.

Riolita

Tanto si quieres encontrar tu propósito como si lo que deseas es hacer la transición a una nueva carrera profesional, la riolita te anima a perseguir tus sueños, enciende la creatividad y te ayuda a descubrir y reconocer un potencial superior.

Turmalina verde

Utiliza la turmalina verde para atraer el éxito y la abundancia en la carrera y los negocios. También es ideal para ayudarte a convertir una pasión en una carrera o negocio de éxito.

ORACIONES DE AYUDA PARA LA CARRERA PROFESIONAL Y EL PROPÓSITO

Tanto si buscas un nuevo trabajo como si quieres cambiar de carrera o encontrar un propósito, estas siete oraciones te ayudan a invocar a un equipo especializado de ayudantes superiores para que te asistan.

Oración: Encontrar mi propósito

Querido universo, invoco a mis ángeles, guías, seres queridos que han fallecido y todos los miembros de mi sociedad de almas, solo a los de la vibración más elevada, para que estén conmigo ahora que busco conectar con mi verdadero propósito y con el trabajo que debo hacer en esta vida.

Llamo específicamente al arcángel Chamuel, a Djwal Khul y a la diosa Ostara para que me dirijan en esta búsqueda y pido a la arcangelina Aurora y al arcángel Haniel que me ayuden a crear este nuevo comienzo y renacimiento en mi vida, encendiendo mi pasión hacia mi propósito ahora y en el futuro. Asimismo, te ruego que me ayudes a acceder a mi poder y a asumir lo que soy y lo que deseo sin miedo ni preocupaciones. Y a Ganesha, le pido que elimine cualquier cosa que me impida encontrar y seguir mi propósito ahora.

Por favor, enviadme señales, sincronicidades e ideas no solo para descubrir mi propósito, sino para seguirlo, y ayudadme a reconocerlas y a actuar en consecuencia cuando lleguen.

Estoy enormemente agradecido por toda vuestra ayuda en este asunto. Amén.

Oración: Hacer crecer mi negocio

Querido universo, invoco a mis ángeles, guías, seres queridos que han fallecido y todos los miembros de mi sociedad de almas, solo a los de la vibración más elevada, para que estén conmigo ahora. Quiero hacer crecer mi negocio, concretamente _____ [añade aquí cualquier intención que tengas].

Para ayudarme en esto, invoco a Albert Einstein, Andrew Carnegie, a la arcangelina Esperanza, Benjamin Franklin, Bob Proctor, Elizabeth Arden, la diosa Brigid, la diosa Ostara, la diosa Saraswati, C. J. Walker, Steve Jobs y W. Clement Stone para que trabajéis de forma colectiva utilizando vuestras habilidades y sabiduría para ayudarme, sobre todo a la hora de descubrir nuevas ideas y soluciones que satisfagan las necesidades de mis clientes y hagan crecer mi negocio en tamaño y beneficios, y para tomar las mejores decisiones para ello.

Diosa griega Deméter, te pido que me ayudes a encontrar la perseverancia interior con el fin de alcanzar mis objetivos, sean cuales sean los obstáculos a los que me enfrente en este camino, y diosa Atenea, diosa Brígida y diosa Ostara, ayudadme a reforzar mi fe en mis habilidades y capacidades, así como la confianza que necesito para tomar las decisiones correctas que conduzcan al crecimiento de mi negocio.

Andrew Carnegie, arcangelina Esperanza, arcángel Jofiel, Bob Proctor, Charles F. Haanel, Florence Scovel Shinn, Geneviève Behrend, Napoleon Hill y doctor Wayne Dyer, os pido que me ayudéis con mi mentalidad para que pueda mantenerme positivo mientras conservo la vibración de la esperanza y el optimismo en torno a mi negocio. Asimismo, os pido que me dirijáis a cualquier recurso que pueda ayudarme a hacerlo. Y Ganesha, te ruego que trabajes conmigo y elimines cualquier obstáculo que me impida a mí y a mi negocio alcanzar el éxito y el crecimiento.

Por favor, enviadme las señales, sincronicidades, personas e ideas que puedan apoyarme a la hora de conseguir esto y más, y ayudadme a reconocerlas y a actuar en consecuencia cuando lleguen.

En agradecimiento por toda vuestra ayuda y sabiduría ahora y en el futuro. Amén.

Oración: Aumentar la confianza en los negocios

Querido universo, invoco a mis ángeles, guías, seres queridos que han fallecido y todos los miembros de mi sociedad de almas, solo a los de la vibración más elevada, para que estén conmigo ahora.

Pido ayuda para creer en mí mismo y en mis capacidades en lo referente a la carrera y los negocios, y para encontrar la confianza interior que me permita hacer mi trabajo y tomar las mejores decisiones para avanzar.

Invoco a Andrew Carnegie, a la arcangelina Esperanza, al arcángel Jofiel, a Bob Proctor, a Charles F. Haanel, a Florence Scovel Shinn, a Geneviève Behrend, a Napoleon Hill y al doctor Wayne Dyer para que me ayuden a mantener mis pensamientos alineados con el éxito, a verme a mí mismo bajo una luz positiva y a dirigirme a todos los recursos que puedan ayudarme.

Arcangelina Aurora, diosa Atenea, diosa Brígida y diosa Ostara, os pido que trabajéis juntas y me ayudéis a tener la confianza que necesito para dar un paso hacia mi poder, asumir quién soy y lo que deseo en relación con mi carrera y ganar más confianza en mis habilidades y capacidades. Asimismo, le pido al arcángel Gabriel que me ayude a superar el miedo o la postergación a la hora de hacer oír mi voz y comunicar mis necesidades y deseos dentro de mi carrera y mi negocio.

También invoco a la autora superventas y maestra espiritual Louise Hay, que enseñó amor propio y sanación, para que me guíe a aumentar mi autoestima y para que encuentre formas de eliminar cualquier obstáculo que se interponga en mi confianza y en mi capacidad de creer en mí mismo y de amarme, sea cual sea la circunstancia.

Os pido a todos que me guieis con señales, sincronicidades, ideas, oportunidades y personas que me apoyen en esto ahora, y os ruego que me ayudéis a reconocerlas y a actuar en consecuencia cuando lleguen. Gracias de antemano por toda vuestra ayuda. Amén.

Oración: Crecimiento y ascenso laboral

Querido universo, invoco a mis ángeles, guías, seres queridos que han fallecido y todos los miembros de mi sociedad de almas, solo a los de la vibración más elevada, para que me acompañen ahora que estoy tratando de crecer en mi carrera, ya sea a través de un ascenso o de alguna otra forma que redunde en mi bien más elevado.

Invoco a Andrew Carnegie, a la arcangelina Esperanza, al arcángel Jofiel, a Bob Proctor, a Charles F. Haanel, a Florence Scovel Shinn, a Geneviève Behrend, a Napoleon Hill y al doctor Wayne Dyer para que me apoyen en este cometido ayudándome a mantener mis pensamientos alineados con el éxito y la prosperidad y me envíen cualquier recurso que pueda servirme para ello.

Arcangelina Aurora, arcángel Haniel, diosa Atenea, diosa Brígida y diosa Ostara, os pido ayuda para asumir mi poder y ser consciente de quién soy y de lo que deseo en relación con mi carrera y para que me ayudéis a crear más confianza en mis habilidades y capacidades. Arcángel Gabriel, te ruego que me ayudes a superar cualquier miedo o dilación que me impida alzar la voz y comunicar mis necesidades y deseos. Y a Ganesha, le suplico que elimine todos y cada uno de los obstáculos que bloquean ahora mi camino para lograr este crecimiento y éxito. Guiadme y enviadme las señales, sincronicidades, ideas, personas y oportunidades que necesito para lograr esto o algo mejor, y ayudadme también a reconocerlas y a actuar en consecuencia cuando lleguen. Os doy las gracias por toda vuestra ayuda y orientación en este asunto en este momento. Amén.

Oración: Nuevo empleo

Querido universo, invoco a mis ángeles, guías, seres queridos que han fallecido y todos los miembros de mi sociedad de almas, solo a los de la vibración más elevada, para que estén conmigo ahora, mientras busco un nuevo empleo en el área de _____ [rellena el espacio en blanco] en el que gane _____ [rellena el espacio en blanco] o más por [año o mes] y que me aporte felicidad, alegría y plenitud cada día.

Invoco al arcángel Chamuel para que me dirija hacia este nuevo trabajo y a Andrew Carnegie, a la arcangelina Esperanza, al arcángel Jofiel, a Bob Proctor, a Charles F. Haanel, a Florence Scovel Shinn, a Geneviève Behrend, a Napoleon Hill y al doctor Wayne Dyer para que me ayuden a mantener mis pensamientos alineados con el éxito y la prosperidad y me envíen cualquier recurso que pueda ayudarme a conseguirlo.

Arcangelina Aurora y arcángel Haniel, os ruego que colaboréis para facilitar este nuevo comienzo y renacimiento en mi vida y me ayudéis a reconocer mi poder y a asumirlo en lo que respecta a mi carrera, especialmente en las entrevistas de trabajo. También pido al arcángel Gabriel que me ayude a comunicarme de forma clara e inteligente en cualquier entrevista de trabajo para resaltar mis habilidades y causar la mejor impresión ante los posibles empleadores. Y diosa Atenea, te ruego que me ayudes a tomar la decisión correcta sobre qué trabajo aceptar y a tener confianza en mis habilidades y capacidades en mi trabajo, así como confianza en mi capacidad para encontrar un nuevo empleo que me guste.

Por último, Ganesha, te pido que elimines todos y cada uno de los obstáculos que me impiden encontrar y obtener este nuevo trabajo ahora con facilidad y soltura.

Por favor, enviadme las señales, sincronicidades, ideas, personas y oportunidades que me ayuden a conseguirlo. En gratitud por toda vuestra guía y asistencia ahora. Amén.

Oración: Nueva carrera

Querido universo, invoco a mis ángeles, guías, seres queridos que han fallecido y todos los miembros de mi sociedad de almas, solo a los de la vibración más elevada, para que estén conmigo ahora que quiero cambiar de rumbo hacia una nueva carrera. Quiero ganar _____ [cantidad de dinero] o más al año haciendo un trabajo que me entusiasme, encienda mi pasión y me haga sentir feliz y realizado cada día, y le pido al arcángel Chamuel que me dirija ahora hacia la oportunidad perfecta.

Arcangelina Aurora y arcángel Haniel, ayudadme a crear este nuevo comienzo y renacimiento en mi vida y carrera, y diosa

Atenea, guíame hacia cualquier nueva habilidad que me ayude ahora. También invoco a la diosa Brígida y a la diosa Ostara para que aumenten mi confianza en mí mismo y en mis capacidades para crear ahora una nueva oportunidad profesional. Asimismo, pido ayuda con mi actitud –específicamente para mantener una mentalidad positiva a lo largo de este proceso y alineada con el éxito y la prosperidad– y les pido a Andrew Carnegie, a la arcangelina Esperanza, al arcángel Jofiel, a Bob Proctor, a Charles F. Haanel, a Florence Scovel Shinn, a Geneviève Behrend, a Napoleon Hill y al doctor Wayne Dyer que me ayuden con esto y me envíen cualquier recurso que pueda ayudarme. Ganesha, te ruego que elimines cualquier obstáculo que bloquee mi camino para encontrar una nueva carrera que sea próspera y satisfactoria y me haga verdaderamente feliz cada día.

Os pido que me enviéis las señales, sincronicidades, ideas, personas y oportunidades que me hagan avanzar más rápidamente ahora, y me ayudéis a reconocerlas y a actuar en consecuencia cuando lleguen. Gracias por toda vuestra ayuda en esta búsqueda. Amén.

Oración: Empezar un negocio

Querido universo, invoco a mis ángeles, guías, seres queridos que han fallecido y todos los miembros de mi sociedad de almas, solo a los de la vibración más elevada, para que estén conmigo ahora que comienzo una nueva aventura empresarial. [Indica aquí qué negocio estás empezando].

Pido que mis pensamientos y decisiones sean guiados para poder crear un negocio próspero y rentable mientras sirvo a los demás en el proceso. Pido específicamente a Albert Einstein, Andrew Carnegie, Benjamin Franklin, Bob Proctor, Elizabeth

Arden, C. J. Walker y Steve Jobs que unan sus fuerzas para emplear sus habilidades en los negocios y la invención y guiarme hacia nuevas ideas y soluciones que satisfagan las necesidades de mis clientes y hagan crecer mi negocio ahora y en el futuro. Diosa Deméter, también te pido ayuda para perseverar en mis objetivos de crear y hacer crecer este negocio, incluso cuando aparezcan obstáculos en mi camino.

Al embarcarme en esta nueva empresa, pido ayuda a la arcangelina Aurora y al arcángel Haniel para que me ayuden a crear este nuevo comienzo y renacimiento en mi vida, y a la diosa Atenea para que me dirija hacia cualquier nueva habilidad que pueda adquirir para tener éxito. Asimismo, pido a la diosa Brígida y a la diosa Ostara que me ayuden a aumentar la confianza en mis aptitudes y capacidades en lo que se refiere a este negocio y a gestionarlo con éxito ahora y en el futuro.

Además, invoco a Andrew Carnegie, a la arcangelina Esperanza, a Bob Proctor, a Charles F. Haanel, a Florence Scovel Shinn, a Geneviève Behrend, a Napoleon Hill y al doctor Wayne Dyer para que me ayuden a mantener mi mentalidad alineada con el éxito y la prosperidad, y para que me envíen cualquier recurso que pueda servirme para ello. Por último, Ganesha, te ruego que elimines ahora cualquier obstáculo que bloquee mi camino hacia una actividad empresarial de éxito.

Por favor, enviadme ahora las señales, sincronicidades, ideas, recursos, personas y oportunidades que me ayuden con mi nuevo negocio, y apoyadme para que los reconozca y actúe en consecuencia cuando lleguen.

En profunda gratitud por toda vuestra ayuda en este proceso ahora y en el futuro. Amén.

RITUALES PARA LA CARRERA PROFESIONAL Y EL PROPÓSITO

Estos cuatro rituales se utilizan para atraer nuevas oportunidades, crecimiento e ideas.

Ritual: Crecimiento profesional y empresarial

¿Buscas un ascenso, crecer profesionalmente o ampliar tu negocio? Este ritual puede ayudarte, e incluye dos variedades distintas: para emprendedores y para quienes trabajan por cuenta ajena. Aunque su preparación solo debe realizarse una vez, la oración para pedir ayuda superior ha de hacerse durante cuarenta días seguidos sin saltarse ninguno. ¿Por qué cuarenta días? Hay estudios que demuestran que se necesitan cuarenta días para cambiar un comportamiento o crear un cambio en la mente subconsciente, y además, cuarenta es un número al que se hace referencia en muchas tradiciones espirituales y religiones como el periodo de tiempo ideal para crear una transformación positiva, superar retos y crecer a nivel espiritual. Por ejemplo, en la religión católica, la Cuaresma dura cuarenta días y representa el tiempo que Jesús pasó ayunando y rezando en el desierto antes de dedicarse a enseñar y ayudar a los demás.

Elementos necesarios:

- Un manojo de salvia, madera de palo santo o incienso para quemar, o tu espray favorito para limpiar la energía
- Papel y bolígrafo
- [Para emprendedores y empresarios] Una piedra de ágata musgosa (de cualquier forma o tamaño)
- [Para el crecimiento profesional de quienes trabajan por cuenta ajena] Una piedra de pirita (de cualquier forma o tamaño)

- Ocho cristales de cuarzo transparente, cada uno con una punta (la punta en un extremo)
- Tu tarjeta de visita o el nombre de tu empresa/cargo escrito en un trozo de papel

Paso 1. Limpia la energía

En la parte de tu casa dedicada a la carrera profesional según el *bagua* del *feng shui* (ver el capítulo dos), que es la que se encuentra cerca de la puerta principal, purifica la energía utilizando salvia, palo santo o incienso (o espray purificador). Limpia también la energía de los cristales pasándolos por el humo o rociándolos directamente.

Paso 2. Programa los cristales

Coloca las manos sobre los cristales que vayas a utilizar y repite esta oración en voz alta o mentalmente:

> Pido a la energía del universo que limpie toda la energía no deseada y la programación anterior de estos cristales. Ahora les ordeno —y los programo para ello— que trabajen con mi energía y aprovechen la energía del universo a mi alrededor para promover el crecimiento y la expansión en todas las áreas de mi carrera o negocio, tanto en mi alcance y responsabilidades como económicamente. Y programo los cristales de cuarzo transparente específicamente para amplificar la energía de los efectos de _____ [rellena el espacio en blanco].

Paso 3. La preparación

Toma el bolígrafo y el papel y escribe el crecimiento que deseas como si ya hubiera ocurrido. Por ejemplo, si quieres que tu negocio llegue a facturar una determinada cantidad de dinero al mes o al año, o que alcance un cierto número de clientes, escribe: «Mi negocio genera X cantidad de dinero al mes/año o más, de forma fácil, constante y sin esfuerzo», o «Mi negocio tiene X cantidad de clientes al mes, de forma fácil, constante y sin esfuerzo». Si quieres hacer crecer tu carrera profesional, puedes indicar un puesto concreto al que quieras ascender, las responsabilidades que te gustaría asumir e incluso un salario específico. Por ejemplo: «Soy vicepresidente de ventas a cargo de X y gano X cantidad al año o más ahora» o «En mi trabajo, estoy a cargo de X/dirijo el departamento X y gano X cantidad al año o más ahora».

Luego escribe las palabras: «Esto o algo mejor».

Dobla el papel por la mitad, sitúa encima tu tarjeta de visita o el nombre de tu empresa o título escrito en otro trozo de papel y coloca sobre este, en el centro, el ágata musgosa o la pirita. A continuación, rodea la piedra central con los ocho cuarzos transparentes de una punta, con las puntas mirando hacia fuera de la piedra central.

Paso 4. Invoca la ayuda suprema

Colócate delante de la rejilla de cristal y reza la oración para hacer crecer mi negocio (en la página 280) si el negocio es propio, o la oración para el crecimiento y el ascenso laboral (en la página 282) si trabajas por cuenta ajena.

Paso 5. Repite

Deja la rejilla de cristal en su sitio y repite la oración durante cuarenta días o hasta que consigas el resultado deseado. Si te saltas un día, vuelve a empezar por el día 1.

Ritual: Nuevo trabajo o carrera

En lo referente a la carrera profesional, me encuentro con dos tipos de clientes o estudiantes: los que no están contentos con su empresa o jefe actual y quieren un nuevo trabajo en la profesión que han elegido, y los que actualmente trabajan solo para pagar las facturas y no se sienten entusiasmados ni realizados con lo que hacen. Sea cual sea la categoría en la que te encuadres, supongo que buscas un cambio, y este ritual activa la ayuda del universo para conseguirlo.

A diferencia del ritual de crecimiento profesional y empresarial, que es más bien un proceso continuo que necesita un movimiento de energía y cambios de mentalidad constantes, este ritual consiste en activar la energía y la ayuda y luego dejar que trabaje por ti para que empieces a crear nuevas oportunidades e ideas.

Además, en lugar de cuarenta días, solo rezas la oración durante nueve, la novena tradicional de la que hablé en el capítulo dos. Se utiliza el patrón de la semilla de la vida para la rejilla de cristal porque esta geometría sagrada es un símbolo universal de la creación (ver la ilustración 6).

Elementos necesarios:

- Un manojo de salvia, madera de palo santo o incienso, o tu espray favorito para limpiar la energía
- Papel y bolígrafo
- Una rejilla de cristal o una imagen impresa del patrón de la semilla de la vida
- Una piedra de aventurina verde (de cualquier tamaño o forma)
- Seis cristales de cuarzo transparente con una sola punta en un extremo
- Seis piedras talladas de jaspe policromado

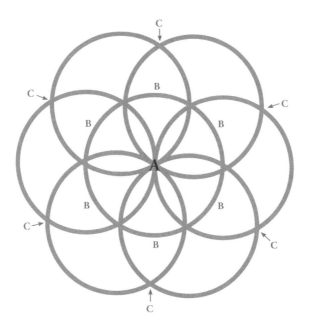

Ilustración 6. La semilla de la vida.

Paso 1. Limpia la energía

En la sección de la «carrera y el propósito vital» de tu casa según el *bagua* del *feng shui* (ver el capítulo dos, página 73), que está cerca de la puerta principal, limpia la energía de la zona con la herramienta de limpieza que elijas. Limpia también la energía de los cristales y la rejilla pasándolos por el humo o rociándolos directamente con un espray limpiador.

Paso 2. Programa los cristales

Coloca las manos sobre los cristales y repite esta intención en voz alta o mentalmente:

> Invoco la energía del universo para limpiar toda la energía no deseada y la programación anterior de estos cristales. Ahora les ordeno –y los programo para ello– que trabajen con mi energía

y aprovechen la energía del universo a mi alrededor con el fin de crear un nuevo trabajo u oportunidad profesional y atraer hacia mí a las personas y oportunidades perfectas para ayudarme a conseguirlo. Y programo los cristales de cuarzo transparente para que amplifiquen la energía de los otros cristales y mi intención en el universo.

Paso 3. La preparación

En el papel, escribe cuál sería tu trabajo o carrera ideal y, si no lo sabes con exactitud, escribe cómo quieres sentirte haciéndolo. Por ejemplo: «Trabajo como profesor universitario enseñando diseño gráfico y gano X cantidad de dinero o más al año, trabajando solo dos días a la semana» o «Trabajo en un nuevo empleo o carrera que me apasiona y por el que estoy deseando levantarme cada día».

Después de esto, escribe las palabras: «Esto o algo mejor».

Deja el papel en el suelo y coloca encima la imagen de la semilla de la vida. A continuación, dispón los cristales como se muestra en la ilustración 6, con la aventurina verde en el centro de la cuadrícula (A), seguida de las puntas de cuarzo transparente (B) y después el jaspe policromado (C).

Paso 4. Invoca la ayuda suprema

Colócate delante de la rejilla de cristal y recita la «oración del nuevo empleo» (en la página 283) si buscas un nuevo puesto de trabajo en tu profesión actual o la «oración de la nueva carrera» (en la página 284) para empezar de nuevo en un sector laboral totalmente distinto. Repite la oración durante nueve días seguidos sin faltar ninguno, a la misma hora si puedes. Si faltas un día, vuelve a empezar por el día 1.

Paso 5. Repite según sea necesario

Después de los nueve días, puedes dejar reposar la rejilla de cristal y aprovechar la energía creada durante otros nueve días. A continuación, repite todo el ritual tantas veces como sea necesario hasta que encuentres el nuevo trabajo o la carrera que deseas.

Ritual: Encontrar mi propósito

Cuando se trata del propósito, hay muchos puntos de vista diferentes. Cada uno de nosotros está aquí con el propósito del crecimiento y la evolución del alma y para aprender diversas lecciones, entre ellas cómo amar y perdonar. Pero, además, tenemos un propósito que nos permite contribuir de algún modo al mundo y a quienes nos rodean, y aquí es donde carrera y propósito se unen. Este ritual te ayuda a descubrir tu pasión y las formas en que puedes utilizarla para contribuir a la sociedad mientras te aportas alegría a ti mismo en el proceso.

Elementos necesarios:

- Un manojo de salvia, madera de palo santo o incienso para quemar, o tu espray limpiador de energía favorito
- Una vela morada (o una vela eléctrica)
- Una gema de ojo de halcón (ojo de tigre azul) o riolita (elige una)
- Ocho cristales de cuarzo transparente, cada uno con una punta

Paso 1. Limpia la energía

En la sección de la carrera profesional de tu casa según el *bagua* del *feng shui* (ver el capítulo 2), que está cerca de la entrada principal, limpia la energía de la habitación. Limpia también la energía de los cristales pasándolos a través del humo o rociándolos directamente con un espray limpiador.

Paso 2. Programa los cristales

Coloca las manos sobre los cristales y repite esta intención en voz alta o mentalmente:

> Invoco la energía del universo para limpiar toda la energía no deseada y la programación anterior de estos cristales. Ahora les ordeno —y los programo para ello— que trabajen con mi energía y aprovechen la energía del universo que me rodea para ayudarme a descubrir y seguir mi propósito y lo que estoy destinado a hacer aquí mientras dure esta vida que servirá a los demás y me aportará alegría.

Paso 3. La preparación

Enciende la vela y coloca el cristal de ojo de halcón o riolita delante de ella. A continuación, coloca los ocho cristales de cuarzo a su alrededor, con las puntas hacia fuera de la piedra central. Si utilizas una vela eléctrica, puedes dejarla encendida todo el día y apagarla a la hora de acostarte.

Paso 4. Invoca la ayuda suprema

Ponte delante de la rejilla de cristal y reza la «oración para encontrar mi propósito» (en la página 279). Vuelve a encender la vela y a rezar la oración durante nueve días seguidos sin faltar ninguno, a la misma hora si puedes. Si faltas un día, vuelve a empezar por el día 1.

Paso 5. Repítelo según sea necesario

Después de nueve días, deja que los cristales reposen y aprovechen la energía que has creado durante otros nueve días, y luego repite de nuevo todo el ritual hasta que veas que avanzas en tu propósito.

Ritual: Reforzar mi confianza

La confianza en quién eres, en lo que deseas y en tu capacidad para crearlo y mantenerlo es clave para avanzar y crecer en tu carrera, tanto si te diriges a una entrevista de trabajo como si empiezas en un nuevo puesto o diriges tu propio negocio. Este ritual te ayuda a liberarte de lo que te frena y aumenta tu confianza en ti mismo, en tus deseos y en tus capacidades.

Elementos necesarios:

- Un manojo de salvia, madera de palo santo o incienso para quemar, o tu espray favorito para limpiar la energía
- Bolígrafo y papel
- Un cuenco pequeño ignífugo o un cubo de metal
- Un mechero o cerillas
- Agua para apagar las llamas si es necesario
- Un colgante, collar o pulsera de ojo de tigre (o una combinación)

Paso 1. Limpia la energía

Elige un lugar al aire libre para hacer este ritual y limpia la energía de la zona, así como la joya de ojo de tigre y el recipiente que hayas elegido, con la salvia, el palo santo o el incienso, o con el espray limpiador.

Paso 2. Libera tus bloqueos a la confianza

Toma papel y bolígrafo y escribe la energía de la que te gustaría desprenderte y que actualmente te impide sentirte seguro de ti mismo en tu carrera. Puede incluir el nombre de un antiguo empleador o jefe, comentarios de familiares o seres queridos, una circunstancia o acontecimiento concreto que haya tenido un impacto negativo en tu confianza y una lista de emociones que quieras liberar en torno a ello. Por ejemplo:

- _____ [Nombre], mi antiguo/actual jefe
- Mi madre me dice que no soy bueno para X
- Me frena el miedo al fracaso
- Críticas que he recibido en el pasado de X y X sobre X
- La vez que hice mal X
- Inútil
- Desesperado
- Sin valor
- Inseguro
- Imprudente

Haz tu lista y luego escribe las palabras:

Ahora libero total y completamente toda esta vieja energía, así como todas las creencias, emociones, experiencias, recuerdos o miedos de mi mente subconsciente que actualmente me impiden asumir mi poder, afirmar quién soy y lo que deseo, y sentirme plenamente seguro y capaz de mis habilidades y capacidades. También me desprendo de cualquier obstáculo que me impida creer que puedo y merezco crear lo que deseo o algo mejor ahora.

Sujeta el papel contra el chakra del plexo solar —justo encima del ombligo— y cierra los ojos. Imagina una luz blanca que brota por la planta de los pies, sube por las piernas y el torso, baja por ambos brazos y luego vuelve a subir por el cuello y la cabeza hasta que se derrama por la coronilla y rodea todo tu cuerpo. Respira hondo unas cuantas veces y repite: «Soltar, soltar, soltar», durante sesenta segundos.

Ahora abre los ojos, toma las cerillas o el mechero y, sosteniendo el papel sobre el cuenco o cubo, enciéndelo y déjalo caer en él, diciendo en voz alta:

Entrego esto al universo y le pido que lo sustituya por aceptación, amor, confianza y poder dentro de mí.

Paso 3. Programa la joya del ojo de tigre
Coloca las manos sobre la joya de ojo de tigre y repite esta intención en voz alta o mentalmente:

Pido a la energía del universo que limpie toda la energía no deseada y la programación anterior de estos cristales. Ahora les ordeno —y los programo para ello— que trabajen con mi energía y aprovechen la energía del universo que me rodea para ayudarme a encarnar la confianza y el valor interior en todos los ámbitos de mi vida, incluida mi carrera, y a avanzar en un espacio de conocimiento y confianza para crear todo lo que deseo y más.

Paso 4. Ponte la joya
Colócate la joya y llévala puesta hasta que veas y experimentes un cambio en tu interior y sientas intuitivamente que el trabajo se ha completado. Recomiendo al menos cuarenta días, limpiando y reprogramando periódicamente la joya de cristal cada siete días. Puedes quitarte las joyas para ducharte, bañarte o dormir.

GRATITUD FOCALIZADA PARA LA CARRERA PROFESIONAL Y EL PROPÓSITO

Aquí tienes dos ejercicios de gratitud para encontrar un nuevo trabajo, para orientarte sobre un cambio total de carrera o para emprendedores que buscan el crecimiento de su negocio.

Ejercicio: Gratitud por un nuevo trabajo o carrera

Este ejercicio te ayudará si no estás contento con tu trabajo o carrera actuales, deseas un ascenso o estás en paro y buscas tu próxima oportunidad. Para crear una nueva oportunidad en tu carrera, debes cambiar tu enfoque de estar descontento a estar agradecido por lo que va bien. Por ejemplo, puedes sentirte agradecido por el sueldo que tienes ahora, por las vacaciones, por poder trabajar desde casa o porque tu compañero de trabajo te ayude con una tarea. Si estás en paro, esto podría consistir en sentirte agradecido por los trabajos que solicitas, las entrevistas que te hacen (aunque no consigas el trabajo), el amigo que te ayuda con tu currículum e incluso el tiempo de inactividad que tienes mientras buscas trabajo.

Paso 1. Busca lo bueno

Al menos una vez al día, piensa en tres cosas por las que estés agradecido en relación con tu trabajo o carrera. Pon una sonrisa en los labios mientras las dices y siente la gratitud en tu corazón por el increíble futuro que estás creando. Si estás en paro, céntrate en el proceso de búsqueda de empleo o en las ventajas de tener tiempo libre mientras buscas una nueva oportunidad. Por ejemplo:

- Estoy muy agradecido por la paga que recibo cada dos semanas para hacer frente a mis facturas.
- Estoy muy agradecido porque mi reunión de hoy haya ido bien.
- Estoy muy agradecido por poder trabajar desde casa todos los viernes.

- Estoy muy agradecido a mi jefe por haberme dejado salir temprano hoy para acudir a una cita.
- Estoy muy agradecido por haber encontrado hoy un nuevo trabajo al que presentarme.
- Estoy muy agradecido por el tiempo extra que tengo para relajarme y recargarme ahora, mientras creo una nueva oportunidad de trabajo.

Paso 2. Termina con una afirmación

Manteniendo la sonrisa en los labios, di en voz alta o mentalmente a ti mismo y al universo: «Estoy muy agradecido por la nueva trayectoria profesional que estoy creando ahora mismo en mi vida». Repítelo cinco veces.

BONUS: Cada vez que oigas que otra persona es feliz en su trabajo, obtiene un ascenso, consigue el trabajo de sus sueños o tiene éxito en su carrera, agradece al universo que te envíe la señal de seguridad de que *tu* éxito profesional está en camino.

Ejercicio: Gratitud por el crecimiento de mi negocio

Tanto si empiezas un nuevo negocio como si trabajas para hacer crecer y ampliar uno ya establecido, este ejercicio cambiará tu mentalidad para que te centres en el crecimiento, la gratitud y la positividad.

Paso 1. Busca señales de crecimiento

Al menos una vez al día, haz una lista y siente gratitud por cualquier signo de crecimiento que hayas observado en tu negocio ese día. Por ejemplo:

- Estoy muy agradecido por los dos nuevos clientes/compradores que he conseguido hoy.
- Estoy muy agradecido por la cantidad X de ventas que he conseguido esta semana.
- Estoy muy agradecido por la ayuda que X me está proporcionando para llevar mi negocio al siguiente nivel.
- Estoy muy agradecido por el nuevo recurso que he encontrado.

Paso 2. Expresa lo que quieres crear

La primera vez que realices este ejercicio, haz una lista de los objetivos de crecimiento que tienes para tu negocio. Después, lee la lista en voz alta dos veces al día. La autora del superventas *Conscious Creation* [Creación consciente], Dee Wallace, recomienda dar órdenes al universo desde tu «espacio de amor» para abrir tu corazón y conectarte con la vibración creativa del amor. Para ello, piensa en alguien que te haga abrir el corazón, como tu hijo, tu pareja o tu mascota. Luego, con una sonrisa en los labios, expresa lo que estás creando. Por ejemplo:

- Ahora mismo estoy creando dinero amorosa y alegremente en todas las áreas de mi vida: a la gente le encanta darme dinero.

- Ahora mismo estoy creando _____
  [rellena el espacio en blanco con la cantidad de dinero que deseas] fácilmente y sin esfuerzo.
- Ahora mismo estoy creando X cantidad de clientes cada semana/mes.
- Ahora mismo estoy creando conferencias en X sector por las que cobro miles de euros.

Paso 3. Termina con gratitud

Di al universo: «Gracias, gracias, gracias por cocrear esto o algo mejor conmigo en mi vida ahora mismo».

El siguiente capítulo contiene numerosos recursos para ayudar a quienes tengan problemas con la fertilidad, el embarazo o la crianza. Hay herramientas que te ayudarán a quedarte embarazada —o a traer un hijo a tu vida de otra forma—, a superar el embarazo y el parto con facilidad, y a recibir orientación sobre cualquier dificultad que surja al criar a un hijo.

Capítulo 10

FERTILIDAD, EMBARAZO Y CRIANZA

NO HAY TRABAJO MÁS DURO en el mundo que el de ser padres. Dura veinticuatro horas al día, siete días a la semana y trescientos sesenta y cinco días al año. No importa si estás intentando quedarte embarazada, esperando la llegada del niño o criando a un bebé, un niño pequeño, un adolescente o un adulto; casi siempre hay preocupación y estrés de por medio. Tanto si eres progenitor biológico como si eres abuelo o abuela, padrastro o madrastra, padre o madre adoptivo o tutor, quieres lo mejor para él o ella. Deseas guiarlo hacia el éxito, ayudarlo a evitar el sufrimiento y asumir su dolor cuando lo sufra. Al fin y al cabo, eres responsable de otro ser humano, y tu trabajo es asegurarte de que sobreviva y prospere.

Pero ¿sabías que mientras tú haces el trabajo de ayudar a tu hijo a aprender, crecer y evolucionar, él está haciendo lo mismo por ti? Te está enseñando amor incondicional, paciencia, alegría y mucho más, y te está ayudando a evolucionar en tu camino espiritual. Cada persona de tu vida desempeña un papel en tu crecimiento, también tu hijo o tu hija. Y al igual que en cualquier otro ámbito de tu vida, existen ayudantes superiores y herramientas espirituales que os ayudan a ti y a tu hijo a lo largo del camino. Los de este capítulo giran específicamente en torno a la concepción, el embarazo, el parto y las dificultades de la crianza.

AYUDANTES SUPREMOS PARA LA CRIANZA

Como madre –o futura madre–, tienes acceso a un equipo superior de asesores especializados que te ayudarán en todo: la fertilidad, el embarazo y el parto, el proceso de adopción, la toma de decisiones, las preocupaciones y el estrés que conlleva la maternidad. También puedes recurrir a ellos cuando tu hijo tenga dificultades en algún aspecto, como gestionar la sensibilidad, hacer nuevas amistades o el rendimiento escolar.

Arcángel Chamuel

El arcángel Chamuel te ayuda a encontrar un propósito, una relación amorosa o un nuevo trabajo, y también se recurre a él para que te ayude a encontrar amistades que te apoyen. Los padres lo invocan en nombre de sus hijos para que los ayude a socializar y a atraer amigos sanos y nobles.

Arcángel Gabriel

El arcángel Gabriel no solo es el ángel de la comunicación, sino que además vela por los niños y ayuda a los padres con cualquier problema relacionado con ellos, como la concepción, el embarazo y el parto. También se lo invoca para ayudar a los niños que son muy sensibles o empáticos.

Arcángel Jofiel

Conocido como el ángel de la belleza, ayuda a equilibrar las emociones negativas y positivas y a pasar rápidamente de una mentalidad negativa a una positiva, en lo referente a la concepción, el embarazo, el parto y la crianza. El arcángel Jofiel también nos enseña a mantener pensamientos positivos y a encontrar la belleza y la alegría a nuestro alrededor, incluso en medio de las dificultades.

Arcángel Metatrón

Como maestro de todas las materias esotéricas y metafísicas, el arcángel Metatrón ayuda a aclimatarse al crecimiento espiritual y a los cambios de ascensión, y contribuye a que un niño sensible o hiperempático se adapte a la socialización en todos los ámbitos de la vida, entre ellos la escuela. Los padres también le piden que les proporcione comprensión sobre el comportamiento de su hijo.

Arcángel Miguel

Este arcángel ayuda con la protección en todos los ámbitos de la vida y se lo invoca para proteger la energía de padres e hijos, especialmente en el caso de los que se identifican como hiperempáticos y altamente sensibles. Asimismo, se recurre al arcángel Miguel para la protección física y para aliviar el miedo de padres o hijos.

Arcángel Rafael

Los padres invocan a este ángel de la curación para cualquier tipo de enfermedades físicas o emocionales, tanto agudas como crónicas, en su nombre o en el de sus hijos. El arcángel Rafael también dirige a los padres hacia los médicos, modalidades y sanadores adecuados, entre otras cosas.

Arcángel Raguel

Como arcángel de la armonía, el arcángel Raguel ayuda a superar conflictos o a restablecer una relación entre padres e hijos, y es invocado por los progenitores en nombre de aquellos hijos que tienen dificultades en otra relación o con alguna amistad. También ayuda a corregir las injusticias y proporciona ayuda cuando un niño está sufriendo algún tipo de maltrato.

Arcángel Uriel

El arcángel Uriel, considerado el ángel de la sabiduría, ayuda en todas las formas de actividad intelectual y asiste a los niños con las tareas escolares, el estudio o los exámenes. Invócalo para que ayude a un niño a mejorar sus notas o para que lo guíe en un próximo examen escolar.

Arcangelina Caridad

Como llama gemela del arcángel Chamuel, la arcangelina Caridad puede ayudar a un niño a construir amistades sanas y satisfactorias, así como a solucionar cualquier discusión o malentendido con sus amigos.

Arcangelina Esperanza

Como llama gemela del arcángel Gabriel, ayuda a padres e hijos a mantener una actitud positiva y esperanzada cuando es necesario. La arcangelina Esperanza también nos asiste en todo lo relacionado con la concepción, el embarazo y el parto, incluida la ayuda para adaptarse al embarazo.

Diosa Afrodita

Como diosa griega del amor y la fertilidad, la diosa Afrodita ayuda a quien desee concebir un hijo o tenga dificultades para hacerlo.

Diosa Danu

Como diosa madre celta, puede ayudar en todos los aspectos de la crianza, brindando sabiduría, guía y protección a los progenitores que la invocan. La diosa Danu también ayuda en cuestiones relacionadas con la fertilidad, la concepción o la adopción de un niño.

Diosa Diana

Esta diosa romana (equivalente a la diosa griega Artemisa) es la protectora del parto y puede ser invocada para que te proteja, te guíe y te facilite el proceso. La diosa Diana también asiste durante el embarazo y ayuda a todas las madres a cuidar de sus hijos sin limitar su propia libertad.

Diosa Frigg

La diosa Frigg, diosa germánica del matrimonio, la maternidad y la fertilidad, ayuda a las mujeres que desean quedarse embarazadas, así como a las que sufren la pérdida de un hijo, como le sucedió a ella.

Diosa Hera

Hera, diosa griega de la mujer, el matrimonio y el parto, ofrece protección y facilidad durante el alumbramiento.

Diosa Isis

También conocida como la maestra ascendida Isis, es la diosa egipcia de la maternidad y la fertilidad. La diosa Isis ayuda con la fertilidad y la concepción, así como con el proceso de adopción, y ofrece fuerza y energía a los padres para que puedan tomar las mejores decisiones.

Diosa Ostara

Invoca a la diosa Ostara, la diosa germánica del amanecer y la primavera, para los nuevos comienzos en torno a la fertilidad y la concepción, así como la adopción de un niño.

Diosa Parvati

Como madre del dios hindú Ganesha, la diosa Parvati es la diosa hindú de la fertilidad, el amor y la devoción. Ayuda en la concepción y ofrece protección a las embarazadas. Como madre, proporciona a los padres fuerza cuando la necesitan y orientación para desenvolverse en cualquier aspecto de la crianza.

Diosa Rea

Diosa griega de la fertilidad y la maternidad, Rea ayuda a quienes buscan orientación en cualquier aspecto de la crianza, como la concepción, el embarazo, la adopción y el parto. También trabaja con padres que necesitan orientación a la hora de tomar decisiones y resolver cualquier problema relacionado con la crianza.

Ganesha

Este dios hindú es conocido como el eliminador de obstáculos, y se lo invoca para que allane todo escollo que dificulte el éxito y la felicidad de un niño, así como cualquier traba que impida a un padre o una madre ayudar a su hijo o tener éxito en la concepción, la adopción, el embarazo o el parto.

Lady Nada

Esta maestra ascendida ayuda a curar las heridas internas de los niños y además trabaja con ellos, especialmente con los que sufren dolor emocional. Lady Nada asiste también a quienes tienen problemas con los ciclos menstruales, los órganos reproductores u otros problemas de fertilidad.

Padre Pío

En la fe católica, al Padre Pío se lo conoce como el santo patrón que alivia el estrés, pero también es el patrón de los adolescentes, es decir, de quienes tienen entre diez y diecinueve años. Ofrece ayuda para aliviar el estrés relacionado con la crianza y se le pide que ayude a los adolescentes en cualquier ámbito de la vida.

San Gerardo

San Gerardo, reconocido como «el santo de las madres» y patrón de los niños no nacidos y de las embarazadas, ayuda a quienes intentan concebir o adoptar un hijo, y a quienes necesitan orientación para ser madres. También se lo invoca para que vele por la salud del niño durante el embarazo y el parto, o en cualquier momento en que el niño esté en peligro o enfermo.

San José

Conocido en la fe católica como padre de Jesús, san José es el patrón de los padres y las familias (así como de los trabajadores) y es invocado por los padres que buscan orientación y apoyo en todo lo relacionado con la paternidad.

San Judas

Como patrón católico de los casos desesperados o las situaciones imposibles, los padres invocan a san Judas para cualquier asunto en el que se sientan desesperanzados y desamparados. Tanto si intentan concebir o adoptar un hijo como si afrontan su pérdida o tienen dificultades en cualquier aspecto de la crianza, puede intervenir con otros ayudantes supremos para ofrecer orientación, consuelo y soluciones.

San Nicolás

Como patrón de los niños en la fe católica, san Nicolás dio lugar a la tradición de Papá Noel y la entrega de regalos en Navidad. Invócalo para que guíe y proteja a los niños.

Santa Ana

Como madre de la Virgen María y abuela de Jesús en la religión católica, santa Ana ayuda en la concepción, la infertilidad y los casos de embarazos difíciles.

Santa Filomena

Como patrona de los niños, bebés y jóvenes en la fe católica, santa Filomena ayuda en todos los aspectos de la crianza, incluida la concepción y con los niños no nacidos. También ayuda en la curación de los niños.

Virgen María

Conocida en la fe católica como la madre de Jesús, la Virgen María aporta una energía nutritiva, amorosa, tolerante y compasiva a los padres que buscan su ayuda y orientación. Estos la invocan para que los oriente y los ayude a tomar decisiones, a encontrar el equilibrio y a hacer del autocuidado una prioridad.

CRISTALES PARA LA MATERNIDAD Y LA PATERNIDAD

Estos son cristales específicos que ayudan con la fertilidad, el embarazo y el parto; además, alivian el estrés y las preocupaciones, e incluso proporcionan un impulso de energía cuando es necesario.

Ágata rosa

Como cristal del chakra del corazón, el ágata rosa ayuda a crear un vínculo afectivo entre padres e hijos y potencia el amor incondicional y la compasión.

Calcedonia rosa

Esta piedra se suele recomendar a las madres lactantes para ayudarlas a aumentar la producción de leche y nutrir el vínculo entre madre e hijo. La calcedonia rosa también ayuda a aliviar el estrés y la preocupación por el embarazo o el recién nacido.

Cuarzo rosa

El cuarzo rosa lo utilizan las embarazadas para protegerse y proteger al feto durante el embarazo y el parto. También se usa para aumentar la fertilidad, y puede combinarse con la piedra lunar con este fin.

Cuarzo transparente

El cuarzo transparente, el maestro sanador, se emplea como piedra curativa polivalente, y puedes programarla con cualquier intención. También sirve para amplificar la energía de otras piedras.

Esmeralda

Esta piedra se utiliza a menudo para aumentar la fertilidad y proporcionar apoyo durante el embarazo y el parto. Como piedra del chakra del corazón, la esmeralda ayuda a calmar las emociones y a crear equilibrio.

Fluorita

A la fluorita se la suele denominar piedra de la multitarea; ayuda a los padres ocupados a mejorar la concentración y el enfoque y favorece la claridad mental para tomar decisiones. También calma la ansiedad y el estrés.

Jaspe rojo

Como piedra de enraizamiento, el jaspe rojo proporciona un impulso de energía cuando es necesario, activando el chakra raíz para contrarrestar la sensación de cansancio y agotamiento.

Lepidolita

Al contener el mineral litio, la lepidolita tiene un efecto calmante sobre la mente y el cuerpo, y es útil para tratar la ansiedad y la depresión. Relaja el sistema nervioso estresado y agitado, la mente sobrecargada y la tensión corporal, lo que la convierte en una piedra ideal para usar durante el parto, así como para las preocupaciones y el estrés cotidianos de la crianza.

Lingam de Shiva

El *lingam* de Shiva activa los chakras inferiores, y a menudo se utiliza para aumentar la fertilidad, abriendo y equilibrando estos chakras para ayudar en la concepción.

Malaquita

Como sanadora de la parte divina femenina, la malaquita es útil para el sistema reproductor de la mujer y se la denomina «piedra de la comadrona» porque estimula las contracciones y alivia el dolor durante la dilatación y en el alumbramiento.

Ópalo rosa

Esta piedra del chakra del corazón favorece el equilibrio de las emociones y ayuda a conectar con la empatía, la compasión y la comprensión. El ópalo rosa también ayuda a eliminar las pesadillas y puede colocarse bajo la almohada o la cama de los niños que las sufren.

Piedra lunar

Equilibradora de las hormonas y las emociones, la piedra lunar es beneficiosa para la fertilidad, el embarazo y el parto. Asimismo, ayuda a los padres a mantener la calma y el equilibrio en momentos y situaciones difíciles con sus hijos.

Sardónice

El sardónice se compone de cristales de ónice y cornalina y ayuda a reparar los vínculos rotos y a suavizar las discusiones o las dificultades entre padres e hijos para facilitar más felicidad y armonía.

Unakita

A la unakita se la llama «piedra del embarazo» porque favorece un embarazo y un parto sanos, apoya el crecimiento del bebé y crea un fuerte vínculo y conexión entre los padres biológicos y el hijo.

ORACIONES PARA AYUDAR EN LA CRIANZA

Estas siete oraciones ayudan en todos los aspectos de la crianza, como concebir un hijo, tener un embarazo sano y un parto fácil, y buscar orientación como padre para uno mismo o en nombre de un hijo.

Oración: Ayuda académica para mi hijo

Querido universo, invoco a mis ángeles, guías, seres queridos que han fallecido y todos los miembros de mi sociedad de almas, solo a los de la vibración más elevada, para que estén conmigo ahora, pues estoy pidiendo ayuda en relación con mi hijo _____[nombre del niño] y su trabajo en la escuela, incluidos el estudio, los exámenes y las notas. Asimismo, pido que se me oriente sobre lo que puedo hacer para ayudarlo a mejorar en este ámbito. En concreto, quiero que me asistas con _____ [explica aquí la situación actual, incluyendo dónde tiene dificultades tu hijo y qué resultado buscas].

Para ayudarnos a mi hijo y a mí con esto, invoco al arcángel Uriel a fin de que guíe a mi hijo con el trabajo escolar, el estudio y los exámenes para que pueda mejorar su situación académica, y al arcángel Rafael para que elimine cualquier impedimento que pueda estar obstaculizando su éxito en este momento, y os ruego que me enviéis las ideas que puedan ayudar con esto.

Lady Nada y santa Filomena, os pido que nos apoyéis para superar cualquier emoción negativa desencadenada por este conflicto, y pido al Padre Pío que cuide de _____

_____ [nombre del niño] y nos ayude a acelerar los resultados positivos y a reducir el estrés que esto pueda causarnos a ambos.

Arcángel Gabriel, por favor, ayúdalo con los problemas de comunicación que afecten a su trabajo escolar o a sus notas en estos momentos, y arcangelina Esperanza y diosa Danu, por favor, proporcionadme también ideas sobre cómo puedo ayudarlo con esto.

Arcángel Miguel, te ruego que protejas a mi hijo y su energía mientras está en el colegio para minimizar las distracciones y las interferencias energéticas que afectan negativamente a él y a su educación académica, y Ganesha, te ruego que elimines ahora cualquier obstáculo, conocido o desconocido, que afecte negativamente a mi hijo y a su capacidad para rendir bien en los estudios.

Os pido que me enviéis las señales, sincronicidades, ideas, personas, modalidades y demás que puedan asistirme para guiar a mi hijo y que me ayudéis a reconocerlas y a actuar en consecuencia cuando lleguen.

En agradecimiento por vuestra ayuda en este asunto ahora y en el futuro. Amén.

Oración: Embarazo tranquilo, feliz y saludable

Querido universo, invoco a mis ángeles, guías, seres queridos que han fallecido y todos los miembros de mi sociedad de almas, solo a los de la vibración más elevada, para que estén conmigo ahora que busco apoyo y guía para un embarazo tranquilo, feliz y saludable.

Pido al arcángel Miguel que nos rodee tanto a mí como a mi hijo nonato con su luz protectora y nos ampare de cualquier energía que no nos pertenezca o no sea beneficiosa para nosotros hoy. Arcángel Rafael, te ruego que veles por mi salud y por la de mi bebé, guiándome hacia los médicos, sanadores y modalidades adecuados que ayudarán a que este embarazo sea más sano, fácil y feliz.

Arcángel Gabriel, arcangelina Esperanza, diosa Diana, diosa Parvati, diosa Rea, san Gerardo y santa Ana, os pido a todos que veléis y me protejáis a mí y a mi energía durante este embarazo y que me ayudéis a adaptarme fácilmente y a fluir a través de los cambios que mi mente y mi cuerpo están experimentando durante este tiempo. Y también pido al arcángel Jofiel que mantenga mis pensamientos y mi mentalidad positivos durante este embarazo, centrados únicamente en la belleza y el bien que me rodean en esta andadura.

Por último, pido a Ganesha que camine a mi lado y elimine cualquier obstáculo que me impida tener ahora un embarazo tranquilo, feliz y saludable.

Pido que todos mis ayudantes superiores me guíen y dirijan a través de señales y sincronicidades hacia todo lo que pueda apoyarnos a mi hijo y a mí durante este embarazo, y les ruego que me ayuden a reconocerlas y a actuar en consecuencia cuando lleguen.

En agradecimiento por vuestro amor y ayuda durante este momento tan importante de mi vida. Amén.

Oración: Protección de la infancia

Querido universo, invoco a mis ángeles, guías, seres queridos que han fallecido y todos los miembros de mi sociedad de almas, solo a los de la vibración más elevada, así como a los de mi hijo _____ [nombre del niño] para que estén conmigo ahora mientras pido protección para él física, emocional y energéticamente.

Arcángel Miguel, te pido que rodees a _____ [nombre del niño] con tu luz y amor protectores y evites que asuma cualquier energía de su entorno que no le pertenezca o que se vea afectado por ella. También te pido que lo protejas de cualquier daño físico, e invoco a san Nicolás, el patrón de los niños, para que vele por mi hijo y lo proteja ahora. [Para adolescentes de diez a diecinueve años] Padre Pío, te pido que veles por mi hijo, que lo cuides y lo protejas de cualquier daño o estrés.

[Si tiene problemas de acoso escolar o dificultades emocionales] Lady Nada, sé que tu labor consiste en curar el dolor emocional de los niños, y te pido que ahora te unas al arcángel Rafael para ayudar a curar a mi hijo de _____ _____ [rellena el espacio en blanco].

[Para niños altamente sensibles e hiperempáticos] Arcángel Gabriel y arcángel Metatrón, _____ [nombre del niño] es muy sensible y empático, y os pido a ambos que también veléis por él para que permanezca enraizado y equilibrado, independientemente de lo que ocurra a su alrededor. Muchas gracias por vuestra ayuda, amor y protección ahora.

Amén.

Oración: Parto fácil, sano y feliz

Querido universo, invoco a mis ángeles, guías, seres queridos que han fallecido y todos los miembros de mi sociedad de almas, solo a los de la vibración más elevada, para que estén conmigo ahora que estoy buscando apoyo y orientación para un parto fácil, saludable y gozoso.

Pido específicamente al arcángel Miguel que proteja la energía de mi hijo y la mía para que no absorba ninguna otra energía que no nos pertenezca o que no sea beneficiosa para nosotros durante el parto, y al arcángel Rafael que me envíe los médicos, enfermeras y demás personal que sean adecuados para garantizar un proceso sin problemas, y que vele también por mi salud y la de mi hijo durante este tiempo.

Asimismo, pido al arcángel Gabriel, a la arcangelina Esperanza, a la diosa Diana, a la diosa Hera, a la diosa Rea y a san Gerardo que nos custodien y protejan a mí y a mi energía mientras doy a luz, para ayudar a facilitar una experiencia llevadera y satisfactoria, y para mantenerme lo más tranquila y centrada posible.

Arcángel Jofiel, te pido ayuda para mantener mis pensamientos y mi mentalidad positivos durante el proceso del parto, independientemente de lo que ocurra a mi alrededor, y Ganesha, te ruego que trabajes para eliminar cualquier obstáculo que impida que este parto sea tranquilo, saludable y feliz para mí y para mi bebé.

Gracias, gracias, gracias por vuestra ayuda durante este momento tan importante de mi vida. Amén.

Oración: Fertilidad y concepción

Querido universo, invoco a mis ángeles, guías, seres queridos que han fallecido y todos los miembros de mi sociedad de almas, solo a los de la vibración más elevada, para que estén conmigo ahora que estoy pidiendo ayuda y orientación para concebir un hijo [o traer un hijo a mi vida por otros medios] si es por mi bien más elevado y por el bien más elevado del niño. Pido al arcángel Rafael que me ayude a superar cualquier obstáculo que pudiera dificultar el embarazo y que me guíe hacia las modalidades, los médicos y los sanadores adecuados para conseguirlo más fácilmente. También pido al arcángel Gabriel y a la arcangelina Esperanza que velen por mí y me ayuden en el proceso de concebir a este niño y traerlo al mundo.

Diosa Afrodita, diosa Danu, diosa Ostara, diosa Frigg, diosa Parvati, diosa Isis, diosa Rea, san Gerardo, santa Filomena y santa Ana, os pido que me asistáis en todos los asuntos relacionados con la fertilidad y la concepción y que me ayudéis a soltar y a rendirme para permitir que esto suceda fácilmente, si es que está destinado a suceder en esta vida.

También pido al arcángel Jofiel que me ayude a mantenerme positiva y a cambiar rápidamente cualquier pensamiento negativo por uno positivo, en torno al embarazo, y al Padre Pío, le ruego que me ayude a mantenerme libre de estrés y preocupaciones para que mi cuerpo pueda relajarse y permitir esta concepción más fácilmente.

Por último, Ganesha, te pido que elimines cualquier obstáculo que se interponga en mi camino para traer un hijo a este mundo. Ahora estoy abierta y dispuesta a recibir cualquier señal y sincronicidad que me lleve a alcanzar mi propósito, y te pido que me ayudes a reconocerlas y a actuar en consecuencia cuando lleguen.

Estoy muy agradecida por toda vuestra ayuda y guía en estos momentos.

Amén.

Oración: Encuentra amistades sanas para los niños

Querido universo, invoco a mis ángeles, guías, seres queridos que han fallecido y todos los miembros de mi sociedad de almas, solo a los de vibración más elevada, así como a los de _____ [nombre del niño], para que estén conmigo ahora. Pido ayuda y apoyo para ellos en relación con las amistades, concretamente_____ [explica aquí la situación a la que se enfrenta tu hijo, ya sean problemas con amigos poco recomendables, problemas para hacer nuevos amigos, etc.].

Llamo específicamente al arcángel Chamuel y a la arcangelina Caridad para que guíen a mi hijo en el establecimiento y desarrollo de amistades que lo apoyen y sean sanas, con otras personas que tengan una influencia positiva en su vida ahora y en el futuro. Respecto a cualquier sanación emocional que pueda necesitar, invoco al arcángel Rafael, a Lady Nada y a santa Filomena para que lo ayuden ahora.

[Para niños sensibles] También pido al arcángel Metatrón y al arcángel Gabriel que lo cuiden y lo ayuden a construir y mantener estas amistades con independencia de su naturaleza empática y sensibilidad.

[Para adolescentes de diez a diecinueve años] Padre Pío, por favor, vela por mi hijo y protégelo, y evita que sufra daños o estrés en lo que se refiere a sus amistades.

Y Ganesha, te ruego que ahora elimines cualquier obstáculo en su camino para encontrar y mantener amistades felices y sanas que tengan un impacto positivo en él.

Como madre o padre, te pido que me envíes cualquier señal, sincronicidad o idea que me permita asistir a _____ _____ [nombre del niño] en esta área de su vida y que me ayudes a reconocerla y a actuar en consecuencia cuando llegue.

Gracias, gracias, gracias. Amén.

Oración: Guía para la crianza

Querido universo, invoco a mis ángeles, guías, seres queridos que han fallecido y todos los de mi sociedad de almas, solo a los de la vibración más elevada, para que estén conmigo ahora que estoy pidiendo apoyo, ayuda y guía para mi hijo _____ [nombre del niño] con _____ [explica aquí la situación].

Pido al arcángel Gabriel, a la arcangelina Esperanza, a la diosa Danu, a la diosa Rea, a la Virgen María, a san Gerardo, a san José y a santa Filomena que me guíen ahora a comprender qué puedo hacer o decir para ayudar a mi hijo con esta situación para su bien más elevado y para conseguir el resultado más favorable posible. Asimismo, pido al arcángel Metatrón que me ayude a comprender el comportamiento o el punto de vista de mi hijo para que pueda serle más útil ahora.

Invoco a la diosa Parvati y a la diosa Isis para que me proporcionen fuerza y guía en esta situación, y pido al Padre Pío que me apoye también durante este momento estresante a fin de que pueda liberarme de cualquier tensión y preocupación que me impida ver soluciones.

[Si se trata de una situación constante y has perdido la esperanza] San Judas, patrón de los casos desesperados, te pido que me asistas e intercedas por mí ante otros ayudantes supremos en relación con esta situación y te ruego que trabajes con la arcangelina Esperanza para ayudarme a encontrar la fuerza y la esperanza que necesito para salir adelante.

Ganesha, te ruego que elimines cualquier obstáculo que me impida encontrar una solución y avanzar en esta área ahora. Pido a todos mis ayudantes superiores que me envíen las señales y sincronicidades que me guíen en este momento y que me ayuden a reconocerlas y a actuar en consecuencia cuando lleguen.

Muchas gracias por vuestra ayuda ahora y en el futuro.

Amén.

RITUALES PARA OBTENER AYUDA EN LA CRIANZA

A continuación, encontrarás dos rituales: uno para la fertilidad y la concepción, y otro para obtener orientación sobre cualquier aspecto de la crianza.

Ritual: Fertilidad y concepción

Querer fundar o ampliar una familia es una experiencia emocionante, pero para quienes tienen dificultades para hacerlo, también puede ser desgarrador. El propósito de este ritual es aprovechar la energía del universo para crear una nueva vida y a la vez abrirse a la guía y a las respuestas en torno al tema. Como expliqué en el capítulo cuatro, no siempre creamos exactamente lo que deseamos, del modo en que pensamos o en la línea temporal en que creemos que debería suceder. Por ejemplo, podrías desear quedarte embarazada y dar a luz a un niño, pero quizá el universo sea consciente de que hay un niño esperándote que nacerá a través de otra madre, ya sea un vientre de alquiler o mediante adopción. Este ritual, como todos los rituales, debe hacerse con entrega y con la comprensión de que el resultado redundará en tu mayor bien. Pase lo que pase, te abrirá a la guía y te ayudará a crear lo que está destinado para ti en esta vida.

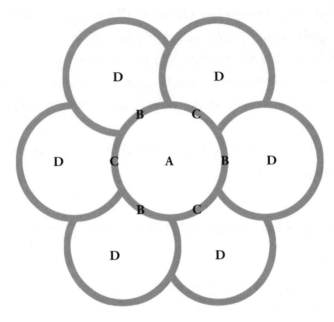

A - *Lingam* de Shiva; B - Piedra lunar; C - Cuarzo rosa;
D - Punta de cuarzo transparente

Ilustración 7. Huevo de la vida.

Según te explico en la página 73 del capítulo dos, acerca del *bagua* del *feng shui*, es recomendable establecer y llevar a cabo este ritual en la sección familiar de tu casa. Esta sección se encuentra en el centro del lado izquierdo, según se entra por la puerta principal. Utiliza el patrón de geometría sagrada del huevo de la vida como retícula para colocar los cristales, que forma parte de los patrones de geometría sagrada de la semilla de la vida y la flor de la vida y representa la nueva vida, el renacimiento y la fertilidad (ver la ilustración 7).

Elementos necesarios:

- Un manojo de salvia, madera de palo santo o incienso para quemar, o tu espray favorito para limpiar la energía

- Una rejilla de cristal o una imagen impresa del patrón del huevo de la vida
- Una piedra de *lingam* de Shiva (de cualquier tamaño o forma)
- Tres pequeños cristales de piedra lunar tallados
- Tres pequeños cristales de cuarzo rosa tallados
- Seis cristales pequeños de cuarzo transparente, de una sola punta

Paso 1. Limpia la energía

En la sección familiar de tu casa, purifica la energía del espacio utilizando tu método de limpieza favorito. Limpia también la energía de los cristales y de la rejilla.

Paso 2. Programa los cristales

Coloca las manos sobre los cristales y repite esta intención en voz alta o mentalmente:

> Invoco la energía del universo para limpiar toda la energía no deseada y la programación anterior de estos cristales. Ahora les ordeno —y los programo para ello— que trabajen con mi energía y aprovechen la energía del universo que me rodea con el fin de ayudarme a crear una nueva vida y concebir un hijo del modo que sea más beneficioso para mí y para él. Programo los cristales de cuarzo transparente para que amplifiquen la energía y los efectos de los demás cristales, así como mi intención.

Paso 3. Preparación

Coloca la rejilla del huevo de la vida en una zona donde no la toquen, ya que la dejarás allí durante veintiocho días y es posible que repitas el ritual. Esta es la duración media de un ciclo menstrual.

En el círculo central de la rejilla, coloca el *lingam* de Shiva (A). A continuación, pon los cristales de piedra lunar y cuarzo rosa en la conexión central de cada círculo exterior, alternando cada uno de ellos a medida que avanzas (B y C). Por último, coloca un cuarzo transparente, con la punta hacia fuera, en el centro de cada círculo exterior (D).

Paso 4. Invoca la ayuda suprema

Colócate delante de la rejilla de cristal y repite la oración de la fertilidad y la concepción que encontrarás en la página 317 (que recomiendo rezar a diario, incluso una vez completado el ritual). Después, deja que la rejilla de cristal haga su trabajo durante veintiocho días y permanece abierta a cualquier idea, información u oportunidad que pueda surgir para ayudarte a avanzar.

Paso 5. Repite

Repite todo el ritual cada veintiocho días según sea necesario, empezando por el paso 1.

Ritual: Orientación para la crianza

Hay infinidad de situaciones y circunstancias que requieren orientación a la hora de criar a los hijos, y sea cual sea la situación a la que te enfrentes, este ritual te permite invocar la guía y la dirección que buscas.

Según te explico en la página 73 del capítulo dos, acerca del *bagua* del *feng shui*, es recomendable establecer y llevar a cabo este ritual en la parte de la casa dedicada a la familia. Al entrar por la puerta principal, esta sección se encuentra en el centro del lado izquierdo de la casa.

Elementos necesarios:

- Un manojo de salvia, madera de palo santo o incienso para quemar, o tu espray favorito para limpiar la energía

- Papel y bolígrafo
- Una foto de tu hijo (o una en la que aparezcáis juntos)
- Una piedra de cianita azul verdosa, plana y tallada
- Un cristal de cuarzo de doble faceta (puntas en ambos extremos)

Paso 1. Limpia la energía
Limpia la energía del espacio, al igual que los cristales que vayas a emplear, y utiliza para ello el método de limpieza que prefieras.

Paso 2. Programa los cristales
Coloca las manos sobre los cristales y repite esta intención en voz alta o mentalmente:

> Invoco la energía del universo para que limpie toda la energía no deseada y la programación anterior de estos cristales. Ahora les ordeno –y los programo para ello– que trabajen con mi energía y aprovechen la energía del universo que me rodea para atraer la orientación, las ideas y las soluciones de las dimensiones superiores, y para que me abran a las señales y sincronicidades que me dirigen hacia el bien más elevado para mí y para _____ [nombre del niño].

Paso 3. La preparación
En el trozo de papel, escribe para qué te gustaría recibir ayuda u orientación en estos momentos. Por ejemplo: «Quisiera recibir orientación y ayuda para que mi hijo _____ [nombre del niño] supere su ansiedad» o «Me gustaría recibir orientación y ayuda con el fin de que mi hijo _____ [nombre del niño] mejore sus notas en la escuela». A continuación, escribe las palabras: «¿Qué puedo hacer para ayudar a mi hijo en

esta situación? ¿Cuál es la mejor manera de manejar esto y conseguir un resultado positivo? Por favor, muéstrame el camino hacia una solución».

Coloca la foto de tu hijo (o de ambos) donde nadie la toque. Dobla el papel con tu intención y colócalo encima de la foto. A continuación, deposita la cianita azul verdosa sobre el papel y el cristal de cuarzo encima.

Paso 4. Invoca la ayuda suprema

Después de colocarlo todo como se indica, reza diariamente la oración de guía para la crianza, en la página 320, durante nueve días seguidos. Si te saltas un día, comienza de nuevo por el día 1. Repite este ritual cuando sea necesario.

GRATITUD FOCALIZADA EN LA CRIANZA

Independientemente de lo que ocurra en tu vida como padre o madre, la gratitud por lo que va bien te ayuda a cambiar tu estado de ánimo y tu perspectiva, y además te abre a las soluciones. Aquí tienes dos ejercicios de gratitud que te ayudarán a mejorar tu relación padre/madre-hijo o cualquier problema de comportamiento.

Ejercicio: Gratitud para mejorar la relación
entre padres e hijos

¿La relación entre tu hijo y tú ha pasado por un mal momento? ¿Tuvisteis una discusión, estáis enzarzados en una pelea continua o habéis sufrido una ruptura en la relación? Tanto si tienes problemas con un niño pequeño como con un preadolescente, un adolescente o incluso un hijo adulto, este ejercicio te lleva al pasado para ayudarte a crear más armonía, equilibrio y comprensión en el presente. Lo que has de hacer, concretamente, es pensar en la inocencia del bebé que una vez tuviste en brazos y llenarte de ese amor que sentías por él, de la cabeza a los pies. Esto no solo cambia tu energía, sino también la que fluye entre vosotros dos.

Paso 1. Busca tres fotos de bebé de tu hijo

Ya sea una foto física, una del móvil o una publicada en las redes sociales, busca tres fotos de cuando era bebé —hasta los dos o tres años— que evoquen recuerdos felices. Puede tratarse de una fiesta de cumpleaños, unas vacaciones o cualquier otra situación en la que recuerdes haber sentido alegría y amor.

Paso 2. Reimagina las escenas

Empezando por la primera foto, cierra los ojos, pon una sonrisa en tus labios y vuelve a ese momento y a ese recuerdo. ¿Qué estaba haciendo tu hijo? ¿Qué te decía? Recuerda su entusiasmo, cómo te hacía reír, cuánto lo querías y cómo se acurrucaba pegado a ti, te necesitaba y te quería. Trae el recuerdo a tu mente consciente tan vívidamente como puedas, y mientras lo haces, repite mentalmente afirmaciones positivas sobre él.

Por ejemplo, si fue cuando vio el mar por primera vez, puedes decir: «El agua te encantaba, y siempre teníamos que llevarte para que te sumergieras, y cuando te metías en el agua ya no parabas de reírte. ¡Cómo nos divertíamos contigo!». Entonces detente, ponte las manos sobre el corazón y siente realmente gratitud por esos momentos, y por tener ese recuerdo y haberlo plasmado en una foto. Y siente gratitud por la vida que has traído a este mundo y por el amor que hay entre vosotros.

Repite este paso con cada foto hasta que pases por los tres recuerdos, dedicando aproximadamente un minuto a cada uno.

Paso 3. Termina con una afirmación

Cuando hayas terminado, vuelve a colocar las manos sobre el corazón y termina con esta afirmación sin dejar de mirar las fotos: «De mi corazón a tu corazón, te envío mi amor incondicional ahora y siempre. Que seas feliz. Que tengas salud. Que seas amado. Que te sientas a gusto». Repite la afirmación cinco veces.

Paso 4. Repítelo

Haz esto al menos una vez al día, a ser posible dos veces, por la mañana y por la noche, hasta que sientas que la situación se ha resuelto. Intenta sacar cada vez más detalles y sentirte más agradecido y lleno de amor por este niño inocente y feliz. El niño de estas fotos sigue viviendo hoy dentro de tu hijo, tenga la edad que tenga ahora.

Ejercicio: Gratitud por la mejoría del comportamiento

¿Recibes correos electrónicos del profesor de tu hijo sobre su mala conducta en el colegio? ¿No estudia o sus notas están bajando? ¿Te cuesta que tu hijo te haga caso y recoja lo que tira, o bien tiene una mala actitud o es irrespetuoso contigo o con los demás? ¿Se mete en líos y toma decisiones poco saludables?

Como progenitor, quieres que le vaya bien a tu hijo. Que haga lo correcto, sea amable y triunfe en todos los ámbitos de la vida. Quieres que esté seguro y sea feliz. Y cuando toma decisiones que lo alejan de esto, te sientes frustrado, impotente y estresado, sobre todo si ya has hecho todo lo posible para cambiar la situación.

Pero cuando te sientes así, previendo lo peor y en un estado constante de preocupación, solo creas más de lo que no quieres y perpetúas el problema. ¿Qué pasaría si pudieras cambiar esto en tu interior... y lograr que ese cambio se transmitiera energéticamente a tu hijo? Ahí es donde entra en juego este ejercicio.

Paso 1. Dedica un cuaderno o diario a tu hijo

Busca un cuaderno o diario y dedícalo a la gratitud por el comportamiento de tu hijo. Guárdalo junto a la cama para utilizarlo cada noche.

Paso 2. Enumera lo bueno

Cada noche, abre una página en blanco y pon la fecha en la parte superior. Luego, mentalmente, repasa el día y piensa en todo lo que ha ido bien con tu hijo. ¿Te hizo caso a la primera? ¿Tuvo un buen día en el colegio, sin correos ni llamadas del profesor? ¿Hizo bien un examen? ¿Tuvo algún gesto amable? ¿Qué cambio positivo de comportamiento puedes recordar de ese día? Escribe todo lo que te venga a la mente y siente de verdad gratitud por los pequeños cambios que veas en tu hijo.

NOTA: Si no se ha producido ningún cambio ni nada positivo ese día, reza cada mañana la oración de guía para la crianza, en la página 320, y confía en que tus ayudantes supremos han puesto manos a la obra. Y siéntete agradecido por los cambios que se están produciendo.

En el último capítulo encontrarás herramientas que te ayudarán a asociarte con el universo para reforzar tu conexión espiritual, abrir tu intuición y mejorar tu crecimiento espiritual.

Capítulo 11

CONEXIÓN ESPIRITUAL

LA CONEXIÓN ESPIRITUAL NO ES ALGO que necesites conseguir. Es algo que solo tienes que reforzar, porque ya estás conectado con el universo o Espíritu. Eres un alma que se desplaza por este mundo físico dentro de un cuerpo humano, y esa alma no puede desconectarse de su Fuente. Sin embargo, es posible que tu conexión se debilite o se difumine, y en ese caso la señal quizá no llegue tan fuerte o clara como podría. Al estar en la energía densa del mundo físico, hay muchos factores que amortiguan esa señal, como las creencias, las emociones y los pensamientos negativos, así como la energía negativa o de baja vibración que te rodea. No obstante, hay ayudantes superiores y herramientas espirituales sencillas que puedes utilizar para combatir esto, reforzar esa conexión y mantener el canal abierto y despejado.

La energía universal del amor incondicional, la paz y la alegría está solo a una respiración y un pensamiento de distancia. Las herramientas de este capítulo, entre ellas la apertura y el desarrollo de tus dones psíquicos e intuitivos —que todos poseemos—, te ayudarán a aprovechar el fluir de esta energía para recibir mejor la guía que te orienta hacia soluciones para conseguir más salud y felicidad, y desempeñarte con mayor soltura en todos los ámbitos de la vida. También se incluyen herramientas que sirven para proteger y limpiar tu energía, de modo que puedas mantener una vibración más elevada y una conexión más fuerte con el universo.

AYUDANTES SUPREMOS PARA LA CONEXIÓN ESPIRITUAL

A estos ayudantes superiores se los suele invocar para todos los aspectos de la conexión espiritual, ya se trate de limpieza y protección energéticas, apertura de dones psíquicos e intuitivos o asistencia para el crecimiento y el conocimiento espirituales.

Arcángel Gabriel

Conocido como el ángel de la comunicación, el arcángel Gabriel ayuda a recibir la comunicación y la orientación procedentes de una fuente superior, ya sea para ti mismo o si estás realizando un trabajo intuitivo para ayudar a otra persona. También facilita los ejercicios de escritura automática mientras te comunicas o canalizas información de ángeles, guías y el yo superior.

Arcángel Haniel

Suele representarse como ángel femenino, y es el ángel de la intuición y la comunicación divina. Te ayuda a desarrollar la intuición y a conectar con la guía interior, y te sintoniza con las señales y sincronicidades para que las reconozcas cuando lleguen.

Arcángel Jeremiel

Invoca al arcángel Jeremiel para que te ayude a desarrollar la clarividencia, o visión psíquica, así como a recibir comunicación divina y mensajes en sueños.

Arcángel Metatrón

El arcángel Metatrón, maestro de todas las materias esotéricas y metafísicas, te ayuda a aclimatarte a los cambios ascensionales que puedes experimentar en el camino espiritual y en todos los aspectos del crecimiento espiritual. También ayuda a equilibrar el aura, a adaptarse a los grandes cambios energéticos de la vida y a desarrollar los dones psíquicos o espirituales.

Arcángel Miguel

El arcángel Miguel, que se suele representar con una espada, proporciona protección física y energética. Los empáticos y los individuos sensibles a la energía trabajan con él diariamente para protegerse de la energía de los lugares y las personas que los rodean.

Arcángel Sandalfón

Conocido como el más alto de los ángeles, se dice que su presencia se extiende desde la Tierra hasta los cielos; esto lo dota de una conexión tanto con el Otro Lado como con el mundo natural. El Arcángel Sandalfón ofrece una fuerte energía de enraizamiento durante cualquier práctica espiritual y te ayuda a abrirte a las señales y comunicaciones del universo, los ángeles, los guías, etc.

Arcángel Uriel

Como ángel de la verdad, la sabiduría y la fe, el arcángel Uriel ayuda a conectar con lo Divino y a obtener y comprender el conocimiento y las enseñanzas espirituales.

Arcangelina Aurora

Como llama gemela del arcángel Uriel, trabaja con el chakra del plexo solar y te protege para que no absorbas emociones de otras personas y lugares. La arcangelina Aurora también ayuda a desarrollar la clarividencia o sensibilidad psíquica.

Arcangelina Cristina

Este arcángel abre el chakra de la coronilla para permitir que la sabiduría y la orientación superiores entren en tu conciencia. Además, la arcangelina Cristina representa la consciencia crística, o consciencia del yo superior, y también ayuda en esta conexión.

Arcangelina Fe

La llama gemela del arcángel Miguel, la arcangelina Fe, protege y fortalece el aura y te ayuda a desarrollar confianza y seguridad en ti mismo y en tus capacidades intuitivas, así como en el universo, los ángeles, los guías, etc.

Barbara Marx Hubbard

Cofundadora y presidenta de la Foundation for Conscious Evolution ('fundación para la evolución consciente'), Barbara Marx Hubbard fue autora y conferenciante. Sus temas eran la consciencia, la evolución planetaria, la ciencia y la espiritualidad. Como autora de varios libros, entre ellos *Conscious Evolution* [Evolución consciente] y *Emergence* [Emergencia], se la requiere para que te ayude con todos los aspectos del camino espiritual, incluida la expansión de la consciencia y la evolución espiritual.

Buda

Conocido en vida como Siddhartha Gautama, es el fundador del budismo y nos ayuda a ser constantes con las prácticas espirituales. Buda también nos ayuda en todas las formas de meditación y a abrirnos a ser compasivos y amables con los demás, especialmente con quienes nos resultan difíciles.

Diosa Hécate

Hécate, diosa griega que viaja con soltura entre los mundos, facilita la comunicación con los seres queridos del más allá y abre tu conciencia a las percepciones y la guía que los espíritus comparten en sueños. También te pone en contacto con tu intuición o conocimiento interior a la hora de tomar decisiones.

Diosa Iris

La diosa Iris es la diosa griega del arcoíris y mensajera de los dioses. Viaja entre el mundo físico y las dimensiones superiores, y transmite mensajes divinos a los que están en el plano terrestre.

Dr. Wayne Dyer

El doctor Wayne Dyer, autor superventas y maestro espiritual, enseñó sobre la autorrealización, la espiritualidad, la manifestación y otros muchos temas para ayudarte en tu crecimiento espiritual. Proporciona orientación en el camino espiritual, ya sea para comprender y aplicar las enseñanzas, dirigirte a los recursos adecuados o ayudarte con la mentalidad y a mantener un estado de amor y paz.

Ganesha

Este dios hindú es el eliminador de obstáculos, y deshace cualquier escollo que bloquee tu intuición, las señales y sincronicidades, la coherencia en las prácticas espirituales o cualquier aspecto de la conexión y el crecimiento espirituales.

Jane Roberts

Jane Roberts, autora, médium y canal intuitivo, invocó al espíritu de Seth y publicó varios libros basados en sus canalizaciones, entre ellos *El material de Seth* y *Seth Speaks* [Seth habla]. Se recurre a ella para que ayude con la intuición, la canalización, la escritura automática y la apertura de los dones psíquicos.

Lady Portia

Llama gemela del maestro Saint Germain, Lady Portia es la guardiana de la llama del Sagrado Corazón, que es el aspecto femenino de la llama violeta. Abre tus capacidades psíquicas, ofrece orientación en el desarrollo espiritual y despeja el karma o los bloqueos que te frenan en esta área.

Louise Hay

Autora superventas, maestra espiritual y fundadora de la editorial espiritual Hay House, Louise Hay te enseña a utilizar afirmaciones, cultivar el amor propio, sanar el cuerpo y mucho más, y brinda asistencia en todos los aspectos del crecimiento espiritual y la conexión espiritual, ayuda que incluye el envío de los recursos perfectos para ayudarte.

Mahavatar Babaji

Algunos creen que fue una persona real, y otros, una figura mítica. Mahavatar Babaji llegó a un público más amplio a través del libro de Paramahansa Yogananda *Autobiografía de un yogui*. Te orienta en tu camino espiritual, además de ayudarte con la meditación y a establecer una conexión con lo Divino.

Paramahansa Yogananda

Paramahansa Yogananda, monje indio, yogui y maestro espiritual que escribió el exitoso libro *Autobiografía de un yogui*, introdujo a muchas personas en las prácticas de la meditación y el *kriya* yoga, que es una forma de meditación. Proporciona orientación en el camino espiritual, te ayuda a conectar con tu yo superior y con la

Divinidad interior, y te orienta en la meditación y la conexión espiritual.

Sagrada Amatista

Llama gemela del arcángel Zadkiel, colabora también con el arcángel Miguel para proporcionar protección psíquica. Además, la Sagrada Amatista ayuda a limpiar tu energía de negatividad y residuos psíquicos, transformándolos en amor y luz. Se recurre a ella para abrir y equilibrar el chakra del tercer ojo y así desarrollar los dones psíquicos y la intuición.

Serapis Bey

Recurre al maestro ascendido Serapis Bey para que te ayude a encontrar y mantener la autodisciplina con las prácticas espirituales, a fin de facilitar el crecimiento espiritual, la ascensión y la aceleración de la consciencia.

Sylvia Browne

Sylvia Browne, escritora superventas en la lista de *The New York Times*, vidente y médium, ayuda a abrir las capacidades psíquicas e intuitivas y te guía hacia recursos útiles en este campo.

Thich Nhat Hanh

Líder espiritual, activista por la paz y autor superventas, impartió clases sobre budismo zen, atención plena y la creación de la paz. Te ayuda en las prácticas espirituales, como la meditación y el mindfulness, y a mantener la paz y una vibración elevada a pesar de las circunstancias externas.

CRISTALES PARA LA CONEXIÓN ESPIRITUAL

¿Quieres proteger y limpiar tu energía, abrir los chakras del tercer ojo y la coronilla, potenciar tu conexión con ángeles y guías, elevar tu vibración o profundizar en la meditación? ¡Hay cristales que te ayudarán a conseguirlo! Aquí tienes una lista de las mejores opciones relacionadas con todos los aspectos de la conexión espiritual.

Amatista

Esta piedra multitarea es ideal para elevar tu vibración general y también está asociada con los chakras del tercer ojo y la coronilla. La amatista ayuda a conectar con lo divino y su orientación, así como a potenciar las capacidades psíquicas y la intuición.

Angelita

Esta piedra de alta vibración facilita la conexión con el reino angélico, los guías espirituales y la orientación y el conocimiento superiores. La angelita alinea los chakras de la garganta, el tercer ojo y la coronilla, y favorece la apertura de las capacidades psíquicas y la elevación de la vibración.

Apofilita

Esta piedra altamente intuitiva abre los chakras del tercer ojo y de la coronilla para ampliar y desarrollar la intuición y la visión interior, además de trabajar con el chakra del corazón, y permitirte dar y recibir amor con mayor facilidad. La apofilita también ayuda a elevar tu vibración, facilita la conexión entre el mundo físico y el espiritual, y es ideal para la meditación porque despeja la mente y expande la conciencia.

Azurita

La azurita abre el chakra del tercer ojo para estimular las capacidades psíquicas, incluida la clarividencia o visión psíquica, así como para canalizar información de dimensiones superiores y guías espirituales. También se asocia con el chakra de la coronilla y el fortalecimiento de tu conexión con lo divino.

Charoita

La charoita, una piedra de la que se dice que está conectada con los maestros ascendidos, estimula las capacidades psíquicas, la intuición y la conexión espiritual, y asienta tu energía cuando te sientes psíquicamente sobreestimulado. También es útil para adaptarte a una energía de frecuencia superior.

Cianita azul y verde

Este cristal de conexión a tierra, que combina cianita azul y verde, abre y alinea los chakras. La cianita azul se alinea con el chakra del tercer ojo, y la verde con el chakra del corazón. Esta piedra estimula el desarrollo psíquico y ayuda en la comunicación con los reinos y guías superiores. Asimismo, es una piedra calmante y reductora del estrés, que te ayuda a alcanzar un nivel más profundo en la meditación.

Cianita negra

Ofrece energía de enraizamiento y protección, pero también se utiliza de forma similar a la selenita, ya que limpia el aura de energía negativa y nunca necesita limpiarse o despejarse porque no retiene energía. Además, protege de los vampiros energéticos, personas que te absorben la energía, y blinda el aura para desviar la energía negativa.

Cuarzo nirvana

Si buscas abrir tu intuición o aumentar tu conexión con lo Divino, el cuarzo nirvana, procedente del Himalaya, te ayuda a alcanzar un estado de dicha o iluminación. También es útil durante la meditación para crear una conexión espiritual con los reinos superiores y aportar una sensación de paz y calma.

Cuarzo fantasma

Esta piedra de cuarzo transparente con inclusiones minerales se encuentra en varios colores y aumenta tu intuición, te ayuda a conectar con los guías espirituales y los ángeles, y abre y desbloquea los chakras del tercer ojo y la coronilla. El cuarzo fantasma también es una piedra de transición, que te ayuda a percibir las señales que envía el universo y alivia la ansiedad o el miedo en torno a los cambios vitales.

Cuarzo lemuriano

Esta piedra presenta surcos o estrías, casi como una especie de códigos de barras, y potencia la clarividencia, la telepatía y la intuición. El cuarzo lemuriano también te conecta con tu yo superior, ángeles, guías, maestros ascendidos y otros seres de dimensiones superiores, y es ideal para ayudar en la meditación, concretamente para entrar en un estado meditativo.

Cuarzo transparente

Conocida como maestra sanadora, esta piedra de alta vibración potencia las capacidades psíquicas, limpia y equilibra tus chakras y eleva tu vibración. Se la suele llamar cristal universal porque es útil para manifestar, sanar, meditar, canalizar y mucho más, y amplifica la energía de otros cristales.

Cuarzo vela (también conocido como cuarzo piña o cuarzo celeste)

El cuarzo vela, una formación de cuarzo que se asemeja a una vela cuya cera se está derritiendo, se utiliza para potenciar la intuición y conectar con los ángeles de la guarda.

Diamante Herkimer

Conocida como la «piedra de la sintonización», esta piedra de alta vibración abre el chakra de la coronilla a las dimensiones superiores y a la orientación, y agudiza los sentidos psíquicos y la visión. Como forma específica del cuarzo transparente, el diamante Herkimer amplifica la energía de otras piedras preciosas.

Hematita

La hematita no solo puede protegerte de la energía negativa, sino que también la disuelve. Su conexión con el chakra raíz hace que sea un cristal que nos ayuda a enraizarnos y estabilizarnos, además de calmar la mente e incrementar la confianza y la autoestima.

Iolita

La iolita, útil para desarrollar la intuición, abre el chakra del tercer ojo y te ayuda a ver con claridad, a contemplar las situaciones desde un nivel superior y no solo a través de la mente y las emociones.

Labradorita

Esta piedra, que refuerza la intuición y aumenta las capacidades psíquicas, abre la clarividencia y te ayuda a percibir señales y sincronicidades a tu alrededor. Tiende un puente entre el mundo físico y los reinos superiores de la consciencia y ayuda a la consciencia y el crecimiento espirituales.

Moldavita

La moldavita, formada a partir de un meteorito que se estrelló contra la Tierra, es una piedra para el despertar espiritual que estimula los chakras del tercer ojo y de la coronilla. Te ayuda a conectar con ángeles, guías y otras entidades de alta vibración, incluidas las extraterrestres, y a escuchar sus mensajes.

Obsidiana negra

La obsidiana negra, piedra muy protectora, protege contra la negatividad y los ataques psíquicos y absorbe las energías negativas del entorno. Conectada al chakra raíz, enraíza y ancla tu espíritu en tu cuerpo.

Pietersita

A menudo llamada «piedra de la verdad», la pietersita potencia la capacidad psíquica y, como tal, es una piedra ideal para realizar trabajos psíquicos o intuitivos, como las lecturas del oráculo o de las cartas del tarot. Te permite ver las cosas con claridad, activando el tercer ojo, y te ayuda a pasar a estados superiores de conciencia y conocimiento durante la meditación.

Prehnita

La prehnita, conocida específicamente por potenciar la precognición y la profecía, estimula las capacidades proféticas y psíquicas. Potencia la visualización, los sueños lúcidos y la conexión con reinos superiores.

Selenita

Al limpiar la energía y las emociones, esta piedra calmante crea una sensación de paz en tu interior cuando la usas o la llevas puesta. Es perfecta para ayudar en la meditación y abre el chakra de la coronilla para acceder a dimensiones superiores. Como no retiene energía, nunca necesita limpiarse y se utiliza para limpiar otros cristales y tu aura.

Shungita

Aunque está vinculada al chakra raíz, esta poderosa piedra de conexión a tierra proporciona protección psíquica y equilibra los lados izquierdo y derecho del cuerpo, así como las energías masculina y femenina de nuestro interior. La shungita protege de los campos electromagnéticos y puede colocarse sobre aparatos electrónicos o cerca de ellos.

Sodalita

La sodalita no solo proporciona una energía tranquila y ayuda a poner orden en la mente, sino que está directamente relacionada con el chakra del tercer ojo para activar la intuición. A menudo se asocia con la energía del arcángel Miguel y es beneficioso utilizarla durante la meditación, ya que calma la mente y la corriente de pensamientos.

Turmalina negra

Se trata de una de las mejores piedras para la protección energética, especialmente para los hiperempáticos y las personas sensibles a la energía, una piedra de conexión a tierra que bloquea y absorbe las energías negativas y además te protege de los campos electromagnéticos.

Vidrio del desierto de Libia

Se dice que esta piedra curativa, descubierta cerca de la frontera entre Egipto y Libia, en el desierto del Sahara, se formó a partir del impacto de un meteorito que fundió la arena del desierto. El vidrio del desierto de Libia resuena con el plexo solar y proporciona protección contra los vampiros energéticos, que nos drenan energía, y evita que absorbas la energía que te rodea.

ORACIONES PARA LA CONEXIÓN ESPIRITUAL

A la hora de mantener una fuerte conexión espiritual y abrir tus dones intuitivos para recibir la orientación que te llega, hay muchos ayudantes superiores dispuestos a asistirte. Aquí tienes seis oraciones que te ayudarán a limpiar y proteger tu energía, abrir tu intuición, ser constante en las prácticas espirituales y mucho más.

Oración: Limpieza energética

Querido universo, invoco a mis ángeles, guías, seres queridos que han fallecido y todos los miembros de mi sociedad de almas, solo a los de la vibración más elevada, para que me ayuden a limpiar mi energía de todo lo que no sea beneficioso o no me pertenezca.

Invoco a la Sagrada Amatista para que limpie cualquier negatividad y residuo psíquico, transformándolo en amor, y pido a Lady Portia que utilice la llama violeta para eliminar cualquier karma o bloqueo que me impida avanzar ahora en todas y cada una de las áreas de mi vida. También pido al arcángel Metatrón y a la arcangelina Fe que equilibren y fortalezcan mi aura.

Ahora vuelvo a conectar con mi yo superior y con mi propia energía. Y así es.

Gracias, gracias, gracias. Amén.

Oración: Abre el canal

Emplea esta oración antes de emprender un trabajo intuitivo:

Querido universo, invoco a mis ángeles, guías, seres queridos que han fallecido y todos los miembros de mi sociedad de almas, solo a los de la vibración más elevada, para que estén conmigo ahora.

Llamo específicamente al arcángel Miguel para que me rodee en una burbuja de luz y amor, y le ruego que me impida absorber cualquier energía que no me pertenezca. También pido a la Sagrada Amatista que me proporcione protección psíquica y abra y equilibre mi chakra del tercer ojo, que una sus fuerzas con las del arcángel Jeremiel para abrir mi clarividencia o visión psíquica. Arcangelina Cristina, ayúdame a abrir mi chakra de la coronilla para permitir que la guía de las dimensiones superiores fluya hacia mí y a través de mí. Te ruego que te unas al arcángel Sandalfón y la diosa Iris para ayudarme a transmitir estos mensajes. Arcangelina Aurora, te pido que abras mi chakra del plexo solar y me ayudes a conectar con mi clarividencia, y arcángel Haniel, arcángel Metatrón, Lady Portia, Jane Roberts y Sylvia Browne, os pido que me ayudéis a abrir todos mis canales intuitivos para que la guía y la información superiores puedan fluir fácilmente hacia mi mente consciente.

Por último, invoco al arcángel Metatrón para que equilibre mi aura y me ayude a ajustarme a cualquier cambio energético, ahora que mi energía y mis vibraciones se elevan.

Gracias, gracias, gracias. Amén.

Oración: Abrir y fortalecer los dones intuitivos

Querido universo, invoco a mis ángeles, guías, seres queridos que han fallecido y todos los miembros de mi sociedad del alma, solo a los de la vibración más elevada, para que estén conmigo ahora, ya que estoy tratando de abrir y fortalecer mi intuición y mis habilidades psíquicas para que me ayuden en el camino de mi vida [o para trabajar con otros y ayudarlos].

Arcangelina Cristina, te pido que abras mi chakra de la coronilla para permitir que la guía de las dimensiones superiores fluya hacia mí y a través de mí, y que te unas al arcángel Sandalfón y la diosa Iris para ayudarme a recibir los mensajes y la guía que se envían. También pido a la arcangelina Aurora que abra mi clarividencia y a la Sagrada Amatista y al arcángel Jeremiel que abran y equilibren mi chakra del tercer ojo con el fin de fortalecer mi visión psíquica.

Asimismo, busco ayuda para aumentar mi seguridad y mi confianza en mis capacidades intuitivas y en la guía que recibo, y pido a la arcangelina Fe que me ayude con esto al tiempo que protege y fortalece mi aura.

Arcángel Haniel, arcángel Metatrón, Lady Portia, Jane Roberts y Sylvia Browne, ayudadme a abrir mis sentidos psíquicos para comunicarme con la Divinidad y con mis ángeles, guías y yo superior, así como a ser consciente de las señales y sincronicidades enviadas para guiarme. También pido a la Diosa Hécate que haga lo mismo para las comunicaciones con los seres queridos del Otro Lado.

Les ruego a todos que me envíen señales y sincronicidades para guiarme hacia las personas, los maestros, las clases, los recursos y demás que me ayuden a abrir y fortalecer mi intuición ahora, y que me ayuden a reconocerlos y a actuar en consecuencia cuando lleguen.

Por último, invoco a Ganesha para que me ayude a eliminar cualquier obstáculo que me impida abrir mi intuición y mis dones psíquicos ahora.

Gracias de antemano por toda vuestra guía y ayuda ahora y en el futuro. Amén.

Oración: Protección

Querido universo, invoco a mis ángeles, guías, seres queridos que han fallecido y todos los miembros de mi sociedad de almas, solo a los de la vibración más elevada, para que estén conmigo ahora que pido protección para mí y para mi energía.

Invoco específicamente al arcángel Miguel para que me rodee de una burbuja de luz y amor y evite que absorba cualquier energía ajena. Por favor, permite que rebote en mí y vuelva al remitente, o si es negativa, que caiga en la Tierra y se transforme en amor.

También pido a la Sagrada Amatista que me ofrezca protección psíquica, a la arcangelina Fe que proteja y fortalezca mi aura, y a la arcangelina Aurora que equilibre mi chakra del plexo solar y me proteja de asumir emociones y energía de otras personas y lugares que no me pertenecen.

Gracias por vuestra ayuda y protección ahora. Amén.

Oración: Crecimiento espiritual y ascensión

Querido universo, invoco a mis ángeles, guías, seres queridos que han fallecido y todos los miembros de mi sociedad de almas, únicamente a los de la vibración más elevada, para que estén conmigo ahora, pues estoy buscando orientación y dirección para crecer espiritualmente y expandir y elevar mi conciencia.

Pido ayuda para abrir mi intuición de modo que sea capaz de recibir orientación para avanzar en mi camino espiritual, y ruego a la arcangelina Cristina que abra mi chakra de la coronilla para permitir que la orientación de las dimensiones superiores fluya más fácilmente hacia mí. También pido al arcángel Sandalfón que me ayude a recibir la comunicación Divina y a permanecer enraizado y centrado en mi cuerpo a medida que mi vibración se eleva.

Arcángel Uriel, te pido ayuda no solo para conectar con la Divinidad, sino también para recibir y comprender el conocimiento y las enseñanzas espirituales que estoy estudiando y aprendiendo ahora, y que te unas a Lady Portia para ayudarme en mi desarrollo espiritual general.

Además, invoco a grandes maestros espirituales que ya no están en este plano físico, como Barbara Marx Hubbard, el doctor Wayne Dyer, Louise Hay, Mahavatar Babaji y Paramahansa Yogananda, para que me guíen en mi camino espiritual actual y me envíen a las personas, maestros, enseñanzas y recursos adecuados que facilitarán mi crecimiento y mi evolución para mi bien más elevado, y para que, por favor, me ayuden a reconocer las señales y sincronicidades y a actuar en consecuencia cuando lleguen.

Por último, invoco a Ganesha para que elimine cualquier obstáculo que me impida crecer y ascender en mi camino espiritual.

Gracias, gracias, gracias. Amén.

Oración: Ser constante con las prácticas espirituales

Querido universo, invoco a mis ángeles, guías, seres queridos que han fallecido y todos los miembros de mi sociedad de almas, únicamente a los de la vibración más elevada, para que estén conmigo ahora que busco disciplina, conocimiento y ayuda para ser constante con las prácticas espirituales que me ayudarán en mi vida diaria y me permitirán expandir mi consciencia en esta vida.

Para ayudarme con esto, invoco al maestro ascendido Serapis Bey a fin de que me ayude a mantener la autodisciplina que necesito para ser constante con mis prácticas espirituales cada día, entre ellas _____ [explica qué prácticas espirituales estás realizando, como meditación, gratitud, yoga y otros ejercicios espirituales].

También invoco la ayuda de Buda, Mahavatar Babaji, Paramahansa Yogananda, Thich Nhat Hanh y el doctor Wayne Dyer para que me ayuden en esta área y les ruego que me envíen las señales y sincronicidades, ideas, personas, recursos y oportunidades que puedan ayudarme con esto ahora, y que me ayuden a notarlos y a actuar en consecuencia cuando lleguen.

Por último, invoco a Ganesha para que elimine cualquier obstáculo que me impida ser constante y dedicarme a todas las prácticas espirituales que tendrán un impacto positivo en mi vida.

Gracias de antemano por vuestra ayuda, guía y asistencia.

Amén.

RITUALES PARA LA CONEXIÓN ESPIRITUAL

Aquí tienes dos rituales que te ayudarán a limpiar y proteger tu energía cada día utilizando la oración y los cristales, y a pedir ayuda al universo para activar su energía y abrir tu intuición.

Ritual: Protección y limpieza energética diarias

Todo es energía, incluido tú, y tus actividades cotidianas, como visitar lugares, relacionarte con la gente y escuchar y ver los medios de comunicación, producen un efecto en tu energía y tu vibración. La energía que te rodea te afecta tanto si te consideras una persona especialmente empática como si no. De hecho, la ciencia llama a esto *contagio emocional*, y eso significa que puedes «contagiarte» de las emociones de otros del mismo modo en que puedes contraer un resfriado.

Este ritual diario te protege de que te afecte la energía exterior, especialmente la energía negativa y las vibraciones que no te pertenecen, para que puedas mantener una vibración más elevada y una conexión espiritual más fuerte. También te ayuda a limpiarte de cualquier energía que puedas haber absorbido sin ser consciente de ello. Esto marca una gran diferencia en cómo te sientes y en la energía que envías al universo para crear tu futuro. Además, cuando vibras más alto y tu conexión con el Espíritu es fuerte, es más probable que percibas las señales, sincronicidades y soluciones que el universo te envía para ayudarte a avanzar hacia un mayor éxito y felicidad.

Elementos necesarios:

- Un pequeño cristal de protección tallado (solo una piedra o en forma de accesorio), como cianita negra, obsidiana negra, turmalina negra o hematita
- Una varita de selenita o cianita negra

Paso 1. Elige tus cristales

Puedes llevar contigo un cristal protector en el bolso o en el bolsillo, o ponértelo encima en forma de accesorio, como anillo, pulsera, collar o colgante. Si lo llevas contigo, elige uno de la lista anterior. Si quieres llevar tu protección en forma de accesorio, puedes utilizar una combinación de cristales de protección juntos o una sola piedra. También podrías llevar joyas que combinen cristales de protección y de limpieza juntos, como turmalina negra y selenita.

Además, elige una varita de selenita o de cianita negra para utilizarla cada noche para limpiar tu energía.

Paso 2. Limpia y programa tus cristales

Como la selenita y la cianita negra no contienen energía, no hace falta limpiarlas, pero sí utilizarlas para limpiar el cristal de protección o la joya que vayas a usar. La forma más fácil de hacerlo es colocar el cristal o la joya sobre la varita de selenita o cianita. Asimismo, puedes emplear un plato redondo de selenita para ponerlos encima, pero también necesitarás la varita para el paso 4.

La primera vez que hagas este ritual, coloca las piedras encima de la selenita o la cianita negra durante toda la noche. Luego, cada noche, devuelve los cristales que llevabas puestos o contigo a la selenita o cianita negra para que se limpien durante la noche antes de utilizarlos al día siguiente. Esto puede hacerse siempre que sientas la necesidad de una protección añadida o bien como una práctica diaria.

Paso 3. Rutina matutina

Cada mañana, reprograma tus cristales. Basta con que los sostengas en tus manos o pases las manos por encima de ellos y digas lo siguiente en voz alta o mentalmente:

Invoco la energía del universo para que limpie cualquier programación y energía anteriores de este cristal. Ahora le ordeno que me proteja de cualquier energía negativa o que no me pertenezca, que la absorba en mi nombre y que me mantenga conectado a tierra y protegido durante todo el día.

A continuación, ponte la joya o coloca el cristal en tu bolso o bolsillo. Luego reza la siguiente oración de protección, en voz alta o mentalmente, en silencio:

Invoco al arcángel Miguel para que me rodee con una burbuja de tu luz blanca de amor y protección, y le ruego que me proteja para que hoy no absorba ninguna energía que no me pertenezca. Por favor, permite que salga despedida de mí y vuelva al remitente, o si es negativa, que caiga en la Tierra y se transforme en amor. Amén.

Repite este paso a diario.

Paso 4. Rutina nocturna

Cada noche, antes de acostarte, utiliza la varita de selenita o cianita negra para limpiar y desprender de tu aura o campo energético cualquier energía negativa o que no te pertenezca. Sostén la varita de cristal a un par de centímetros de tu cuerpo y, con un movimiento de barrido, desplázala por los brazos y las piernas y alrededor de la cabeza. Mientras lo haces, repite lo siguiente:

Limpio cualquier energía negativa y toda energía que no me pertenezca. Pido a la Sagrada Amatista que me ayude a limpiar cualquier residuo psíquico que pueda estar reteniendo y al arcángel Metatrón que me ayude a equilibrar mi aura. Libero esta energía ahora y vuelvo a conectar con mi yo superior. Y así es.

A continuación, coloca el cristal de protección o la joya que hayas utilizado sobre la selenita o la cianita negra durante toda la noche para que se limpien de cualquier energía que hayan absorbido durante el día. Repite este paso a diario.

Ritual: Abrir vías intuitivas

Para desarrollar la intuición es fundamental abrir los tres chakras superiores —corona, tercer ojo y garganta—, que activan su fluir. Un chakra corona abierto permite que la información, las ideas y los conceptos de una dimensión superior entren en tu mente consciente. El chakra del tercer ojo es donde aparece tu visión psíquica o imágenes en el ojo de tu mente. Y el chakra de la garganta te permite comunicar con claridad la información recibida. Cuando estos chakras están abiertos, alineados y despejados, la intuición se intensifica y la orientación para ti o para otros puede fluir más fácilmente. Este ritual se centra en abrir estos chakras para hacer precisamente eso.

Elementos necesarios:

- Un manojo de salvia, madera de palo santo o incienso para quemar, o bien tu espray favorito para limpiar la energía
- Un cristal de azurita o amatista
- Un cristal de apofilita
- Un cristal de angelita

Paso 1. Limpia la energía

No importa qué habitación de la casa elijas para este ritual. Quema la salvia, la madera de palo santo o el incienso (o utiliza tu espray limpiador) para purificar la energía de la habitación elegida, así como la energía de cada cristal. Limpia los cristales pasándolos por el humo o rociándolos directamente con el espray limpiador.

Paso 2. Programa los cristales

Coloca las manos sobre los cristales y repite esta oración en voz alta o en tu cabeza:

Invoco la energía del universo para que conecte con mi yo más elevado y limpie toda la energía no deseada y la programación anterior de estos cristales. Ahora les ordeno —y los programo para ello— que trabajen con mi energía y aprovechen la energía del universo que me rodea para abrir mi intuición y mis dones psíquicos y para abrir y equilibrar mis chakras corona, del tercer ojo y de la garganta, de modo que pueda recibir mejor la información, las ideas y la inspiración de los reinos superiores.

Paso 3. Invoca la ayuda suprema

Reza la oración para abrir y fortalecer los dones intuitivos que encontrarás en este mismo capítulo, en la página 346.

Paso 4. La preparación

Programa un temporizador para diez minutos. Túmbate bocarriba y colócate el cristal de apofilita unos centímetros por encima de la cabeza. A continuación, pon el cristal de azurita o amatista sobre el tercer ojo, que está entre las cejas y ligeramente por encima de ellas. Por último, coloca el cristal de angelita en el centro de la garganta.

Mientras estás tendido, inspira y espira normalmente por la nariz e imagina que la energía del cristal de apofilita se desplaza hacia la coronilla y desciende hasta el tercer ojo, activando la azurita o la amatista y abriendo este chakra. A continuación, visualiza cómo la energía fluye desde el tercer ojo hacia el chakra de la garganta, activando la angelita y abriendo este chakra. A medida que visualizas esto, repite el mantra: «Estoy abierto a recibir». Continúa así durante diez minutos. Repite este ritual semanalmente, si lo deseas.

GRATITUD FOCALIZADA PARA LA CONEXIÓN ESPIRITUAL

Aquí tienes dos ejercicios de gratitud focalizada para ayudarte a fortalecer tu conexión con lo divino y abrir tus dones intuitivos. Pueden utilizarse juntos o por separado, según tus objetivos.

Ejercicio: Gratitud para fortalecer la conexión espiritual

La gratitud transforma instantáneamente tu energía y eleva tu vibración, y también es la forma más rápida de fortalecer tu conexión con lo Divino, porque la energía del agradecimiento y el amor se alinea con la energía más elevada del universo. Cada vez que sientes gratitud, refuerzas tu conexión espiritual, y cuanto más lo haces, más mantienes esa fuerte conexión a lo largo del día. Este ejercicio te ayuda a hacerlo, además de reeducar a tu cerebro y a tu mente consciente para que busquen lo bueno que te rodea y se centren en ello, lo que te ayuda en todos los ámbitos de tu vida.

Paso 1. Pon una alarma cada hora

Cuando te despiertes, programa una alarma en tu móvil o reloj para que suene cada hora hasta el momento en que te acuestes. Si puedes escribir una nota o alguna palabra en la alarma, escribe simplemente: «Gratitud». Si no tienes la opción de poner una alarma, haz este ejercicio cada vez que mires el reloj para comprobar la hora.

Paso 2. Busca lo bueno

Cuando suene la alarma (o cuando mires el reloj), deja lo que estés haciendo y busca al menos una cosa por la que estar agradecido en ese momento. ¿Qué ha ido bien o correctamente en la última hora? Si no se te ocurre nada de la última hora, piensa en algo que puedas agradecer por tener, ser o hacer de tu vida en general. Ponte la mano sobre el corazón, sonríe y nombra aquello por lo que estás agradecido

355

en ese momento, y permítete realmente sentir su gratitud dentro de tu corazón. Por ejemplo:

- Estoy muy agradecido de que mi hermana me haya llamado en la última hora con buenas noticias sobre X.
- Estoy muy agradecida por haber recibido un correo electrónico de respuesta de X, que me va a ayudar con mi proyecto.
- Estoy muy contento de que no hubiera cola en la cafetería para poder tomarme el café de la mañana rápida y cómodamente.
- Estoy muy agradecida de que sea viernes y tenga el fin de semana libre.

Paso 3. Repítelo a diario

Todos los días, cuando te levantes, pon las alarmas y repite el ejercicio.

Ejercicio: Gratitud por los dones intuitivos

Si estás practicando y trabajando activamente para mejorar tu intuición y tus dones psíquicos –utilizando cartas del oráculo o cartas del tarot, asistiendo a clases o haciendo otros trabajos psíquicos–, es importante que te centres en los aciertos intuitivos que obtienes y en los progresos que haces, y que los celebres. Esto no solo aumenta tu seguridad y confianza en ti mismo y en tus capacidades, sino que, a la vez, te abre a más posibilidades. Este ejercicio te ayuda a seguir tus progresos y a centrarte en la gratitud de tus crecientes y cada vez más amplias capacidades intuitivas.

Paso 1. Dedica un cuaderno o diario a este ejercicio

Busca un cuaderno o diario que puedas utilizar todos los días para este ejercicio, y dedícalo a la gratitud y al seguimiento de tus aciertos y éxitos intuitivos.

Paso 2. Registra tus éxitos a diario

El objetivo de este ejercicio es hacer un seguimiento diario de tus aciertos intuitivos o de cualquier éxito que tengas en relación con la capacidad psíquica y la intuición, incluido el reconocimiento de señales y sincronicidades. Por ejemplo, cuando trabajes con cartas del oráculo o del tarot para ti o para otra persona, y ofrezcan la orientación perfecta o resuenen contigo o con la otra persona, escríbelo. Cuando hagas un ejercicio intuitivo, una lectura para alguien o utilices tu péndulo (aunque solo estés practicando), anota los aciertos. Cuando tengas una corazonada a lo largo del día y resulte ser correcta, escríbela.

Puedes tomar nota en el momento en que se produzca cada suceso, o bien hacerlo cada noche al repasar tu día y anotar todo lo que haya ocurrido en torno a tu intuición.

- Anota la fecha.
- Explica lo que ha ocurrido y lo que has acertado.
- Siente la gratitud en tu corazón, con una sonrisa en los labios, de que tu intuición crece y se expande cada día.

BONUS: Cada vez que dudes de tu capacidad intuitiva, vuelve a este diario y recuérdate los éxitos que has tenido en el pasado.

Conclusión

HA LLEGADO EL MOMENTO DE CREAR LA VIDA CON LA QUE SUEÑAS

AHORA TIENES ACCESO A UN MÉTODO, unas herramientas y unas técnicas que siguen sorprendiéndome y deleitándome cada vez que las utilizo.

He tenido el placer de ver cómo les ocurría lo mismo a otras personas que también los empleaban. Ahora te toca a ti.

Te toca crear magia, milagros, alegría y amor en tu vida, porque todo es posible. Vivimos en un universo infinitamente abundante y creativo, y cuando creemos en él y en nosotros mismos, podemos aprovechar esta energía en cualquier momento que elijamos. Tengo la esperanza de que, al utilizar el método de la ayuda suprema, sepas que no estás solo, que te mereces todo lo que deseas y que, con el universo como socio, puedes crearlo y, en la mayoría de los casos, puedes crear algo incluso mejor.

Cada vez que te enfrentes a un reto, tengas que tomar una decisión o necesites una solución, y en cualquier momento en que desees un cambio positivo en algún área de tu vida, quiero que recuerdes que tienes todo un universo de recursos superiores a tu disposición para facilitarte el camino. También quiero que recuerdes que, pase lo que pase, al final lo resolverás, descubrirás la respuesta y hallarás la solución perfecta a cualquier reto. ¿Por qué? Porque siempre eres guiado por la Divinidad y eres amado incondicionalmente por el universo, tus ángeles y guías, y todos los ayudantes supremos que están a tu lado para asistirte en este momento.

Que este libro te proporcione todo lo que necesitas con el fin de empezar a desarrollar una relación íntima con el universo y tu equipo de ayuda suprema, para que puedan llevarte adonde ni soñabas que fuera posible llegar. Estoy deseando ver lo que creas.

AGRADECIMIENTOS

TENGO QUE EMPEZAR POR RECONOCER y dar las gracias a mis ángeles, guías, seres queridos que ya no están —especialmente mi madre, Maryann—, todos los miembros de mi sociedad del alma y todos los que he llamado de mi equipo de ayuda suprema por guiarme a crear el método de la ayuda suprema para mí y, más tarde, por asistirme en la escritura de este libro para que pudiera enseñarlo a otras personas que buscan manifestar cambios positivos en sus vidas.

Además de a mi equipo supremo, también tengo que dar las gracias a mis ayudantes terrenales, todos los cuales han desempeñado un papel en la creación de este libro. A mi extraordinario agente, Steve Harris, le doy las gracias por trabajar siempre tan arduamente en mi favor y por ayudarme a encontrar el hogar perfecto para mi obra. A Diana Ventimiglia, Angela Wix y todo el equipo de Sounds True, les estoy enormemente agradecida por su confianza en mí y en mi trabajo y por su orientación para llevar el método de la ayuda suprema al mundo. Y a Angela, estoy muy agradecida de que el universo siga reuniéndonos, sin importar adónde vayas.

Doy las gracias a mi marido, Ryan, por recordarme siempre que puedo lograr cualquier meta que me proponga y por apoyarme en toda mi labor y en mis creaciones. El universo me trajo al compañero perfecto, y estoy eternamente agradecida por ti y por tu amor.

Y a *vosotros*, mis lectores, alumnos y clientes, os doy las gracias por permitirme desempeñar la función de serviros de guía en vuestro viaje espiritual. Si nos has encontrado a mí y a mi trabajo, no ha sido por accidente. No hay accidentes en este universo, y me siento honrada de compartir contigo las herramientas y técnicas de este libro para que puedas crear la vida que deseas.

RECURSOS RECOMENDADOS

BONUS ADICIONALES DEL LIBRO

Puedes acceder a los audios de las meditaciones que se encuentran en el libro, además de a oraciones adicionales, rituales y otros contenidos extra en higherhelpmethod.com.

ELIMINAR CREENCIAS LIMITANTES

Para la técnica de liberación emocional:

Gary Craig, *The EFT Manual* [El Manual de EFT] (California: Energy Psychology Press, 2011).

Para la técnica del barrido:

Amy B. Scher, *How to Heal Yourself from Depression When No One Else Can* [Cómo curarte de la depresión cuando nadie más puede hacerlo] (Boulder, CO: Sounds True, 2021), youtube.com/@amybscher.

Para el método Sedona:

Hale Dwoskin, *El método sedona: la clave para lograr el éxito, la paz y el bienestar emocional duradero* (Editorial Sirio, 2024), youtube.com/user/TheSedonaMethod.

Para Ho'oponopono:

Paul Jackson, *Los secretos del ho'oponopono: la paz comienza en ti* (autoedición).

Joe Vitale e Ihaleakala Hew Len, *Cero límites: las extraordinarias enseñanzas del ho'oponopono, el método hawaiano para purificar tus creencias* (Obelisco, 2011).

NOTAS

Capítulo 2

1. Prayer May Influence In Vitro Fertilization Success, 24 de septiembre de 2001, *Columbia University Irving Medical Center*, cuimc.columbia.edu/news/prayer-may-influence-vitro-fertilization-success.

2. Francesca Gino y Michael I. Norton, Why Rituals Work, *Scientific American* (14 de mayo de 2013), scientificamerican.com/article/why-rituals-work.

Capítulo 3

1. Christine Comaford, Got Inner Peace? 5 Ways to Get it Now, *Forbes* (4 de abril de 2012), forbes.com/sites/christinecomaford/2012/04/04/got-inner-peace-5-ways-to-get-it-now/.

2. Rick Hanson, Confronting the Negativity Bias, consultado el 7 de junio de 2023, rickhanson.net/how-your-brain-makes-you-easily-intimidated/.

Capítulo 6

1. David R. Hamilton, *How the Mind Can Heal the Body* (London: Hay House UK, 2018), 6.

2. *Ibid*.

Capítulo 7

1. Mental Health America, State of Mental Health in America: Adult Ranking 2022, consultado el 11 de junio de 2023, mhanational.org/issues/2022/mental-health-america-adult-data.

2. Substance Abuse and Mental Health Services Administration, What is Mental Health, consultado el 11 de junio de 2023, samhsa.gov/mental-health.

Capítulo 8

1. Amy B. Scher, Cut the Cord: Remove Negativity from Relationships, consultado el 11 de junio de 2023, reclaimajoyfullife.com/freebies.

BIBLIOGRAFÍA

Alexander, Skye. *Your Goddess Year: A Week-By-Week Guide to Invoking the Divine Feminine* [Tu año de diosa: una guía semanal para invocar lo divino femenino]. Avon, Massachusetts: Adams Media, 2019.

Gray, Kyle. *Maestros divinos, sabiduría antigua: activaciones para conectar con los guías espirituales del universo.* Arkano Books, 2022.

Stone, Claire. *The Female Archangels: Reclaim Your Power with the Lost Teachings of the Divine Feminine* [Los arcángeles femeninos: recupera tu poder con las enseñanzas perdidas de la Divina Femenina] Carlsbad, California: Hay House, 2020.

ÍNDICES

CRISTALES

ACERCA DE LA AUTORA

TAMMY MASTROBERTE ES MAESTRA ESPIRITUAL y autora del superventas *The Universe Is Talking to You* [El universo te habla]. A través de sus libros, su programa de afiliación y sus clases, ayuda a los buscadores espirituales cotidianos a conectarse con la energía del universo y a aprender a detectar las señales y sincronicidades que los rodean. El propósito de su obra es guiar a los seres humanos a disfrutar de más alegría, claridad y paz de lo que creemos posible. Ha aparecido en mindbodygreen.com, *Aspire Magazine, Authority Magazine*, Thrive Global, etc., y participa en programas de radio y pódcast de todo el país, como OMTimes Radio, Unity Radio e iHeartRadio. Vive en Nueva Jersey con su marido, su hijastro, dos gatos y cuatro cabras. Para más información, visita tammymastroberte.com.